灣仔情猶在

任正全 著

中華書局

齒豁童頭六十三，
一生事事總堪慚，
唯餘筆硯情猶在，
留與人間作笑談。

—— 趙孟頫《自警》

序

鄭寶鴻

1841 年 6 月 14 日，香港首次土地拍賣所售出的地段中有部分是位於灣仔，俟後，灣仔的海傍一帶，滿佈工廠、船廠和貨倉，大量包括日本人在內的外籍人士在此客居，1930 年代，才有較多華人由中、西區遷至。

1950 年代，不時經過灣仔，可見樂禮大樓的金色時鐘（金鐘）、大佛口的防空洞及對出軍器廠街的麗的呼聲有線廣播電台、安樂汽水廠、修頓球場的經濟飯店、雙喜及龍鳳茶樓、英京、悅興、龍圖及大三元酒家，印象仍深刻。

較特別的是分域街的萬國殯儀館，其四周為國際女郎活躍地與《蘇絲黃的世界》之酒吧區，加上「綠窗戶」風月區的謝斐道，皆位於一狹小的社區，形成「生離死別」與「醉生夢死」的強烈對照。

有幸得以先睹任正全兄的大作《灣仔情猶在》，勾起更多灣仔的回憶。

舉家不時往洪聖古廟對面的祿元茶樓及香港戲院對面的冠海茶樓品茗，不時經過附近的春園街及太原街。戲院及其旁的永安金行於 1970 年代，改建為合和中心。

其東端近郵政局曾有一條包括濟公廟等廟宇的迪龍里，街口曾有一間開業於 1880 年的林宏隆玻璃窗廠，這一帶現為胡忠大廈一部分。

另一家同為玻璃業的鏡廠，是位於與堅拿道西交界告士打道一座唐樓的閣樓，後來發展為擁有多幢巨廈的大企業，由此足以證明，交通便捷的灣仔，是充滿商機的。

相交近三十年的任正全兄，對香港的歷史有深刻的研究和認識，這本大作，將百多年來，灣仔的演變、面貌、異國風情，以及淪陷期間的狀況等，有詳盡的介紹，並配以珍貴的圖片和文物，實屬難得。

在下曾居於灣仔五年，仍有美好的回憶，這本巨著能讓我穿越時光隧道，回到往日值得回味的灣仔，十分暢快！為此衷心向廣大的讀者諸君作推薦。

2025 年 6 月 26 日

目 錄

前言

幾百年來，位處南方海島本來寧靜的港灣，曾經划來零星的漁船舢舨，遠方陸續又開來了大帆船、煙囪冒煙的洋船，給港灣灌注了動力，岸上的人熙來攘往，愈來愈熱鬧。隨着時光的積澱，時代的變遷，嶺南的鄉民、大江南北的外省人、七大洲各族裔的人來來去去，或過客旅居，或落戶營生，成家立室，生兒育女，一代又一代，構成了香港早期的灣仔社區。身處今日繁華鬧市，偶然回首，原來存在於每一代人腦海裏的記憶，早已無聲無息地消逝，因為人已不在。

透過過去數十年蒐集民間舊物的緣份和過程，觸動了對灣仔昔日的情懷和對上一代親人長輩的思念，從而勾勒出對這個小社區街坊的「情」，當時庶民的生活狀態、作息習慣、集體文化和社會行為。這不是一本標榜懷舊或舊物收藏價值的書，也不是一本鑽研歷史掌故的著作，而是以書寫文學小品的心情，輕輕鬆鬆演繹灣仔的小城故事。

1950 年代至 1960 年代，我們上一代剛經歷戰火洗禮，社會尚待休養生息，是經濟匱乏的年代。不知何故，許多舊物並未作為廢物被遺棄，竟能夠僥倖流傳至今，作為歷史見證。一些戰前，甚或追溯至香港開埠初期的日常舊物，都能如實地反映，作為英國海外殖民管治地香港一個華洋雜處的灣仔小社區的社會發展和民生百態。

一張張泛黃黑白老照片、坊間書局編印的舊地圖、糧油小店的單據、一席酒宴的菜單，一一細訴香江昔日生活點滴。舊物堆裏説灣仔，這本書圖文並茂呈現灣仔曾經的生活面貌和它的原始風景。

第一章

灣仔的歷史和地理

灣仔
名稱的由來

香港島北岸的小海灣和地理環境

1841 年英國政府未掠奪香港前，香港島北岸面向內港是一條漫長、蜿蜒曲折的海岸線，沿岸佈滿淺灘、礁石和懸崖，海水碧綠清澈，十分寧靜，且山巒重疊、連綿不絕，「灣仔」這個名稱相信意指海岸有個小小海灣。

1841 年，香港政府憲報人口統計資料顯示香港島有 7,450 人居住，鄰近灣仔的黃泥涌有 300 個居民，紅香爐有 50 人，可以想像昔日灣仔區人跡罕至。

今天皇后大道東是灣仔區最早期的海岸線，沿着大道東以南已經是陡峭山坡。港英政府鋭意發展香港為轉口港，開埠初期大興土木，興建道路和平整土地。當時港英政府已經急不及待舉行土地拍賣以增加財政收入，地皮包括中、上環、灣仔、東角等地段。

洋商投得地皮後，積極興建貨倉和沿岸建造碼頭，讓新海濱由寧靜的小海灣慢慢熱鬧起來，開啟了此後百年灣仔翻天覆地的變化，發展成為大都會。

雕版插畫和舊照片看灣仔風貌

照片還未普及前，我們要認識灣仔，只能透過圖畫窺見它的面貌。1842 至 1892 年間，《倫敦新聞畫報》(*The Illustrated London News*)、*The Graphic* 刊登了有關灣仔的雕版插畫。這些雕版插畫連同當年舊照，讓我們得以看到當年的灣仔風貌。

152

THE ILLUSTRATED LONDON NEWS

[FEB. 18, 1854.

JOHN BOWRING, ESQ., LL.D., GOVERNOR OF HONG-KONG.

The interest attaching to the name of Dr. Bowring is of a twofold character. He has for many years been before the public as a politician and as a man of letters, having imbibed, as is well known, his political principles from Jeremy Bentham, who named him his literary executor, and possessing the merit, so far as his literary attainments—and they are great—are concerned, of being a self-educated man. Dr. Bowring is about to leave this country, to assume the Governorship of Hong-Kong, and ere he again visits China, to assume duties of a higher order than those hitherto imposed on him during his employment in that country, we propose to offer a few biographical words at parting, from which we believe the reader may gather some notion of the consistency which has marked the learned Doctor's political career, the value of his past services to his country, and also the extent of that philological lore in which he has earned an almost universal reputation.

Dr. John Bowring was born on October 17, 1792, and is therefore now in his sixty-second year. His family had for many years been connected with the woollen trade of the west of England. It was at a country school near Dartmoor that he received the elements of his education; but his studies, at the age of fourteen, were arrested, on his being required to assist his father in his trade—which mainly consisted in the preparation of coarse woollens for China and the Spanish Peninsula. Little could young Bowring have dreamt, at that time, that fortune would throw him upon so distant a scene as China, or that the studies for which he then evinced a predisposition would come in such valuable aid of his operations as a British Minister in the Celestial Empire. From a very early age the studious habits of young Bowring became formed, and in seclusion he busied himself with the acquisition of knowledge of every description. Perhaps his principal inclination was the desire to master languages; and Spanish, Italian, and Portuguese he had appropriated before attaining his sixteenth year. In the German and Dutch tongues, also, he obtained considerable proficiency. He studied these and various other languages without the aid of a master; and as he grew older he learned to speak and to write the Sclavonic, Russian, Servian, Polish, Bohemian, Bulgarian, Slovakian, and Illyrian; Scandinavian, Icelandic, Swedish, and Danish; Teutonic, Anglo-Saxon, High Dutch, Low Dutch, Frisian, and Allemannish; Esthonian, Lettish, and Finnish, Chingarian, Biscayan, French, Provençal, and Gascon; Italian, Spanish, Portuguese, Catalonian, Valencian, and Gallician! Designed by his friends for a commercial life, a great portion of Dr. Bowring's career, after attaining his majority, was passed abroad. First he visited the Peninsula during the war, and had consigned to him very large amounts of merchandise. In turn he visited Northern Europe, Russia, Sweden, Finland, and Germany, and throughout his tours made it his special practice to mix among the various inhabitants.

His official employments in foreign countries have been various. In 1828 he was nominated by the Government at home to proceed to the Low Countries, to examine into the manner of keeping the public accounts; and Sir Henry Parnell employed him in the same capacity in France in 1830. His reports in both these spheres were laid before Parliament; and in the following year, in conjunction with Mr. Villiers, he examined the tariffs of England and France, with the view to their relaxation. In 1834 Dr. Bowring proceeded to Belgium, and in 1835 to Switzerland, visiting also Italy in 1836, and subsequently Egypt, with a view of promoting the principles of Free-trade in their application to commerce with this country. The movements of Dr. Bowring, however, in prosecuting his various peaceful missions were not always unobstructed in the countries visited. In 1822 he was arrested in France, on the plea of being a fomenter of Liberal opinions; but it is more probable, from what afterwards transpired, that his detention was planned in order to obtain possession of some despatches to Spain, of which he was the bearer. His banishment from the French territory was pronounced perpetual, but he, nevertheless, again trod French soil in 1830, when deputed to congratulate the French people on the overthrow of the Bourbons.

Dr. Bowring had been the consistant advocate of Reform in Parliament; and after the measure of 1831 had passed into a law, he was solicited to become a candidate for the borough of Blackburn. On this occasion, and again in 1835, he failed to get returned, but only by a few votes—a service of plate from the minority testifying the estimation in which he was held by the constituency. His success over the Whig and Tory candidates for the representation of the burghs of Clyde, was however complete; but the same constituency declined his services in 1837, principally on the "No Popery" cry. He continued to represent Bolton until his first appointment to China by the Whig Government.

Dr. Bowring was by no means an idle member of Parliament. He directed his attention principally to financial matters, and matters connected with the Board of Trade; but he was also selected to act as chairman of important committees. He was most active in the committees on the hand-loom weavers, Irish education, and on the state of the arts as applied to the manufactures of the country, and spoke frequently on Parliamentary Reform and the education of the people.

Dr. Bowring has written several books in foreign languages. With Don Deonardo O'Gavan, the Deputy of Havanna, he carried on a long controversy in Spanish, on

JOHN BOWRING, ESQ., LL.D., GOVERNOR OF HONG-KONG.—FROM A PHOTOGRAPH BY BEARD.

HONG-KONG, FROM THE HARBOUR.

《倫敦新聞畫報》(*The Illustrated London News*),1854 年 2 月 18 日。報上圖文介紹香港景物和第四任港督寶靈(John Bowring,1792—1872)。插畫從今炮台山遠眺東角、灣仔、中環、上環一帶,可以看到灣仔沿岸建築疏落,但維多利亞港卻停泊不少洋行商船,商埠的味道濃厚。

《倫敦新聞畫報》是一份創辦於 1842 年的英國週刊,着重報道各地新聞及社會文化,是倫敦第一家採用插圖的刊物。它先由觀察者提供事件的草圖和文字註釋,然後由倫敦的藝術家描繪插圖以供出版。19 世紀後期,攝影和印刷技術不斷進步,《倫敦新聞畫報》開始引入照片並成為主導,減少版畫插圖。畫報直至 2003 年停辦。

The Graphic，1883 年 12 月 1 日。洋人在怡和山（原稱東角山，後為利園山）享受一頓下午茶。這幅作品和上一張雕刻版畫相隔二十九年。灣仔和中環的建築群已經井然有序在沿岸矗立，不少商業活動已經開展。

其他雕版插畫。

早年灣仔沿岸舊照。

灣仔的範圍

四環九約

1841 年英軍佔領香港島，1842 年香港成為英國殖民管治地，開始積極發展香港島北岸為政治、軍事和經濟中心。1843 年將香港城市核心區域命名維多利亞城（City of Victoria），大概範圍為西至上環，東至灣仔，南至半山，北至海港。為便於地區行政管理，將維多利亞城劃分成四環九約。

「四環九約」（Four Circuits and Nine Districts）是華人將港英政府對維多利亞城劃分區域的俗稱。「環」是環繞一個範圍的意思，例如在地圖上想標示中環的位置，會用手指比劃，或用筆畫一個環形的圈。「約」，凡治理邦國市鄉，都有約定、約制，共同遵守，引申為區域名稱。九約作為四環以外的另一種分區方法，在不同年代有不同數量、名稱及範圍。

四環的大致範圍如下：

西環：堅尼地城至西營盤一帶；

上環：西營盤至威靈頓街及皇后大道中西邊交界；

中環：威靈頓街及皇后大道中西邊交界至今日金鐘一帶；

下環：今日金鐘一帶至銅鑼灣。

至於九約，從 *Hong Kong Telegraph* 在大約 1870 年代繪印的香港地圖 *Plan of the City of Victoria*，可見九約（區）的名稱（由西至東）：

第一區：Shektongtusi（石塘咀）

第二區：Sei Yong Poon（西營盤）

第三區：Tai Ping Shan（太平山）（街）

第四區：Sheung Wan（上環）

第五區：Chong Wan（中環）

第六區：Ha Wan（下環）

第七區：Wang Hai（灣仔）

第八區：Bowrington（寶寧頓）

圖中可見 1909 年寶靈頓運河和遠處的鵝頸橋。

第九區：Sookun Poo（ 掃桿埔）

四環之一的下環，涵蓋九約（區）中的以下四約：

1. 第六區（下環：今金鐘，昔日靠海的皇家海軍用地和南邊劃歸英國陸軍的域多利兵房至軍器廠街一帶）；
2. 第七區（灣仔：軍器廠街至摩利臣山道一帶）；
3. 第八區（寶靈頓：摩利臣山道至東角山一帶）；
4. 第九區（掃桿埔：東角山至銅鑼灣避風塘一帶）。

然而，下環經過歷年的移山（例如東角山和摩利臣山），以及歷次的填海，海岸線北移，從皇后大道東、海傍東（Praya East，即日後的莊士敦道）、軒尼詩道到高士打道，獲得了更多土地發展，這個充滿活力的社區雛形漸次形成，道路井井有條，商住混合的樓房陸續興建，各類社區設施如學校、街市、醫院、教堂、警察局和墳場紛紛落成，大家開始習慣稱這區域為「灣仔」。

百多年後的今天，經過依然不斷的城市規劃、增建道路和舊區改造，舊灣仔已成為包括灣仔、銅鑼灣、大坑和跑馬地四大社區的超級都會。

海傍東遠眺醫院山、摩理臣山和東角山。

1930 年代地圖 訴說灣仔城市規劃

1930 年代由香港書業公會印行的《新編香港街道圖》，附設了各國旗幟和香港颶風符號表。隨着商業發展和人口流徙，1930 年代的灣仔區域已因整體社會發展漸趨成熟。道路建設規劃從西面穿過軍部船塢區連接中、上環，東面繼續向掃桿埔發展。1920 年，灣仔海旁進行大型填海工程，至 1929 年大致完成，大片土地由昔日莊士敦道伸展至告士打道海濱。在新開發的土地上，陸續建成四層高的中式唐樓，吸引大量華人遷入駱克道或謝斐道一帶新住宅區，同時帶動生活所需的商業活動蓬勃起來。

再看 1958 年 2 月初版的珍珍版《香港全圖》，定價一元五角。戰後的十三年，香港社會迅速復原過來，政府着重社區建設和推動經濟發展，灣仔、銅鑼灣、跑馬地區域已經趨向現代化城市發展。1950 年代，灣仔區沒有大型填海工程，政府趨向社區建設，銅鑼灣避風塘建成維多利亞公園，多間戲院在灣仔區出現，該區沒有大型工商業發展，可以看得出該區是典型華人聚居地。

從照片看灣仔發展

香港開埠初期，灣仔沿海興建大量貨倉，華人居住區域相對較少。艇戶在海傍東街生活及尋找工作，以下為反映灣仔早年發展的舊照。

消失了的摩利臣山

1807 年被倫敦傳道會派遣來中國傳教的馬禮遜（Robert Morrison，1782－1834），是外國來華第一位基督新教傳教士。在華期間，他將《聖經》漢譯、編撰字典、開辦學校、創辦報刊，在中西文化交流上貢獻良多。馬禮遜逝世後，為紀念其事功，成立了馬禮遜教育協會，開始辦學，後來獲得香港一座山丘，1842 年於該山丘頂建立馬禮遜學堂（The Morrison Education Society School），這是香港最早的英式教會學校。學校所在山丘日後命名 Morrison Hill，中文譯作「摩利臣山」，而不是「馬禮遜山」。

1920 年代，灣仔展開大型移山填海計劃，需要移走的山便是摩利臣山，將山泥傾倒填海於莊士敦道以北海域，以獲取新填土地發展。在開山過程中，發覺山體是堅硬的花崗岩，難以開鑿，致夷平過程漫長，至今還遺留一段沒有削平的麻石牆，讓我們想像已經消失的摩利臣山。在集成中心東側軒尼詩道遊樂場籃球場，可見舊海岸線灣仔道與軒尼詩道之間的落差，由一條石階連接，旁邊保留的一幅麻石牆，便是最後的摩利臣山。

2025 年 1 月，這幅麻石牆因籃球場進行美化及圍欄改善工程，髹上彩色，引起市民關注歷史遺跡該「修舊如舊」，抑或「修舊如新」的思考。

摩利臣山夷平後，在平地上修築了環狀的愛群道，正是當年山體中心位置，在日後修建了摩利臣山游泳池。而灣仔道及天樂里交界、黃泥涌道及皇后大道東交界的一段街道，稱為摩利臣山道，保留消失了的摩利臣山的名字。

二十世紀初的摩利臣山道。

剛剛換了新衣的軒尼詩道遊樂場。

遠眺摩利臣山開山夷平的過程。

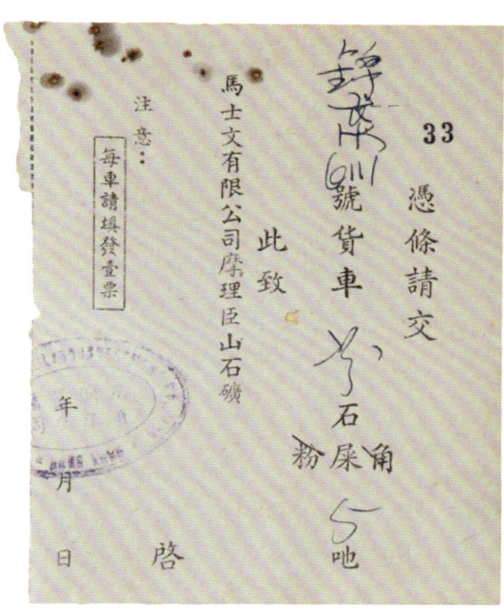

33

憑條請交 6111 號貨車 石屎角 5 吨

此致

馬士文有限公司摩理臣山石礦

注意：每車請填發壹票

年 月 日 啓

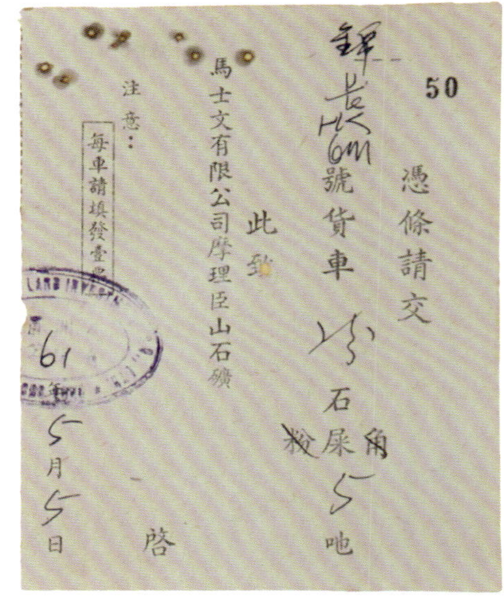

50

憑條請交 6111 號貨車 石屎角 5 吨

此致

馬士文有限公司摩理臣山石礦

注意：每車請填發壹票

61 年 5 月 5 日 啓

領取石材的發貨單。

1961 年，五洲置業有限公司發單給貨車司機到摩利臣山石礦場的馬士文有限公司領取石材。6 分石屎即石仔，6 分石石粒徑約為 25 至 40mm，適合混合於水泥及庭園道路鋪設。另外適合用於水泥添加是 3 分石，石粒徑約為 10 至 15mm。更細碎的稱為石粉，更大粒的是石角，多用於庭園造景。

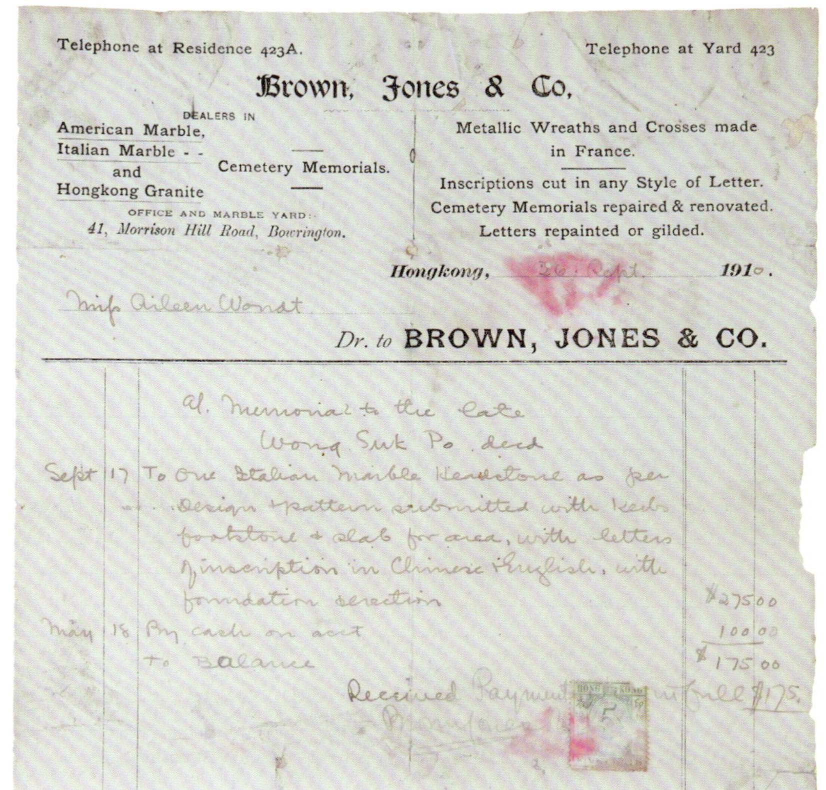

Telephone at Residence 423A. Telephone at Yard 423

Brown, Jones & Co.

DEALERS IN
American Marble,
Italian Marble - -
and
Hongkong Granite

Cemetery Memorials.

OFFICE AND MARBLE YARD:
41, Morrison Hill Road, Bowrington.

Metallic Wreaths and Crosses made in France.

Inscriptions cut in any Style of Letter.
Cemetery Memorials repaired & renovated.
Letters repainted or gilded.

Hongkong, 26 Sept 1910.

Miss Aileen Wonat

Dr. to **BROWN, JONES & CO.**

		a. Memorial to the late Wong Suk Po decd	
Sept	17	To One Italian Marble Headstone as per Design & pattern submitted with kerbs footstone & slab for area, with letters of inscription in Chinese & English, with foundation & erection	$275.00
May	18	By cash on acct	100.00
		to Balance	$175.00

Received Payment in full $175.

Brown Jones & Co. 票據。

Brown Jones & Co. 是香港早期殯儀業先驅，是殮葬、墳墓及墓碑製作的承包商，這張 1910 年的票據顯示，公司地址在摩利臣山道 41 號，是美國大理石、意大利大理石、香港花崗岩的經銷商，服務包括製作墓碑。

墓碑附件設計包括：法國製造的金屬花環和十字架，可切割任意風格字母的銘文，可為墓碑修復和翻新，亦可為字母重新上漆或電鍍。1930 年代，跑馬地香港墳場留下了大量這家公司的刻字。

鳥瞰跑鵝區。照片可看到 1921 至 1929 年灣仔移山填海計劃，使灣仔增加大量土地興建樓房，滿足遷入的人口需求，促進工商業繁榮，匯聚成灣仔興旺的城市面貌。就照片可見的範圍，在不同年代有不同名稱，但按今天慣常的叫法，上半部是跑馬地，下半部是介乎灣仔與銅鑼灣的鵝頸，或稱鵝頸橋，將兩區合併稱為跑鵝區。

灣仔海岸線

海傍東（Praya East）的發展

Praya 源自葡萄牙語「Praia」，意謂海旁。早期香港引用是指香港島北岸，面對維多利亞港，在開通皇后大道之後，上環至中環填海造地，擴展臨海的一段平坦長路，大抵是今日的德輔道西（當時稱海傍西，Praya West）、德輔道中（當時稱海傍中，Praya Central）。海旁填海計劃自 1860 年代開始，一直持續到 20 世紀初。

早在 1850 年代，第四任港督寶靈（John Bowring，任期 1854－1859）為了解決土地需求，積極拓展灣仔及銅鑼灣一帶，計劃由中區延長 Praya，在今皇后大道東與軍器廠街交界，向東開闢了一條臨海大道，命名海傍東（Praya East）。1870 年代，第七任港督堅尼地（Arthur Edward Kennedy，任期 1872－1877）上任期間，填海工程將中環海傍道連接海傍東，並將海傍東擴闊，興建樓房，亦成為日後 1904 年電車啟用的主要路線。

1920 年代至 1930 年代，大型的海傍東填海計劃（Praya East Reclamation Scheme）展開，灣仔海岸線再度北移。原先靠海的海傍東改名莊士敦道，延長軒尼詩道，建成新填海土地的駱克道和謝斐道，直至告士打道。自此停用由上環經中環至灣仔曾經有過的街道名字 Praya（海傍道）。

從不同角度看灣仔海傍東。

這張是 1930 年代灣仔海傍東明信片，遠方見一輛雙層電車在海邊緩緩前進。右邊建築是皇家海軍食堂（Royal Navy Canteen），沿着海岸排列着一棟棟整齊唐樓，商業活動慢慢在海邊蓬勃起來。

灣仔最早的海岸線：皇后大道東

皇后大道（Queen's Road）是香港開埠（1841 年）之後修建的第一條道路，名字紀念維多利亞女皇，但當年譯作「皇后」，便沿用至今。後來皇后大道向西及向東延長，分成大道西、大道中、大道東三段。皇后大道東的西端起點本在德輔道中交界，和皇后大道中連接，在 1968 年道路改善工程，新命名的金鐘道（Queensway，英語名字仍然存在「Queen」）出現，西端起點轉移至軍器廠街，大道東東端則伸延至跑馬地黃泥涌道。

皇后大道東就是沿着最早的弧形海岸線修建，這個小海灣也就是「灣仔」名稱的由來。臨海的山坡前地因日後填海新增了土地，迅速發展了新的社區。

中式婚禮迎親隊伍經過。位於皇后大道東的洪聖古廟馬路對面，開有店舖羅益記，經營自辦生熟名煙；明興號，經營中西服式、絲綢布疋；祿元居提供點心的茶居，還有餅家，巧製婚嫁禮餅茶盒。

羅益記、明興號、祿元居等商號名稱和推介產品，都是以文字形式，直接寫在騎樓底的廊柱，及製成招牌懸掛在二樓、三樓護欄前方。

中西革履（皮鞋）、承接金豬、火腿臘味、綾羅綢緞、修理鐘錶⋯⋯提供各類服務與貨品的商舖林立。右方有牙科診所，左方開有專製熟藥蠟丸藥局，可見西醫診治和傳統中藥，長久共同匯聚在這繁華都市。

四層高的唐樓排列在馬路兩旁，樓下是各行各業批發零售，路上有運送貨物的挑夫、人力車車夫，行人往來，相當熱鬧。

最醒目莫如懸在街上「蝠鼠吊金錢」的「押」字招牌，古老的當舖為需要應急錢的大眾提供周轉所需。此外，左方人力車背後，看到「安樂水房總局」所在，最早為成立於 1907 年的 Connaught Aerated Water Factory，中文稱為「安樂汽水房」，是戰前唯一一家華人獨資汽水公司，活躍於 1920 年代至 1960 年代初，之後在眾多外國汽水品牌加入競爭下沒落。

圖中可見太和酒家、遠信押（當鋪）、松本洋行、Southern College、飾飾男女美髮室。右方遠處唐樓外牆出現商品香煙的圖繪。

洪聖古廟細說下環

洪聖古廟位於皇后大道東 129 至 131 號，始建於 1847 年，清咸豐十年（1860 年）擴建，屬一級歷史建築。洪聖，又稱洪聖爺，洪聖大王，是香港漁民和海濱居民信奉的海神，香港境內約有二十多座洪聖廟。海神「洪聖」有兩個説法。一指南海龍王，在宋代下詔增加新封號洪聖；一指唐代番禺刺史洪熙，為官惠民，死後被奉祀為洪聖。

廟前石刻對聯：

古廟街新，海晏河清歌聖德
下環抒悃，民康物阜被天恩

上聯指出廟前新建了街道，政府做好事，自然要歌聖德，日後再擴建的大王東、西街，大王便是指洪聖大王。下聯提到「下環」這片福地被天恩，天時地利人和，必定迎來新的面貌。

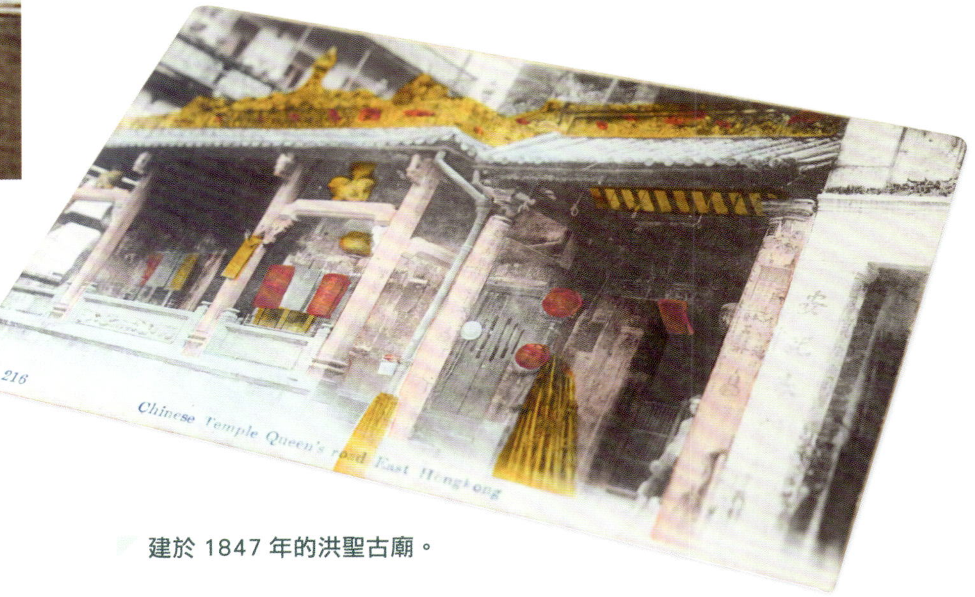

建於 1847 年的洪聖古廟。

第三章

灣仔的社會面貌

道路和交通

灣仔街道的稱謂

灣仔交通總是繁忙，馬路上車輛擠塞，巴士站前擠滿排隊的人龍，狹窄的行人路上，匆忙的過路人川流不息，永不停步。你又有否留意路過的街道有多少種分類？稱之為什麼？

道：寬闊的大路，連接各大區域。

街：道路兩邊伸延的支路，通常兩側建有民房商舖。

圍：這裏指圍繞狀的路。

坊：這裏指圍繞狀的路，或成方狀的路。

里：意本為民居，引用為城鎮裏的街坊巷弄，及唐樓（樓宇）之間不算寬闊的通道。

台：意本指比地面高的平地，引用為在此地勢環境的通道，斜路或建有梯級的路。

徑：山邊的小路、步道。

巷：樓宇之間更窄小的通道，通常沒有名字。

上述各種各樣街道里巷的稱謂，在灣仔究竟有沒有？原來都可找到，你也找找看，以下是一些命名的例子。

道：皇后大道東

街：利東街

圍：進教圍

坊：秀華坊

里：天樂里

台：鳳凰台

徑：嘉寧徑

此外，口頭上還有「後街」，如果主街道算前街，後面的街道便叫後街，或後巷。「埳頭路」則是只有一個出入口的通路，即此路不通，又叫死路，埳頭巷。

灣仔過去曾經應用，但今日名字已經停用的道路有二。一是群帶路，1866 年《新安縣全圖》在中環至下環沿海一帶，標示「群帶路」，但指的應是維多利亞城；二是前文提過的 Praya。

灣仔的街道里巷

一份瑞祥大廈售樓書中的附錄「本大廈街道位置圖」，可看灣仔變遷。

位置圖上以「道」命名，大致是東西走向的軒尼詩道、莊士頓道、譚臣道、大道東、灣仔道、堅尼地道，是中環、金鐘至銅鑼灣的主要幹道；以「街」命名的，在連接莊士頓道與大道東之間，有十多條大致南北走向的街道，由西邊的機利臣街到東邊的三角街，一律稱之為街。

上述「街」、「道」，都是經過歷次灣仔填海獲得平地修建，而大道東與堅尼地道之間的地勢則是斜坡，很多比平地高的小路用「台」命名，密集橫線則顯示路段建成梯級。此外，開發較早，而小路不算長且較為狹窄的，很多用「里」命名。眾多的台與里是灣仔社區的特色。

時代變遷，這些老區殘破的舊樓都陸續清拆，規劃重建大型的商業或住宅樓宇時，往往將整條小街巷里一併平整而消失。不妨看看後頁瑞祥大廈售樓書老地圖許多曾經標示的「台」與「里」在今天的變化。

適安里：今日稱為適安街，南段有梯級連接捷船街，北段小巷可達皇后大道東。

山邊台，妙鏡台：南固台業主合和實業原「南固台保育及發展計劃」，將這一帶作綜合發展，保留歷史建築南固台，改作證婚場所及新建商住樓宇。2024 年 11 月，因購入秀華坊舊樓，申請修改計劃，因此這帶未來發展仍屬未知。

厚豐里：由於合和二期工程進行，面貌已改變，東側的合和商場（合和酒店基座）已於 2024 年 11 月開業，合和酒店則於 12 月正式試業。厚豐里與船街之間已建成船街公園。

乾亨台：消失。已改建為合和中心（皇后大道東 183 號）。

鳳凰台，鳳鳳里：鳳凰閣南面一條小路，仍稱鳳凰台。

竹居里：連接春園街與堅尼地道梯級。

廸龍里，山邊里：消失。已改建為胡忠大廈（皇后大道東 213 號）。

避過灣仔熙來攘往的人潮，轉去夜闌人靜的街角，你放慢了腳步，氣氛出現了異樣，跟蹤埋伏、毒品交易、搶劫殺人，多少暴力犯罪、懸疑恐怖的電影場景，就在昏暗的深巷發生。那場景總是堆滿雜物，簷篷總有滴水，地上總有一灘臭水，老鼠在渠口走動，你或會感到毛骨悚然。遠處粥麵檔口的燈光或明或暗，而你又會否感受到夢幻的都市頹廢美學？

瑞祥大廈售樓書，1960 年代。
瑞祥大廈落成於 1965 年，樓高十一層，為擁有四十七個單位的單幢商住樓宇，位於灣仔皇后大道東 223 至 229A 號，與灣仔峽道交界處。

本大廈街道位置圖

售樓書老地圖上街道里巷裏的建築，你熟悉的，從未聽聞的，此時此處此無恙？還是已隨歲月改變模樣，甚至消失？

依地圖從左至右，從上而下為教堂（中華循道公會禮拜堂）、新法書院、聖方濟各學校、廟宇（洪聖廟）、同濟中學、家庭計劃指導會、籃球場、修頓球場、貝夫人健康院、香港戲院、郵政局（灣仔郵政局）、東方戲院、香港防癆會律敦治療養院、灣仔街市、灣仔官立學校。

上世紀五六十年代灣仔街道門牌租單收據。

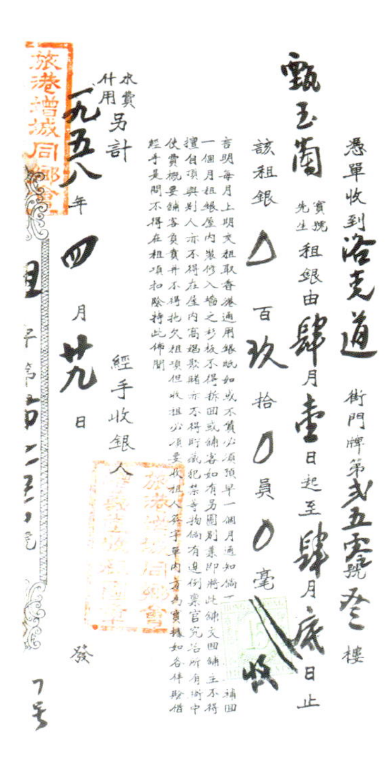
憑單收到洛克道街門牌第弍五壹號叁樓
甄玉蘭先生寶號租銀由肆月壹日起至肆月底日止
該租銀△百玖拾0員0毫
經手收銀人
一九五八年四月廿九日
水費什用另計
發

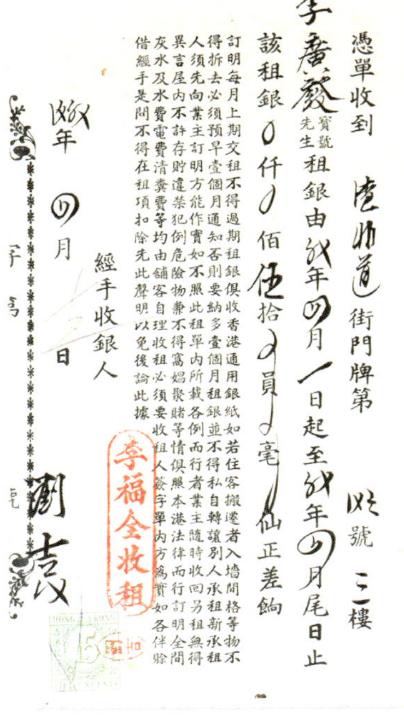
No. D 000267
憑單收到駱克道街門牌第　號二樓
李審發先生寶號租銀由　年四月一日起至　年四月尾日止
該租銀0仟0佰伍拾　員　毫　仙正差餉
經手收銀人
年四月　日
李福全收租

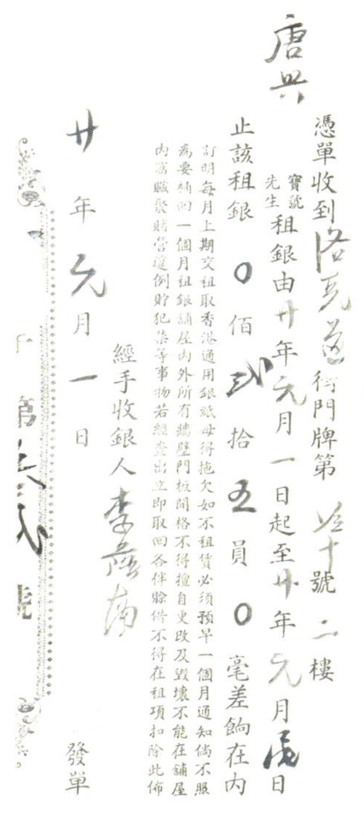
唐興
憑單收到駱克道街門牌第　號二樓
先生寶號租銀由廿年九月一日起至廿年九月尾日止
該租銀0佰弍拾五員0毫差餉在內
經手收銀人
廿年九月一日
發單

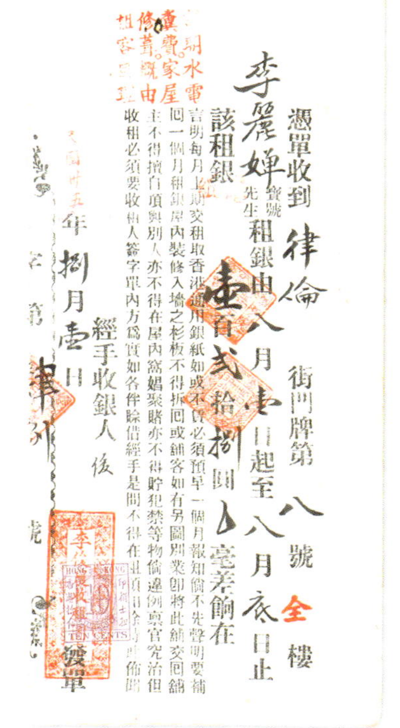
憑單收到律倫街門牌第八號全樓
李麗嬋先生寶號租銀由八月壹日起至八月底日止
該租銀壹百弍拾捌圓△毫差餉在內
經手收銀人
捌月壹日
發單

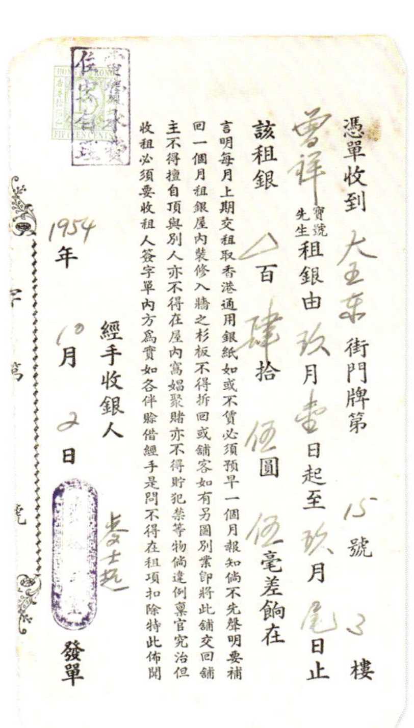

憑單收到大王東街門牌第15號3樓
曾祥寶號先生租銀由玖月壹日起至玖月尾日止
該租銀八百肆拾伍圓伍毫差餉在
言明每月上期交租取香港通用銀紙如或不賃必須預早一個月報知倘不先聲明要補回一個月租銀屋內裝修入牆之杉板不得拆回或舖客如有另圖別業即將此舖交回舖主不得擅自頂與別人亦不得在屋內窩娼聚賭亦不得貯犯禁等物倘違例稟官究治但收租必須要收租人簽字單內方爲實如各伴賒借經手是問不得在租項扣除特此佈聞
經手收銀人
1954年10月2日發單

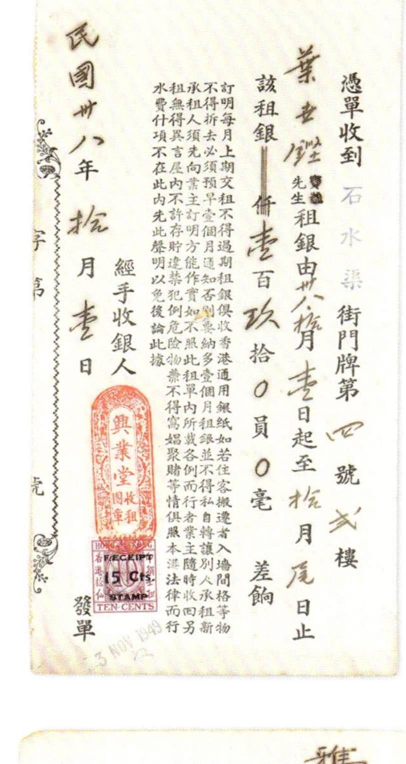

憑單收到石水渠街門牌第四號弍樓
葉世鏗寶號先生租銀由卅八年拾月壹日起至拾月尾日止
該租銀——佰壹百玖拾0員0毫差餉
訂明每月上期交租不得過期租銀俱收香港通用銀紙如若住客搬遷者入墻間格等物不得拆去必須預早壹個月通知否則要納多壹個月租銀並不得私自轉讓別人承租新承租人須先向業主訂明方能作實如不照此租單內所載各例而行者業主隨時收回另租無得異言屋內不許存貯違禁犯例危險物品不得窩娼聚賭等情俱照本港法律而行水費什項不在此內先此聲明以免後論此據
經手收銀人
民國卅八年拾月壹日發單
興業堂收租圖章
RECEIPT 15 Cts. STAMP
3 NOV 1949

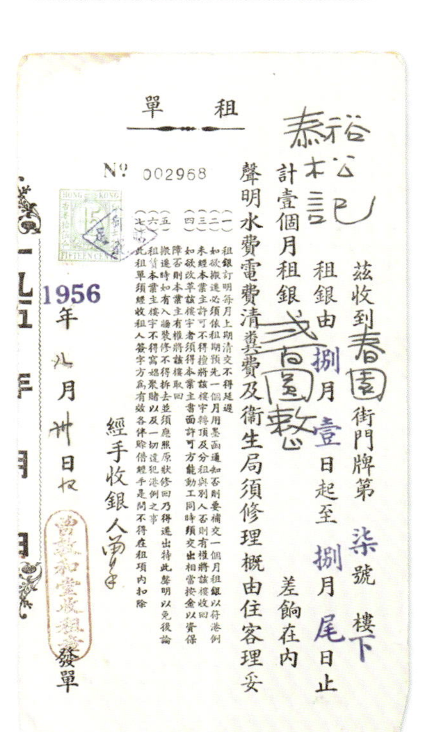

租單
№ 002968
茲收到春園街門牌第柒號樓下
泰裕公本記租銀由捌月壹日起至捌月尾日止
計壹個月租銀弍百圓整差餉在內
聲明水費電費清糞費及衛生局須修理概由住客理妥
（一）租銀訂明每月上期清交不得延遲
（二）如欲搬遷必須依租期預先一個月用墨函通知否則要補交一個月租銀以符港例
（三）未經本業主許可不得擅將該樓宇轉頂及分租與別人否則有權將該樓收回
（四）如欲改革該樓宇者須得本業主書面許可方能動工同時須交出相當按金以資保
（五）障否則本業主有權將該樓取回
（六）搬遷時如有入牆裝修不得拆去並須照原狀修回乃得遷出特此聲明以免後論
（七）租賃本業主樓宇不得窩娼聚賭以及一切違犯港例之事
此租單須經收租人簽字方爲有效各伴賒借經手是問不得在租項內扣除
經手收銀人
1956年九月卅日發單

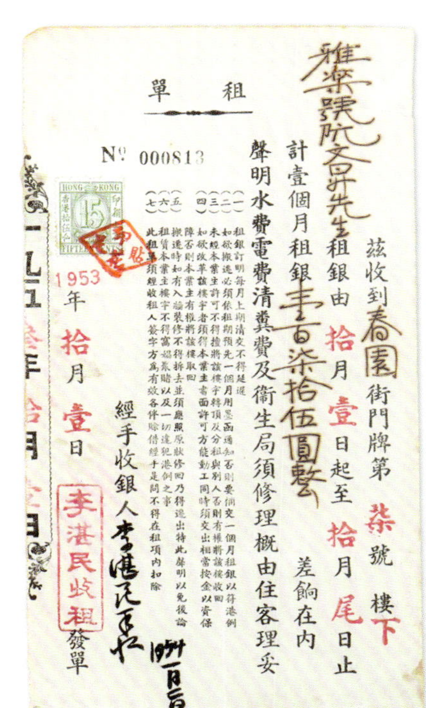

租單
№ 000813
茲收到春園街門牌第柒號樓下
雅樂跌打醫院文昇先生租銀由拾月壹日起至拾月尾日止
計壹個月租銀壹百柒拾伍圓整差餉在內
聲明水費電費清糞費及衛生局須修理概由住客理妥
（一）租銀訂明每月上期清交不得延遲
（二）如欲搬遷必須依租期預先一個月用墨函通知否則要補交一個月租銀以符港例
（三）未經本業主許可不得擅將該樓宇轉頂及分租與別人否則有權將該樓收回
（四）如欲改革該樓宇者須得本業主書面許可方能動工同時須交出相當按金以資保
（五）障否則本業主有權將該樓取回
（六）搬遷時如有入牆裝修不得拆去並須照原狀修回乃得遷出特此聲明以免後論
（七）租賃本業主樓宇不得窩娼聚賭以及一切違犯港例之事
此租單須經收租人簽字方爲有效各伴賒借經手是問不得在租項內扣除
經手收銀人李湛民
1953年拾月壹日發單
李湛民收租

座別		一次過付欵	一年分期付欵			年半分期付欵		
	樓別	訂價	訂價	先交	每月付（11次）	訂價	先交	每月付（17次）
A座	地下連閣樓	215,700	228,156	53,927	15,839	234,951	53,935	10,648
	二樓	51,700	54,686	12,930	3,796	56,314	12,930	2,552
	三樓	42,900	45,377	10,727	3,150	46,729	10,740	2,117
	四樓（已售）	36,200	38,290	9,052	2,658	39,430	9,051	1,787
	五樓（已售）	36,200	38,290	9,052	2,658	39,430	9,051	1,787
	六樓	36,200	38,290	9,052	2,658	39,430	9,051	1,787
	七樓	36,200	38,290	9,052	2,658	39,430	9,051	1,787
	八樓	36,200	38,290	9,052	2,658	39,430	9,051	1,787
	九樓	36,200	38,290	9,052	2,658	39,430	9,051	1,787
	十樓	53,800	56,907	13,457	3,950	58,600	13,465	2,655
	十一樓（已售）	45,100	47,705	11,284	3,311	49,125	11,283	2,226
	十二樓（已售）	37,100	39,242	9,278	2,724	40,410	9,283	1,831
	十三樓	52,000	54,998	13.000	3.818	56,639	13,000	2.567
B座	地下連閣樓	205,600	217,473	51,406	15,097	223,950	51,400	10,150
	二樓	38,600	40,829	9,655	2,834	42,045	9,660	1,905
	三樓	34,900	36,915	8,733	2,562	38,015	8,724	1,723
	四樓（已售）	29,400	31,098	7,338	2,160	32,024	7,357	1,451
	五樓（已售）	29,400	31,098	7,338	2,160	32,024	7,357	1,451
	六樓（已售）	29,400	31,098	7,338	2,160	32,024	7,357	1,451
	七樓（已售）	29,400	31,098	7,338	2,160	32,024	7,357	1,451
	~~八樓~~	29,400	31,098	7,338	2,160	32,024	7,357	1,451
	~~九樓~~	29,400	31,098	7,338	2,160	32,024	7,357	1,451
	十樓	51,400	54,368	12,854	3,774	55,987	12,858	2,537
	十一樓	42,400	44,850	10,607	3,113	46,184	10,603	2,093
	十二樓（已售）	24,900	26,338	6,230	1,828	27,122	6.229	1,229
C座	地下連閣樓	177,900	188,174	·44,481	13,063	193,777	44,483	8,782
	已售	37,400	39,560	9,354	2,746	40,738	9,356	1,846
	三樓	33,800	35,752	8,450	2,482	36,816	8,460	1,668
	四樓（已售）	28,500	30,146	7,134	2,092	31,043	7,124	1,407
	五樓（已售）	28,500	30,146	7,134	2,092	31,043	7,124	1,407
	六樓（已售）	28,500	30,146	7,134	2,092	31,043	7,124	1,407
	七樓（已售）	28,500	30,146	7,134	2,092	31,043	7,124	1,407
	~~八樓~~	28,500	30,146	7,134	2,092	31,043	7,124	1,407
	九樓	28,500	30,146	7.134	2.092	31,043	7.124	1,407
D座	地下連閣樓	143,200	151,470	35,805	10,515	155,980	35,790	7,070
	二樓	47,400	50,137	11,857	3,480	51,630	11,850	2,340
	三樓（已售）	43,100	45,590	10,775	3,165	46,946	10,787	2,127
	四樓（已售）	36,200	38,290	9,052	2,658	39,430	9,051	1,787
	五樓（已售）	36,200	38,290	9,052	2,658	39,430	9,051	1,787
	六樓（已售）	36,200	38,290	9,052	2,658	39,430	9,051	1,787
	七樓（已售）	36,200	38,290	9,052	2,658	39,430	9,051	1,787
	已售	36,200	38,290	9,052	2,658	39,430	9,051	1,787
	已售	36,200	38,290	9.052	2.658	39,430	9.051	1,787
E座	二樓	35,800	57,867	8,948	2,629	38,995	8,956	1,767
	三樓（已售）	37,800	39,983	9,458	2,775	41,174	9,452	1,866
	四樓（已售）	31,900	33,742	7,980	2,342	34,747	7,972	1,575
	五樓（已售）	31,900	33,742	7,980	2,342	34,747	7,972	1,575
	六樓（已售）	31,900	33,742	7,980	2,342	34,747	7,972	1,575
	七樓（已售）	29,700	31,415	7,435	2,180	32,350	7,428	1,466
	八樓（已售）	26,500	28,030	6,624	1,946	28,865	6,629	1,308
	九樓（已售）	15,900	16,818	3.981	1.167	17,320	3,975	785

瑞祥大廈

價目表

分層出售　分期付款

灣仔旺舖　巴士直達

背山向海　空氣清新

洽購處

南生營造有限公司

香港皇后大道中七十號三樓

電話：38501　23064　23498　31632

本地盤香港皇后大道東223號至229號　電話：771640

當年瑞祥大廈的價目表。

石水渠街上石水渠

灣仔石水渠街英文名稱 Stone Nullah Lane 中，「Nullah」原為印度語，指陡峭山溝的溪流，常因大雨變成急流洪水，因而修築溝渠引導流水，意指明渠，露天的排水道；與之相反是暗渠（culvert），即埋設的去水道。因昔日曾經存在露天石渠而命名的石水渠街，今日石水渠已不復見。

在開埠後，港英政府找到了定居點便建造排水溝，一則疏導及控制雨季洪水；二是減少滋生蚊蟲的水窪，預防疾病。石水渠街上的石水渠早在 1860 年代建成，花崗岩結構十分堅實，並設計幾段過道，方便水渠兩邊居民往來，自此慢慢形成一個街區。

今日當你沿着石水渠街往上步行，雖然已找不着昔日石水渠任何痕跡，但「石水渠街」這件罕見舊物仍然值得你尋訪，這裏說的是玉虛宮側牆上，金屬外框獨立瓷片製成街名的「石水渠街」路牌。

古舊石水渠街瓷片路牌。

1910 年代石水渠街南面最高點（今日石水渠街公園）往北望的景觀。石水渠部分加建圍欄以策安全，卻成了晾曬衣物的地方，兩旁逐漸搭建單層房屋。右前方通道是今日的隆安街，屋頂有陶塑脊飾的是玉虛宮（北帝廟），旁邊梯級可登臨堅尼地道。遠處蓋起四層高有欄杆的樓宇，位置接近皇后大道東，山崗上便是當時的皇家海軍醫院。

人口密集的石水渠街。從滿街樓宇掛滿重重疊疊的衣物，可見大量人口擠住在這個街區；右邊甄記士多、蔡相記士多門前停靠不少汽車和人力車，使道路交通顯得擠迫，基於環境衛生和交通需求，到了 1960 年代，石水渠街已經將明渠徹底封蓋，闢作馬路。

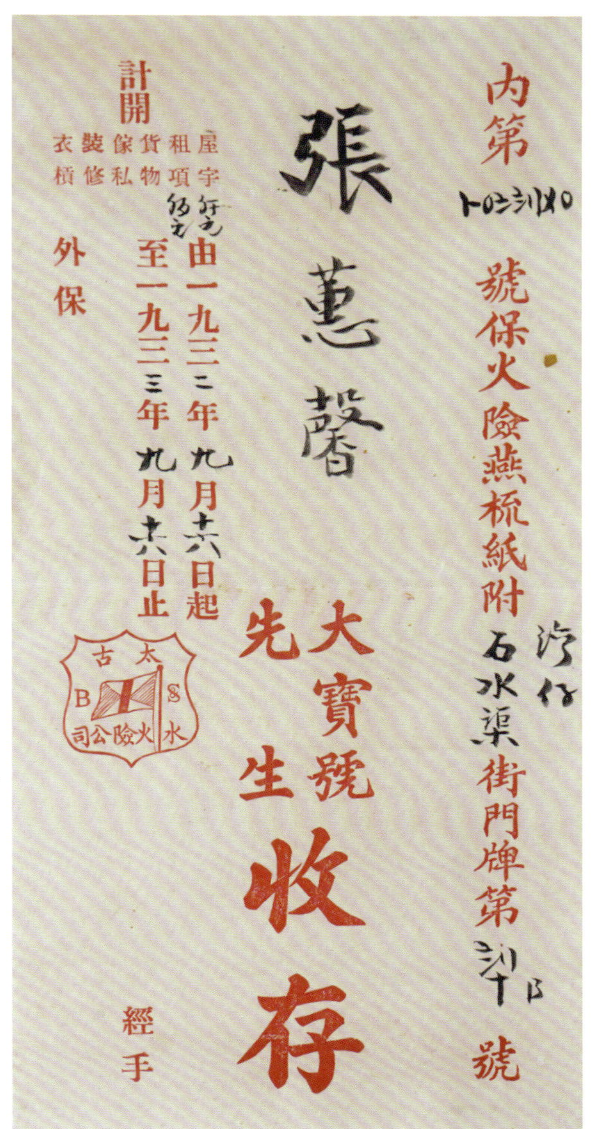

內第　號保火險燕梳紙附灣仔石水渠街門牌第　號

張蕙馨

大寶號 先生 收存

計開
屋宇 租項 貨物 傢私 裝修 衣櫃

由一九三二年九月十六日起
至一九三三年九月十六日止

外保

經手

太古水火險公司 B S

太古水火險公司火險燕梳紙繳款收據公司經辦一宗位於石水渠街 82 號 B，1932 至 1933 年度的「火險燕梳」，屬於租事平安保險，保險費用十元多。

投保人在火險承保的屋宇、租項、貨物、傢俬、裝修、衣櫃六項中，選了：

1. 屋宇，即「住宅火災動產損失保險」，如房屋因火災造成損失，獲得賠付金額；
2. 租項，即「承租人火災責任險」。

保障租屋人因用火或用電不當引起火災，需賠償給房東的損失，獲得賠付金額。

關於太古水火險公司，英國商人 Richard Shaekleton Butterfield 和 John Samuel Swire 及 William Hudson Swire 兩兄弟，於 1866 年在上海開設 Butterfield & Swire 公司，中文稱太古洋行，開拓對華貿易。1870 於香港開設分公司，隨後興建太古糖廠和太古船塢，太古水火險公司則承接保險業務。收據中可見太古水火險公司的標誌，包含太古旗和 B&S 字樣，是 Butterfield & Swire 的縮寫。英資太古洋行與香港發展，百多年來息息相關。

1926 年的暴雨。香港天文台單日最高雨量紀錄為 1926 年 7 月 19 日錄得的 534.1 毫米，雨勢最大時由午夜開始持續至中午，造成多宗山泥傾瀉，石水渠街是災區之一。照片中石壆被洪水沖毀，圍觀的人聚集在今日藍屋前的景星街。

另一次對石水渠街造成破壞的豪雨是在 1966 年 6 月 12 日，吉安街口水管爆破後，街道中央的地下暗渠相繼爆裂，洪水夾雜沙泥石塊，導致兩旁商店水浸，汽車和大量垃圾沖至皇后大道東堆積。

收條
茲收到
蔡蘇女 學生交來學費銀
特立收條為憑
一九五一年五月份日
發給

收條
茲收到
蔡蘇女 學生交來學費銀
特立收條為憑
一九伍弍年拾弍月份日
發給

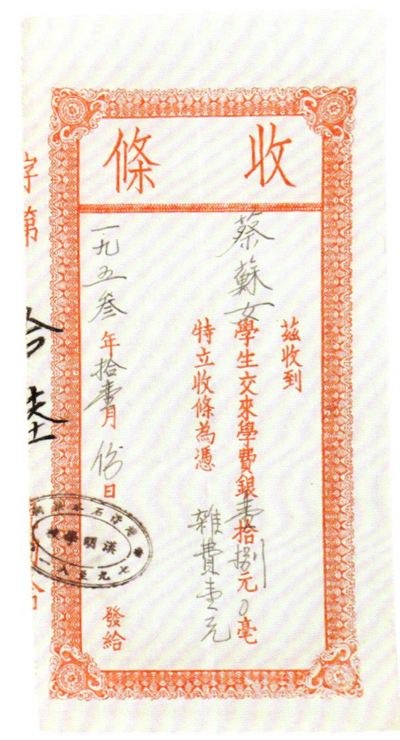
收條
茲收到
蔡蘇女 學生交來學費銀
特立收條為憑
一九五叁年拾壹月份日
發給

漢明學校學費收條。按收條上蓋章，漢明學校位於石水渠街 79 至 81 號。校址原建築已拆卸，今日是重建於 1971 年的富樂樓，門牌為石水渠街 64 至 70 號。

（從左至右）

1951 年 5 月份，每人學費 18 元。

1952 年 12 月份，每人學費 18 元。

1953 年 11 月份，每人學費 18 元，雜費 1 元。

蘭杜街的街頭街尾

灣仔軒尼詩道和莊士敦道交界，東西兩端各有一塊三角形地帶，西邊的紅磚禮拜堂中華循道公會禮拜堂一直是灣仔的地標。其南邊的蘭杜街因為曾經開有戲院，是很多坊眾娛樂消閒的聚腳點。蘭杜街（Landale Street）以曾任渣甸洋行大班，香港行政、立法兩局議員的大衛蘭杜（David Landale，1868－1935）命名，為軒尼詩道東行右轉入莊士敦道的第一條街道，連接皇后大道東。

▸ 中華戲院（China Theatre）

麗都戲院前身是中華戲院，是戰後第一家新建戲院，位置就在蘭杜街，戲院的招牌豎立在莊士頓道口。1948 年 8 月 20 日《工商日報》一則戲院開業預告，指出建築完成，不日開幕，並發表「本院宣言」，說明旨在放映中華國語影片，讓居港僑胞不忘本國文化，同時加強國際人士與我國文化的溝通和了解。此宣言源於有感粵語影片屬地域性方言，國語電影才是中國代表，因此標誌中華戲院是「國產影片的大本營，中華文化的展覽會」。

新戲院有八大特點：堂皇建築、交通便利、座位舒適、冷氣設備、高質音響、女子接待、選片嚴格、票價公道。然而四年後，1952 年戲院易手，改名麗都戲院。

1957 年蘭杜街新樓單張。蘭杜街 1 至 11 單數街號新樓出售，位於蘭杜街西側，1957 年入伙，賣點是 999 年期。土地業權分為永久業權和土地租借權，目前香港只有聖約翰座堂是永久業權，其他都是政府以租借土地形式租出發展，而且有年期的，分為 75、99、999 年期，999 年俗稱千年地契，物業持有人不用擔心到期土地被收走或補地價。太古城便屬於為數不多的 999 年地契。新樓在麗都戲院對面。
蘭杜街 1 至 11 號、西邊晏頓街 2 至 12 號，連同寶華大廈，在太古地產統一業權後，開展太古廣場第 5 期工程。

▸ 麗都戲院（Rialto Theatre）

1952 年邵氏父子有限公司將中華戲院接手，改名麗都戲院。英文名稱 Rialto 原指意大利威尼斯的中心區，附近有著名的 Rialto Bridge，引申為市場、商業中心之意。

麗都戲院經營二十五年，1977 年結業後，重建為住宅麗都大廈（Rialto Building），1979 年入伙，地址蘭杜街 2 號。

右方可見麗都戲院招牌。

右方是麗都戲院戲院。

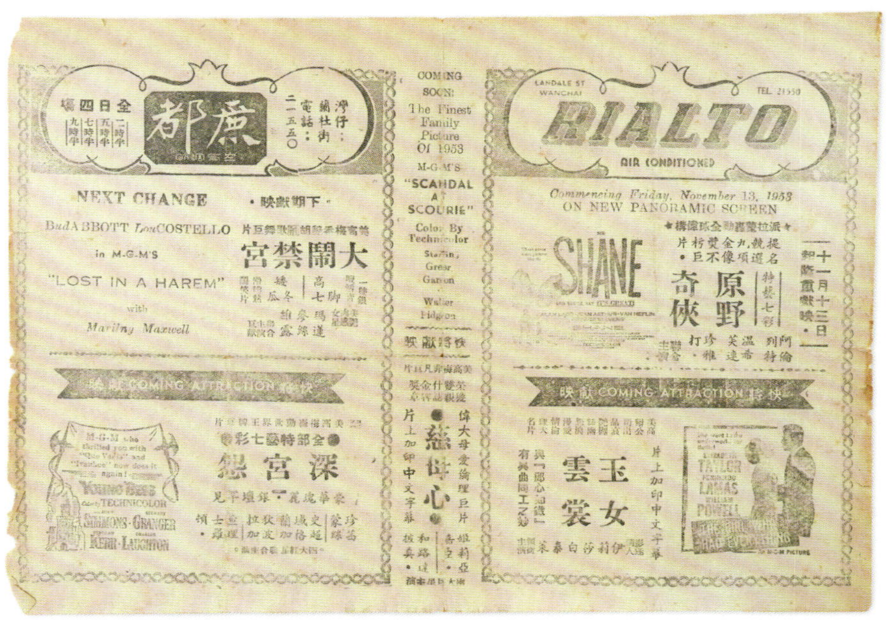

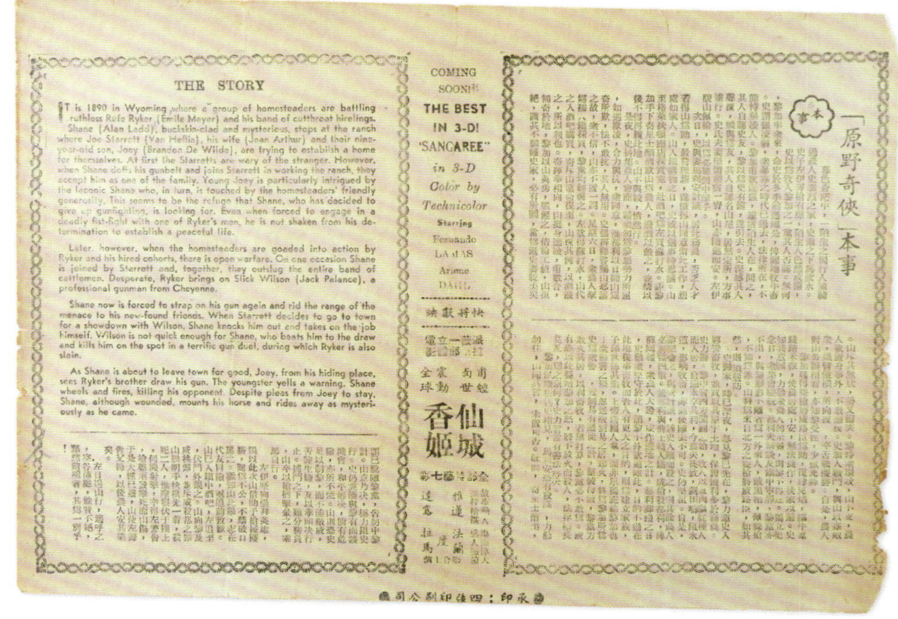

麗都戲院戲橋（1953）。1953 年 11 月戲橋內容包含多套派拉蒙（Paramount）影業或美高梅（Metro-Goldwyn-Mayer）影業製作的電影。即日放映的為《原野奇俠》，是 1953 年的西部片，片名「Shane」是主角拓荒者的名字，也含有上帝的恩慈的意思，故事背景是 19 世紀末，新的拓荒者與原開墾者在懷俄明州關於誰擁有土地業權的矛盾，電影展現美國西部壯麗的原野景色，且是彩色製作，獲 26 屆奧斯卡金像獎最佳攝影獎。戲橋上還提及《大鬧禁宮》、《深宮怨》、《玉女雲裳》、《慈母心》、《仙城香姬》。

麗都戲院戲橋（1957）。內容包含三套國語電影：《曼波女郎》，電影懋業公司，為「傾力攝製教育理論哀感頑艷新型歌舞巨片」；《馬戲春秋》，邵氏公司出品，描寫江湖藝人恨史文藝悲劇，電影以日本木下馬戲團為背景，實景拍攝。該馬戲團曾於 1956 年來港於紅磡新填地演出；《黃花閨女》，邵氏公司公品，北方背景，纏綿悱惻的文藝作品。三套電影的男女主角都是當年活躍影壇，國語電影中的俊男美女演員。

▸ 今天的蘭杜街

今時今日的金鐘站是荃灣線、港島線的中途站，東鐵線南端終點，南港島線北端終點，形成大型鐵路轉車站。因着金鐘站的地利，太古廣場綜合發展項目已經向東擴展至蘭杜街，完成第四期及第五期項目。

第四期：太古地產於 2007 年買入在 1977 年入伙，位於蘭杜街北面路口的大生商業大廈，連同毗鄰十二幢唐樓，拆卸重建前稱「軒尼詩道 28 號」，今已改名「太古廣場五座」，2012 年落成，為二十四層辦公樓。

第五期：太古地產於 2017 年購入 1959 年入伙，位於蘭杜街南面路口的寶華大廈，拆卸重建，地址是皇后大道東 46 至 56 號，命名「太古廣場六座」。2023 年落成，為二十四層辦公樓。

灣仔的西端已經面目一新，戰前唐樓、戰後洋樓連番離場，如今變作商廈林立的繁華景象。許多事物都在不知不覺的清拆中了無蹤影，必須在舊照片、舊紙片才發現它們曾經存在。

偶爾不知誰提起「這是灣仔最美麗的鐵閘」，幸運地，記憶中的寶華大廈綠色鐵閘，今日得以成為太古廣場六座外牆的一部分，讓我們感受失而復得的驚喜。

舊寶華大廈鐵閘。

羅素街的華麗轉身

> 誰悼念舊時電車廠竟變戲院
> 誰又慨嘆那電影院終變了鑽飾店面
>
> 許志安《時代廣場》

1904 年 7 月香港電車正式啟用，作為停泊及維修電車之用的羅素街車廠，於 1920 年代投入服務。日後隨着電車數目增加，1950 年代車廠擴建，改名霎東街車廠。由於車廠靠近民居，噪音引致滋擾，同時為配合地區發展，1989 年 3 月 30 日霎東街車廠關閉，重建後變成現時的時代廣場；而新車廠則分別位於屈地街（西廠）和西灣河（東廠）。

1950 年代至 1980 年代，電車廠一牆之隔的羅素街，各式店舖林立，街道旁搭建了檔口，小販的木頭車與路人擠得水洩不通，鮮肉蔬果、家庭用具、街市貨品，應有盡有。

如今羅素街華麗轉身，面向時代廣場一段，有名貴鐘錶珠寶、時尚名牌服裝店舖，長期穩站香港租值頂端，是全球有數的黃金商業地段。

電車開通後，社會上工薪階層生活艱苦，電車工人為爭權益與福利，1920 年成立了「香港電車工業競進會」。1931 年重新組織並註冊為「香港電車公司營業部華員職工會」。1948 年初與二十二間工會組織港九工會聯合會，同年 9 月電車工會改名為「香港電車職工會」，會址在電車廠旁邊的羅素街。

▸ 羅素街事件

二戰後香港百廢待興，國共內戰令香港人口驟增，許多勞動家庭入不敷出，居住環境惡劣和生活貧困。很多行業組成職工會，因為向資方爭取工人權益和改善福利，引發工潮。1949 年 12 月下旬，電車工人因要求資方增加生活津貼不果，採取怠工行動，電車售票員不收乘客車資，資方決定在 28 日關廠停車，令工潮惡化，延至次年 1 月 30 日，逾千名支援者前往羅素街電車職工會慰問，與警方衝突引發流血事件，警方隨即增派警力，架起路障，封鎖工會。通過各方調解，資方答應調整工人待遇，勞資達成和解，2 月 10 日電車才恢復正常行駛。

羅素街車廠望向東面的波斯富街，見利園山道樓宇，右方是 1976 年落成的希慎道 1 號商廈。

電車廠圍牆外便是羅素街，樓宇高架招牌有藥行、酒莊、糧油雜貨店、跌打醫館等等，住戶窗外及天台架起了許多魚骨形電視天線。

電車廠貼近民居。

廢棄電車路軌。羅素街／霎東街車廠關閉後，出入廠路軌（電車通過波斯富街轉入羅素街／霎東街入車廠，電車出車廠則轉入堅拿道東，再經禮頓道轉入摩利臣山道）停用、廢棄並拆除。不過，在堅拿道東轉入禮頓道上，原來仍留下一小段路軌供大家懷念。

在羅素街事件中，警方架起路障，封鎖位於羅素街的香港電車職工會。

華洋警察調配水警增加警力，手執警棍和藤盾，在路障前執勤，市民則在警戒線外圍觀。

香港電車職工會賀年年卡。

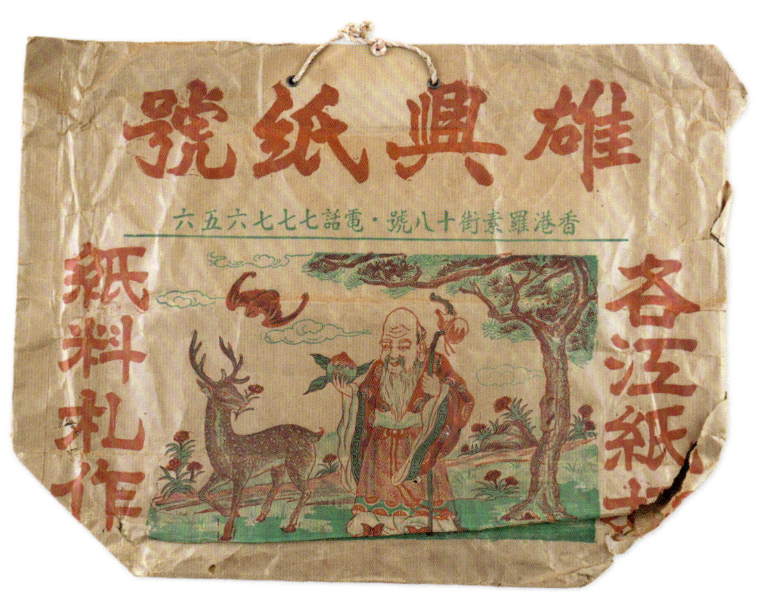

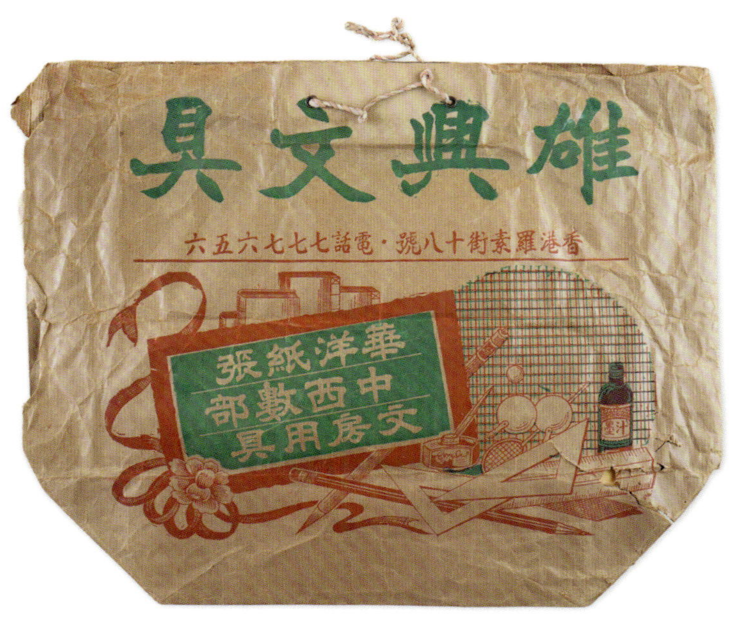

1950 年代雄興文具店雞皮紙袋。文具店在羅素街 18 號，經營華洋紙張、中西數部及文房用具。

繁華的太原街

太原街可說是灣仔最繁忙的街道之一，相較現在，真有過之而無不及。兩旁建築物店舖林立，左方路口還搭建水果檔，右方路口又有小販擺賣。經營的各行各業，有茶樓、冰室、五金舖、藥行、麵廠、銅具店、棚架廠、理髮店、電器舖⋯⋯招牌五花八門，街道擠滿市民，馬路入口甚至豎立了禁止汽車駛入的路牌，以策行人安全，可說是早期的行人專用區。

一條庶民街道反映了那個時代百業興旺，市民熙來攘往，社會一片繁榮的景象。

明信片中 1970 年代的太原街。路口右方是雙喜樓。太原街 5 號是玉堂電器，隱約見到外牆「玉堂」兩字。太原街 4 號是鏡記粉麵廠，鏡記原址是樹記銅器店。明信片中央可見金鳳冰室的招牌，經營超過半世紀，現在已經遷往春園街繼續營業，食客依然絡繹不絕。

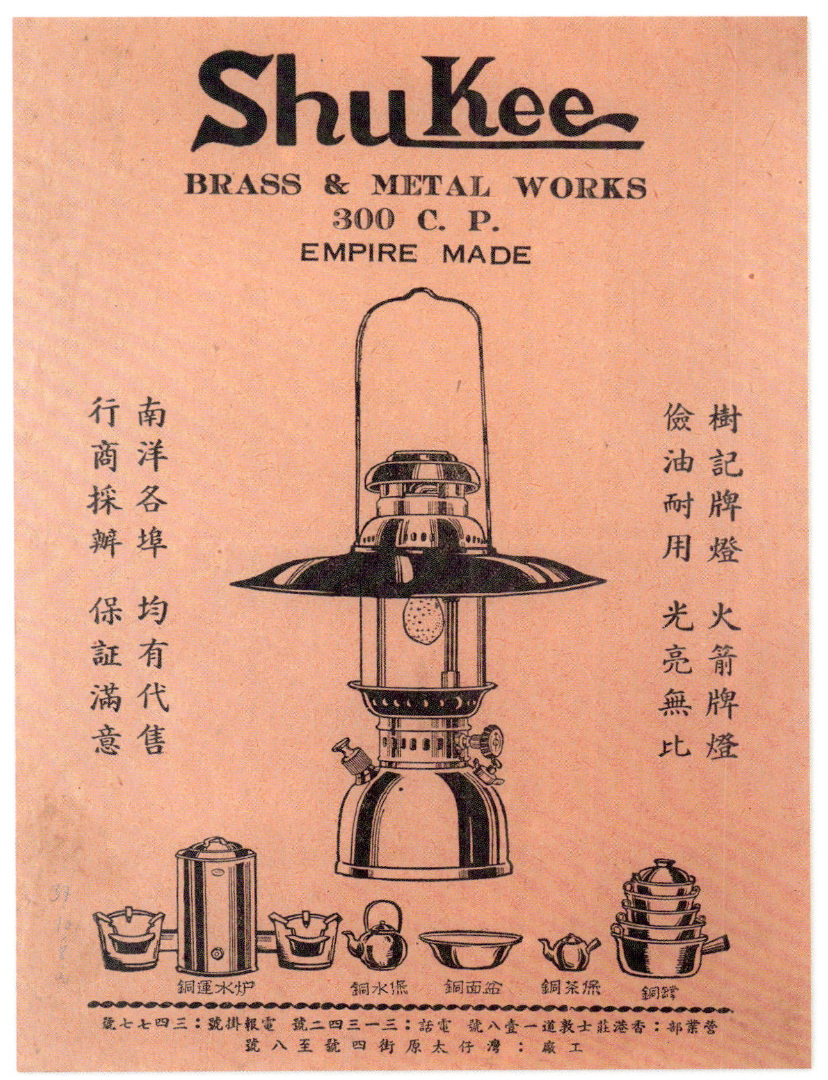

你還記得那些年，大浪西灣露營燒雞翼的夜晚，誰帶的那支大光燈？過去夜裏廟街路邊看掌相的，大笪地擺檔炒蜆的，街口雲吞麵檔，擺地攤賣雜貨的，開檔前，阿伯阿嬸拿着大光燈，泵呀泵呀泵，將火水、電油，還是煤油，氣化注入燈紗罩，然後點燃燈紗罩那個膽，轉眼大光燈就燈火通明，光亮無比，立上招徠第一批顧客。

「相不睇不發⋯⋯」「唔買都埋嚟睇吓⋯⋯」「整碟東風螺啦⋯⋯」

夜市總是瀰漫那些火水氣、油煙氣，和鬧哄哄的人間市井氣。這家曾經設廠在太原街，店舖在莊士敦道的樹記，專營銅煲銅鑊，銅爐銅盆之餘，更生產大光燈。大光燈是昔日大排檔、露天大笪地、晚上重要的照明工具。此為 1950 年代的樹記銅器店廣告招紙，介紹了出售大光燈和各類銅製器皿，標榜 Empire Made，香港是英國殖民管治地，產品是大英帝國香港製造。廣告更強調火箭牌大光燈儉油耐用，光亮無比。

港九

玉堂電器 有限公司

YOOK TONG ELECTRIC CO. LIMITED

分行：九龍新填地街四四八號 電話：三-九六〇七四三 三-九五六三二六

總行：香港灣仔太原街五號 電話：五-七二〇五九一 五-七二八五〇一 五-七五〇二五五

各國名廠電線器材批發零沽

蒙惠貨品 出門不換

No. 00061 Date, 12-7-1976

玉堂電器單據。玉堂電器店舖主要批發電線器材，當時公司已經搬遷，但外牆舊廣告招牌「玉堂電器」並沒有褪色，記錄了公司昔日的氣派。

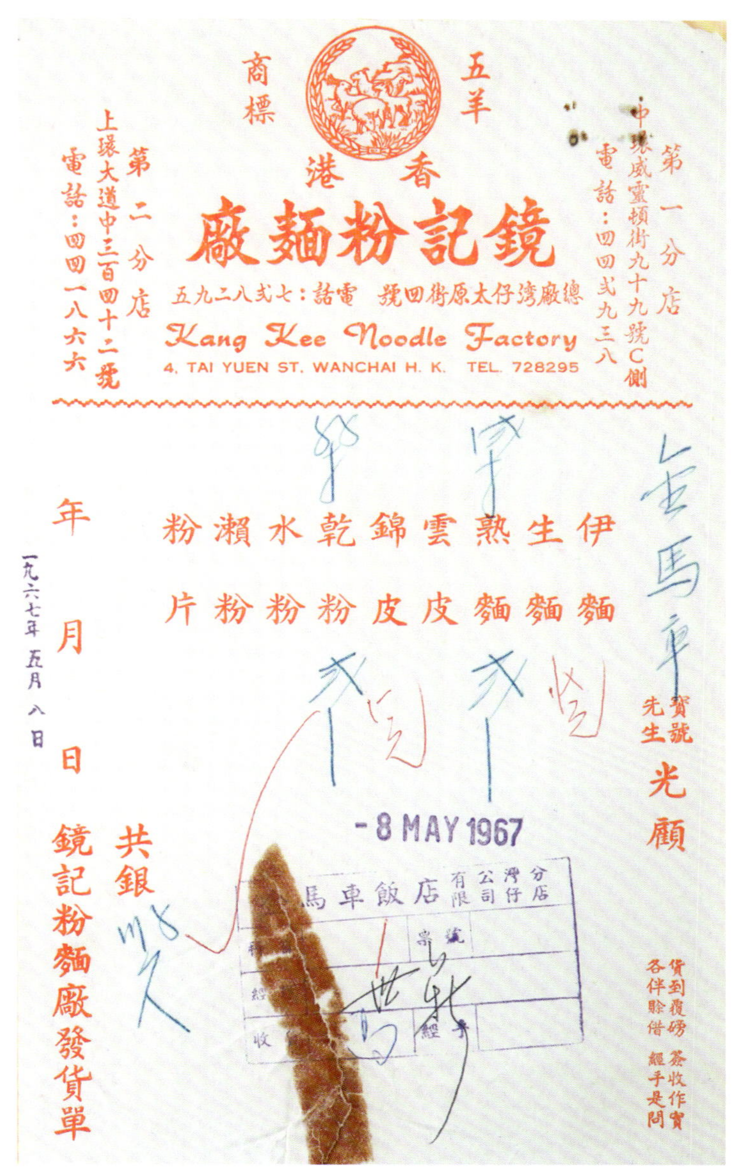

鏡記粉麵廠單據。雖然提供的粉麵食材種類不多，但已經有中環、上環兩間分店營業，連銅鑼灣著名金馬車飯店也從這裏訂貨。

軒尼詩道與莊士敦道上的人力車和三輪車

▸ 人力車

人力拉動，可坐一或兩人的兩輪車「人力車」，誰最早發明？日本的說法是 1870 年在日本發明，於東京街道開始使用。人力車英語為「Rickshaw」，便來自於日語「人力車」（Jinrikisha）中的「力車」（Rikisha）。人力車曾在亞洲很多城市成為一種流行交通工具，老舍小說《駱駝祥子》就是描寫民初北京城裏，靠體力活吃飯的人力車夫祥子的故事。

香港最早的人力車在 1874 年由一位外籍商人從日本購入，本是私人用途，幾年間便在轎子與山兜外，成為香港大眾化的代步工具。人力車大多由車行出租給車夫，停靠在火車站、渡輪碼頭及繁盛的商業區街道，等待接載客人，政府亦在 1880 年代管制發牌、訂定規章及對車夫儀容作出要求。1904 年電車通車，隨後巴士普及，汽車和出租車的引入，使人力車的需求大減，到了日佔時期，曾因戰事令公共交通不足，人力車短暫復興。戰後交通復歸正常和現代化，人力車數量大幅減少，1968 年政府便停止向人力車發牌。

香港的人力車頗有特色，車身和手把是紅色，可開合的車篷是綠色，車輪則是黑色。1980 年代以後，人力車由日常交通工具變為以遊客為對象，載客在碼頭附近兜圈，並作拍照打卡道具，聞說剩下的兩三位持人力車牌車夫都已全部退休。曾經停靠在中環七號碼頭可供租用的人力車，今日還存在嗎？

或許會問，在京都、淺草、小樽，甚至道後溫泉，許多遊客都會開開心心選坐一趟人力車之旅，為什麼在香港卻無生存空間呢？

昔日外國旅客，都愛坐人力車拍照，甚至扮車夫，體驗這種特有的東方街頭情調。

往日的人力車。

在新建成的告士打道海旁，女士十分寫意乘坐人力車代步。勞累的車夫又有否餘暇，去看新馬師曾曾經主演的兩套電影：《拉車得美》、《拉車行大運》呢？

▸ 三輪車

由於人力車夫需體力奔跑，較為省力的人力腳踏三輪車慢慢取代了人力車。作為載客及運貨，在香港路面交通不算繁忙的時代，這類小型運輸工具便開始普遍。持有及使用三輪車，是需要向政府領牌的，並在車前印上編號和地址。戰後載客三輪車雖有規管，如載客不能超過三人，但接連發生意外，令乘客受傷，政府於是在 1948 年 11 月 30 日之後，取消了載客三輪車在馬路上行駛。

香港特色載貨三輪車，是由人力腳踏後輪，推動設置在前面的一個鐵製有蓋車斗。隨後燃油汽車數量增加，馬路上因車多而變得路窄，緩慢的載貨三輪車在 1970 年代開始，也消失在城市裏。

接下來，便是載客小巴、運貨貨 van 遍佈港九新界的年代。

軒尼詩道上，一輛載貨三輪車自堅拿道由東向西踩來，左方遠處是灣仔消防局及大三元酒家。

載貨三輪車踩到軍器廠街，左方是麗的呼聲有線廣播電台，右方遠處是中華循道公會禮拜堂，屋頂建有中式琉璃瓦屋簷涼亭。

昔日仍稱為皇后大道東（今名金鐘道）的路上，一輛載貨三輪車由西向東，踩向軍器廠街交界。

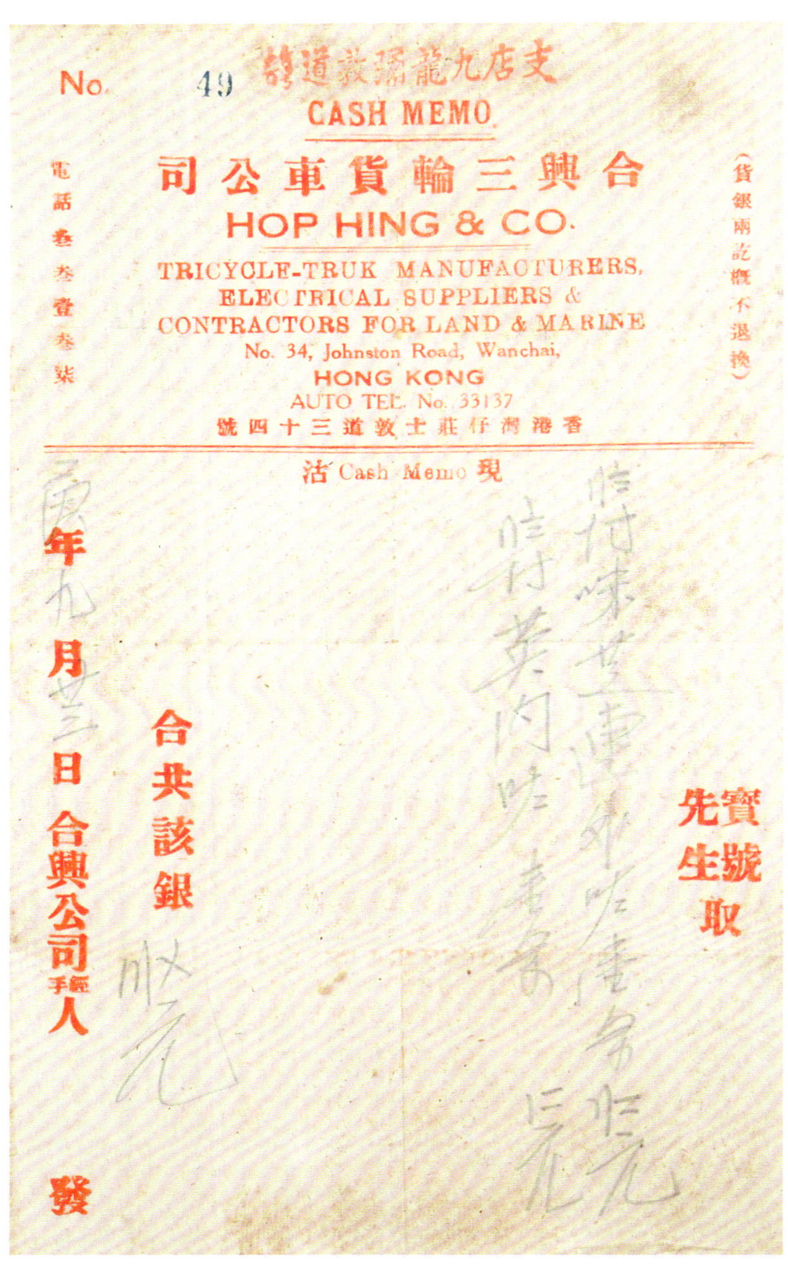

支店九龍彌敦道號

No. 49

CASH MEMO

合興三輪貨車公司

HOP HING & CO.

TRICYCLE-TRUK MANUFACTURERS,
ELECTRICAL SUPPLIERS &
CONTRACTORS FOR LAND & MARINE
No. 34, Johnston Road, Wanchai,
HONG KONG
AUTO TEL. No. 33137
香港灣仔莊士敦道三十四號

電話叁叁壹叁柒號

(貨銀兩訖概不退換)

現沽 Cash Memo

寶號 先生 取

合共該銀

年 月 日 合興公司 經手人 發

合興三輪貨車公司現沽單。正鋪位於莊士敦道 34 號，另有分店在彌敦道 750 號，專門製造載貨三輪貨車。在一些廣告介紹中，還記錄發售單車配件、機器射油器零件、承接海陸電力工程、精修摩打、生鐵及熟鐵電焊、按月包理水泵水廁。

客人購買了 28 吋米芝蓮外呔一條，28 吋英式內胎一條。

三角油站的故事

「油站有落！」「夏巴有落！」

昔日曾經在灣仔坐過小巴，總會説過或聽過這兩句話。

軒尼詩道及莊士敦道東邊交界，位於三角位置的油站——三角油站，一直是灣仔的地標。這個地標曾經出現多個品牌的英文名字，見證着香港開埠後，英國和美國兩家跨國石油公司、兩家香港古老貿易行的發展軌跡，包括 Caltex（加德士）、Shell（蜆殼）、Wallace Harper（夏巴）、Gilman Motors（太平洋行汽車部）。

1843 年根據《南京條約》的規定，上海被正式開放為通商口岸，允許外國船隻進入並進行貿易，英美隨即先後在上海成立了德士古、美孚、亞細亞三大火油公司，並在全國大城市及香港開設分公司及分店，推銷煤油，用於點燈照明，取代傳統植物油燈。當中國工業起步，汽車進入市場，便陸續向中國傾銷從原產地中東、中南美等地提煉的石油產品：汽油、柴油、潤滑油。由於清末民初，中國政局動蕩，石油的勘探開採、提煉十分落後，導致外資公司長期壟斷了中國石油市場。以下幾張舊照片，其實反映灣仔小小的三角位置，記錄着今日全球最大的三家英國、美國能源公司，爭相踏足內地及香港推銷石油產品的百年歷史。

至於夏巴，指夏巴行，夏巴車行。福特汽車公司於 1908 年研發出簡單、耐用、價廉的 T 型車，向全球各地銷售。1922 年，Andrew Harper 取得 Ford（福特）汽車在中國華南代理，從美國前往香港推銷汽車。1928 年，子繼父業，Wallace Harper 成立夏巴有限公司（Wallace Harper & Co. Ltd.），除銷售汽車，更擴展如拖拉機、飛機及其他領域業務。1955 年，Wallace 退休，來港發展的 Harper 家族第三代延續公司業務。1956 年灣仔三角位置，四層夏巴車場建成，坊眾稱該處為「夏巴車行」，或「夏巴」。

時至今日，香港的石油市場面貌已有所改變，香港的汽車加油站分屬五家公司。除加德士加油站、蜆殼加油站、埃索加油站外，還有：中石油加油站、中國石油天然氣集團有限公司、中石化加油站、中國石油化工股份有限公司。

至於今日的三角油站，2006 年，城市規劃委員會地圖顯示：軒尼詩道 256 號及 258 號下層仍為加油站（蜆殼和加德士）。目前軒尼詩道 256 號於 2008 年落成的三十一層商業大廈 The Hennessy，低層設有餐飲及零售店，但已無加油站。軒尼詩道 258 號則見於 1975 年落成的二十一層商業大廈德士古大廈 Caltex House，建築物下層是加德士油站。大廈中文名字並不是加德士，反而用了舊名字「德士古」。

▸ 加德士（Caltex）

1913 年，美國的德士古公司開始在內地及香港銷售燃料煤油。位於荃灣名為德士古道（Texaco Road）的街道，便是 1930 年代德士古公司為興建油庫及發展區內工業而修建的。

1940 年代，灣仔三角位置的德士古油站已經建成營業。由德士古到後來改名為加德士，紅色星徽標誌及加油服務已在香港出現接近九十年。在香港眾多加德士加油站中，位於兩條主要馬路交匯的三角油站，成為灣仔的地標。

油站建築物出現的名字「Marfak 」、「Caltex Lubrication Service」，表示油站提供換油保養服務。Marfak 是 Caltex 潤滑油系列的名稱，為保護汽車引擎，添加潤滑油後，令機械運轉受到溫度及壓力時，起液壓減震，避免金屬磨耗。

此外，昔日在加德士油站建築物頂部長期豎立了巨大廣告牌「Gilman Motors」。建築物各立面均有相同字樣，顯示這裏是太平洋行汽車部的維修中心。「Gilman」源自創辦人 Richard James Gilman，早於 1841 年，在香港成立了 Gilman & Co.（太平洋行），是一家從事商貿活動的英資公司，今天位於中環的機利文街（Gilman Street）、機利文新街（Gilman's Bazaar）便以此命名。太平洋行早年曾聯同其他洋行參與了成立香港上海滙豐銀行，香港總商會及海旁貨運貨倉的建設。

▸ 蜆殼（Shell）

加德士油站後，西邊相鄰一座建築物，能隱約見到「SHELL」字樣，即蜆殼加油站。昔日「三角油站」其實存在了加德士和蜆殼兩個油站，駕車人士加油，選擇哪家油站，悉隨尊便。至今，「蜆殼」自 1906 年於香港經銷石油產品開始，在香港業務超越一個世紀，並有建造油庫。目前集中在銷售燃油、潤滑油、瀝青、航空、船舶相關及化工產品等。

▸ 美孚石油（Mobil Oil）

三角油站旁邊停靠了一輛寫有 Mobil Oil（美孚石油）的貨車，雖然與德士古油站、蜆殼油站無關，由於美孚石油與香港發展息息相關，因此不嫌累贅略作回顧。

早在 1892 年，紐約標準石油公司到上海營運，使用中文名字「美孚行」，意謂美好又可靠的意思。主要銷售點燈用的煤油，並設計了新式的「美孚燈」。1964 年，標準石油公司成立兩家香港子公司。1999 年，同屬母公司，標準石油公司的埃克森（Exxon）和美孚（Mobil）合併成立埃克森美孚（Exxon Mobil Corporation），公司在香港，目前營運美孚、埃索及東方油站，標準石油氣及美孚石油氣。

譚臣道生活點滴

譚臣道（Thomson Road），1921 至 1929 年灣仔填海工程後才出現，以曾任庫政司的譚臣（Alexander McDonald Thomson，1863－1924）命名。譚臣道是一條單向東行道路，東起莊士敦道近巴路士街，西至莊士敦道近聯發街，但中段因昔日預留空地，規劃作休閒活動的修頓遊樂場分隔兩段。

新填海土地興建四層高唐樓在街道兩旁，各行各業的店鋪林立，為遷入的居民建立安居樂業的環境。

譚臣道街景。1950 年代，柯布連道口的譚臣道望向菲林明道，是典型中式唐樓建築，兩邊地舖連閣樓，主要經營和市民息息相關的行業，有售賣汽水香煙的辦館、糧油雜貨店、電器舖、裝修材料店、中西服裝店、洋服裁縫店、機器洗染店、中醫舘、書局等。右方遠處還看見東方大戲院的招牌，找消遣不妨看一套電影。

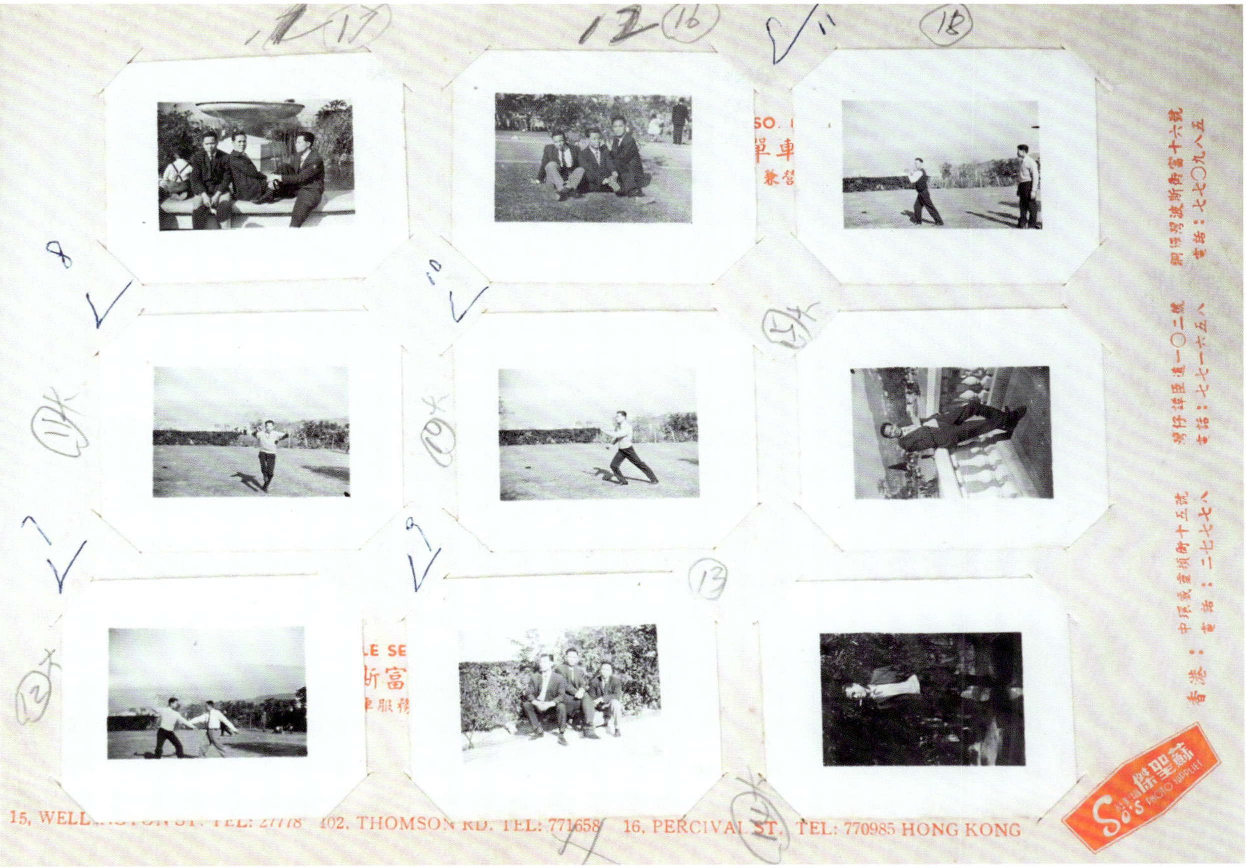

蘇聖傑攝影 1950 年代相冊。本店在譚臣道 102 號，分店在中環及銅鑼灣。服務除沖曬、放大照片，也有相機器材租賃和特約外影拍攝。

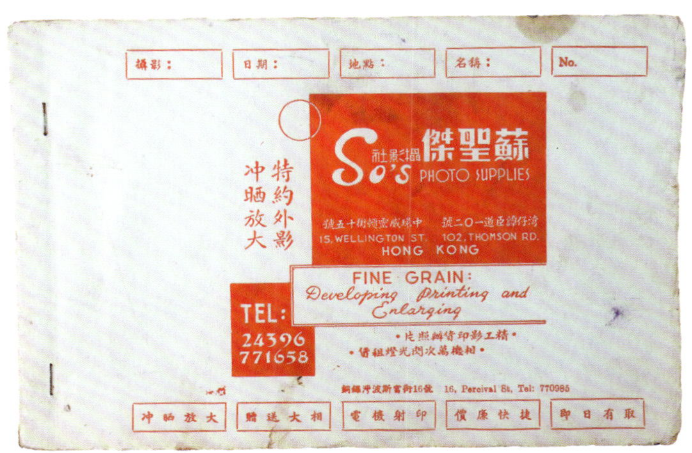

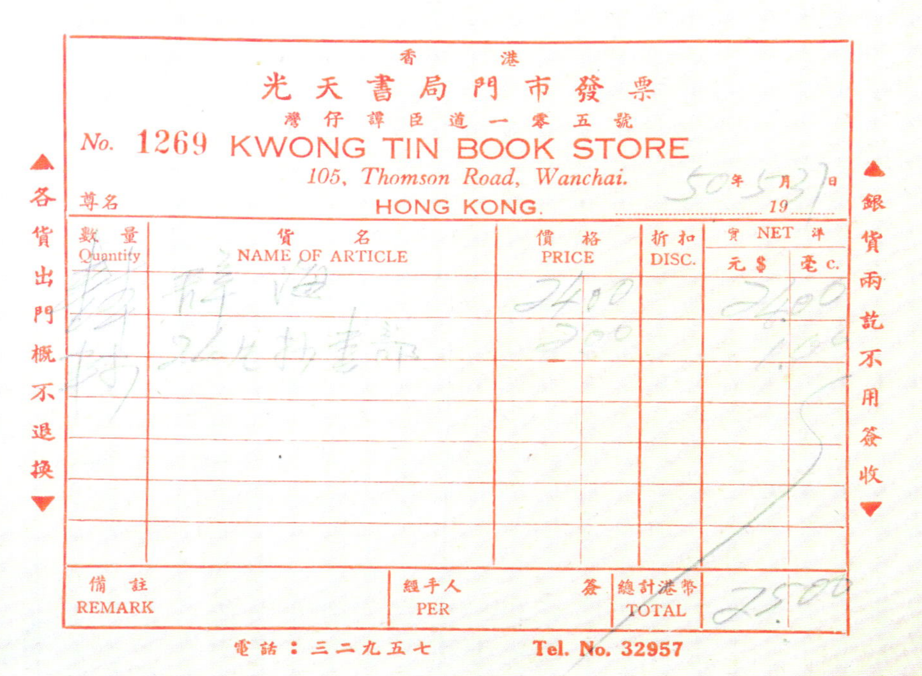

香港
光天書局門市發票
灣仔譚臣道一零五號
No. 1269 KWONG TIN BOOK STORE
105, Thomson Road, Wanchai.
HONG KONG.

尊名　　　　　　19 50 年 5 月 31 日

數量 Quantity	貨名 NAME OF ARTICLE	價格 PRICE	折扣 DISC.	實 NET 洋 元 $	毫 c.
	辭海	24.00		24.00	
		1.00		1.00	

備註 REMARK	經手人 PER	簽	總計港幣 TOTAL	25.00

各貨出門概不退換

銀貨兩訖不用簽收

電話：三二九五七　Tel. No. 32957

光天書局發票。光天書局位於譚臣道 105 號。1950 年 5 月 31 日，一本《辭海》24 元和半部二十四頁抄書簿 1 元，共銀 25 元。

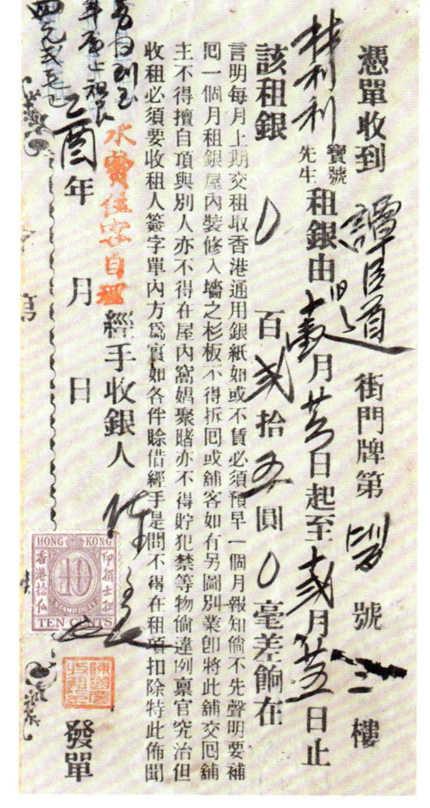

憑單收到譚臣道街門牌第 號三樓

寶號／先生租銀由 月 日起至 月 日止

該租銀 百 拾 圓 毫差餉在

言明每月上期交租取香港通用銀紙如或不賃必須預早一個月報知倘不先聲明要補回一個月租銀屋內裝修入墻之杉板不得拆回或舖客如有另圖別業即將此舖交回舖主不得擅自頂與別人亦不得在屋內窩娼聚賭亦不得貯犯禁等物倘違例稟官究治但收租必須要收租人簽字單內方爲實如各件賒借經手是問不得在租項扣除特此佈聞

水費住客自理

經手收銀人

年 月 日

發單

租單收據。戰後乙酉年（1945 年）舊曆 11 月 26 日至 12 月 25 日，譚臣道 123 號三樓租單收據，包差餉，水費自理，月租 25 元。（可與 1950 年《辭海》價格比較）

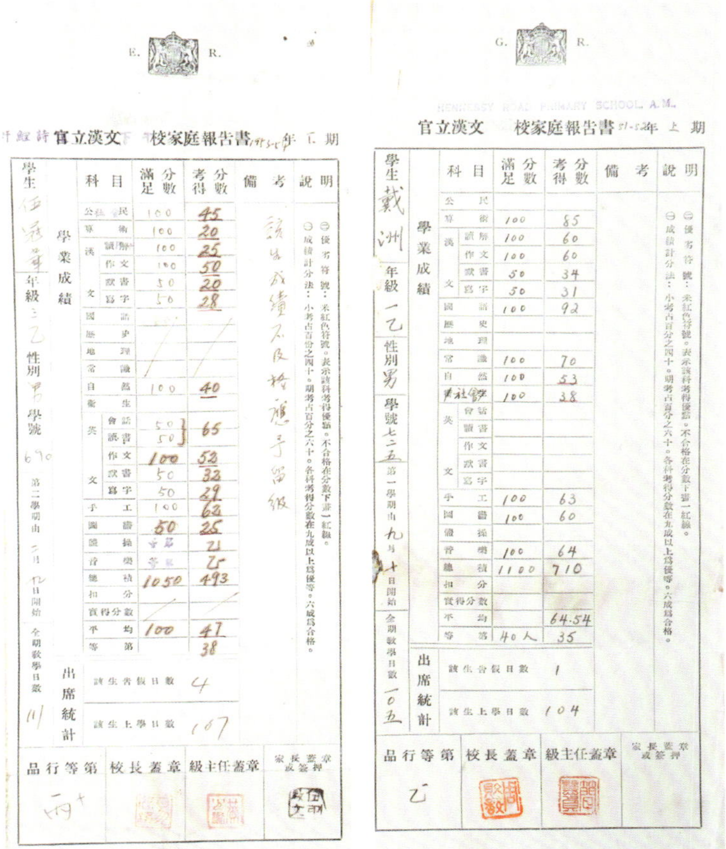

E. R.

軒鯉詩官立漢文下午校家庭報告書 1953-54 年 下 期

學生：[illegible]　年級：三乙　性別：男　學號：690　第二學期由二月12日開始　全期教學日數：111

科目		滿足分數	考得分數
公民		100	45
算術		100	20
漢文	讀解	100	25
	作文	100	50
	默書	50	20
	寫字	50	28
國語			
歷史			
地理			
常識			
自然		100	40
衞生			
英文	會話	50	65
	讀書	50	
	作文	100	52
	默書	50	33
	寫字	50	29
手工		100	62
圖畫		50	25
體操			21
音樂			25
總積		1050	493
扣分			
實得分數			
平均		100	47
等第			38

備考：該生成績不良格應予留級

說明：㊀優劣符號：朱紅色符號。表示該科考得優點。不合格在分數下畫一紅線。㊁成績計分法：小考占百分之四十。期考占百分之六十。各科考得分數在九成以上爲優等。六成爲合格。

出席統計：該生告假日數 4　該生上學日數 107

品行等第：丙+　校長蓋章　級主任蓋章　家長蓋章或簽押

G. R.

HENNESSY ROAD PRIMARY SCHOOL, A.M.

官立漢文　校家庭報告書 51-52 年 上 期

學生：戴洲　年級：一乙　性別：男　學號：七二五　第一學期由九月十日開始　全期教學日數：一〇五

科目		滿足分數	考得分數
公民			
算術		100	85
漢文	讀解	100	60
	作文	100	60
	默書	50	34
	寫字	50	31
國語		100	92
歷史			
地理			
常識		100	70
自然		100	53
社會		100	38
英文	會話		
	讀書		
	作文		
	默書		
	寫字		
手工		100	63
圖畫		100	60
體操			
音樂		100	64
總積		1100	710
扣分			
實得分數			
平均			64.54
等第		40人	35

說明：㊀優劣符號：朱紅色符號。表示該科考得優點。不合格在分數下畫一紅線。㊁成績計分法：小考占百分之四十。期考占百分之六十。各科考得分數在九成以上爲優等。六成爲合格。

出席統計：該生告假日數 1　該生上學日數 104

品行等第：乙　校長蓋章　級主任蓋章　家長蓋章或簽押

官立漢文小學成績表。軒尼詩道官立小學創辦於 1949 年，原名香港軒鯉詩道官立漢文小學，地址位於譚臣道 169 號，學校正門和側門均面向譚臣道。由於當年學生人數眾多，分為上、下午校上課。之後歷經擴建新校舍及改善設施，以配合社會需求。1999 年 9 月，全港所有官立學校成立學校管理委員會（校管會），吸納各界代表加入，冀提高學校管理效能。

2011 年 9 月 30 日，由學校管理委員會主席抽籤，終決定下午校遷往銅鑼灣東院道 3 號校舍，校名定名為軒尼詩道官立小學（銅鑼灣），上午校則留在譚臣道原址及沿用舊名。自 2015 年開始，兩校轉為全日制小學。

學校開辦於戰後，當時學生多來自清貧勞工家庭，學生程度十分參差。

兩份家庭報告書（學生成績表），分別是 1951/52 年度是上午部一年級上學期戴姓學生，特點是沒有英文科和體操科、國語科指中華民國國音和注音字母的語言學習。

1953/54 年度下午部三年級下學期伍姓學生，特點是少了國語科，有了英文科，但學生成績不及格，予以留級。

成績表還有一處特別的地方，官立漢文小學是英國殖民地政府開辦，因此印有英皇徽章（Coat of Arms ，根據 Statute of Westminster 1931 法令）代表政府。1951/52 年成績表，英國在位國王是英皇佐治六世（King George VI），所以徽章印有 G. R.（George Rex 的縮寫），代表佐治六世政府。R 是拉丁文「Rex」或「Regina」，分別是國王和女王的意思。1952 年 2 月 6 日佐治六世駕崩，長女繼承皇位，1953 年 6 月 2 日加冕為伊利沙伯二世（Elizabeth II），所以 1953/54 年成績表，英皇徽章改印 E. R.（Elizabeth Regina 的縮寫），代表伊利沙伯二世政府。

不如考一考你，今天在位的英皇查理斯三世（Charles III）政府縮寫又該怎樣寫法？

公共建設

寶雲道上風光好

《寶雲亭記》記：「廣廈櫛比，紅塵十丈。」

寶雲道（Bowen Road）以第九任港督寶雲（George Ferguson Bowen）命名。早於1863年，香港第一個水塘薄扶林水塘落成，為維多利亞城供水，但因擴建也未能滿足需求，於是籌劃興建大潭水塘。大潭水塘的輸水工程，是由大潭水塘輸水至中環，當中包含三項建設。

1. 修築高度30.5米高水壩，建成大潭水塘，今稱大潭上水塘，是香港修建的第二個水塘；

2. 建設貫穿渣甸山的2.2公里輸水隧道，隧道進水口位於大潭上水塘南部，出水口位大坑道。

3. 建寶雲輸水道，為5公里長地面輸水管道，磚石結構，利用橋墩支撐，頂部覆蓋修成路面為行人步道。1885年動工，1888年完成，其中東端司徒拔道、黃泥涌峽道及大坑道交界，至西端馬己仙峽道一段，便以港督寶雲取名寶雲道。寶雲輸水道21孔拱券段是法定古蹟。管道的終點是中環馬己仙峽道雅賓利谷沙濾池（Albany Filter Beds）和配水庫。1955年，沙濾池被覆蓋，配水庫上方加建鋼筋混凝土頂蓋，成為婦女遊樂會網球場。

1889年11月，《倫敦新聞畫報》以標題為〈The Hong-Kong Waterworks〉（香港水務設施）的報道指出：城市得到發展，有賴位於香港島中心，1883年動工，1888年峻工的一項水務工程，包括位於峽谷可儲水3億加侖的大潭水塘，及長7,300英尺連接市區的隧道及水槽。從港口戰艦停泊處，可遠眺半山的這條輸水通道。隧道出水口到城區的管道長3.5英里，管道盡頭有六個濾水床及一個水庫，透過管道輸水，可供市民一周的用水量。工程師是 James Orange，他的設計於 1883 年在測量總監 J. M. Price 的監督下完成。

今天，在寶雲道上緩跑，駐足看看香港市區的紅塵萬丈，或大潭水塘漫步，觀賞綠林水色，遠離一下城市日常的煩囂，都不失是洗滌心靈的選項。

昔日明信片寶雲道上，樹木仍未繁茂，遠望灣仔、銅鑼灣一帶，視野一覽無遺。

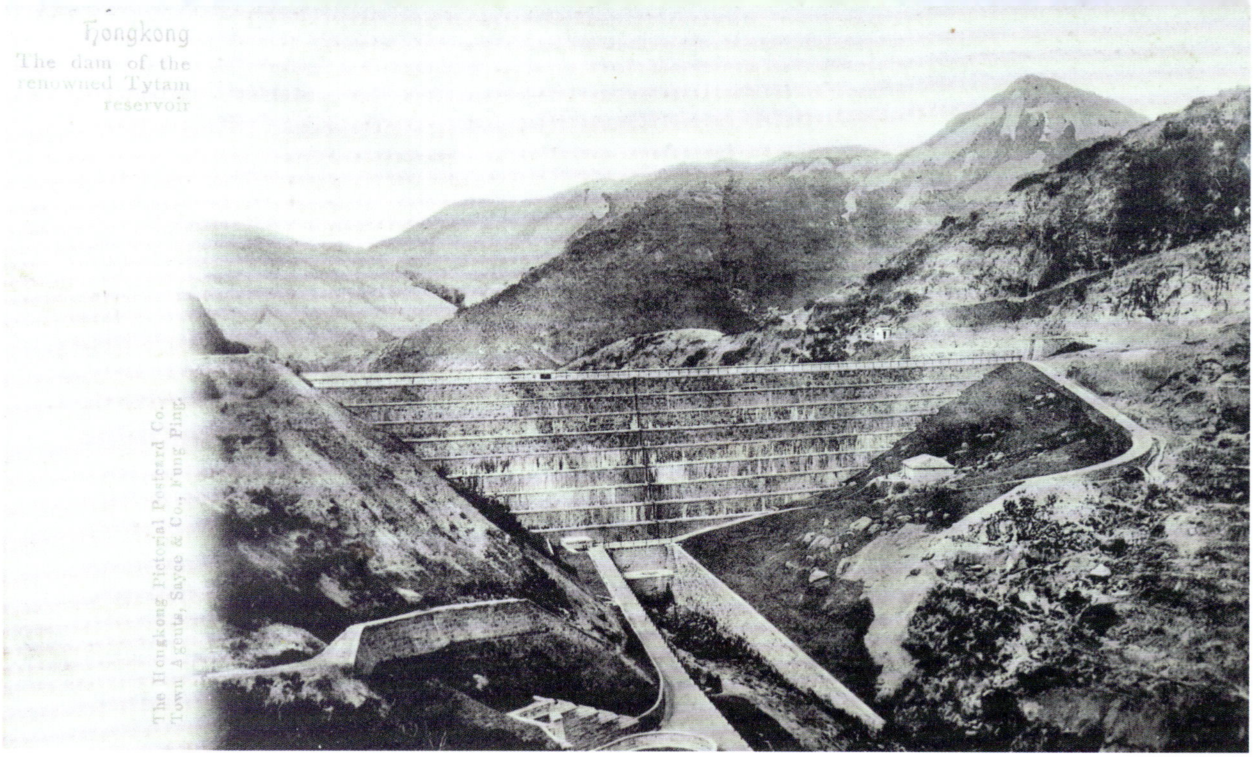
Hongkong
The dam of the
renowned Tytam
reservoir
The Hongkong Pictorial Postcard Co.
Town Agents, Sayce & Co., Fung Ping.

昔日明信片中剛建成的大潭上水塘和水壩。

Hongkong
The Bowen Road.
O. F. Ribeiro, Hongkong.

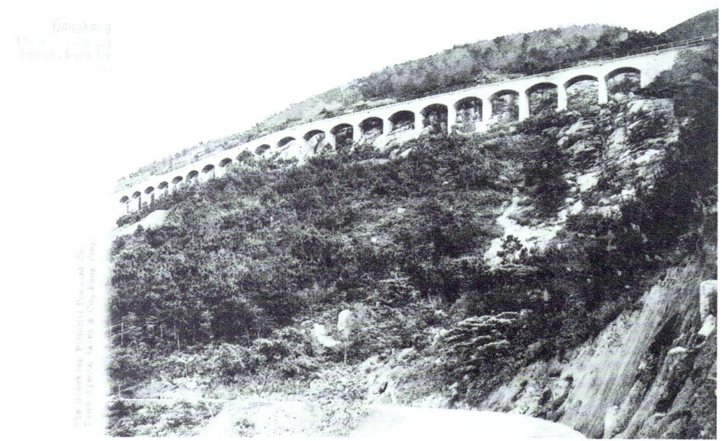

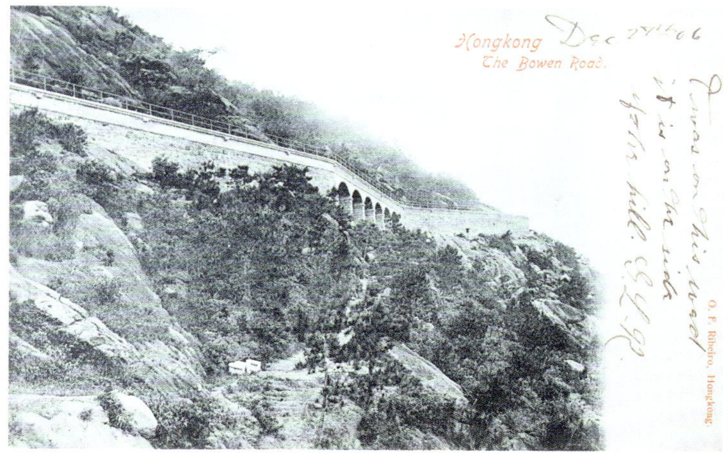

舊照上，整套輸水管道，包括磚石結構、半圓形拱券、墩台和欄杆，均清晰可見。

RESERVOIR AND DAM AT TYTAM.

VIEW OF THE CONDUIT-ROAD FROM THE MAN-OF-WAR ANCHORAGE.

THE WATER SUPPLY OF HONG-KONG.

1889 年 11 月，《倫敦新聞畫報》有關 1883 至 1888 年大潭水塘輸水工程報道。畫報插圖來自香港的 R. Barff 的草圖。圖中是大潭水塘和大壩（當時稱 Reservoir and Dam at Tytam）；圖下是從海港遠眺位於半山的輸水管道（當時稱 Conduit-Road），即今灣仔的寶雲道。Conduit 是輸水之意，現時位於西半山的干德道（Conduit Road），是形容香港第一條修建的輸水管道，始於 1864 年的薄扶林水塘輸水工程。

灣仔消防隊救火演習

1921 年立法局報告，香港消防隊逐漸擴充為一支有 140 名正規人員的部門，建議成立灣仔臨時消防局，應付灣仔因人口遷入而增建樓房後的需要。灣仔臨時消防局曾設在當時二號警署（1932 年建成）南面，即謝斐道 188 號及駱克道 219 至 227 號，此地段後來建成已婚警務人員宿舍。

1940 年，消防局的戰時措施除加強市民防火、防空知識，增加招請後備消防員，並計劃在灣仔鵝頸橋建新消防局。1941 年，位於軒尼詩道 435 號的灣仔新消防局建成並投入服務，至今逾八十載，是香港現存運作年期最長，且仍在運作的最古老消防局。

有別於 1958 年後新消防局的建築規格，灣仔消防局保留了昔日設計及設備痕跡，例如黃銅滑柱、木扶手樓梯、牆壁上的暖爐和吊鈴，及鋼造喉架。

灣仔消防局屬二級歷史建築評級，需維修保養或更新設施時，先向建築署申請，再向古物古蹟辦事處諮詢意見，以取得保育上的平衡，例如正門原為木門，但現已改為電動閘。

照片左面的大三元酒家後方可見灣仔消防局。

1937 年灣仔消防隊，利用鋼造喉架，進行年度消防員救火和使用消防器材演練。消防車上的輪式手動救生梯，已拆卸並升起，放在喉架旁邊。居民在附近唐樓擠滿各層及天台，霸佔有利位置觀賞。

救火及操練用過的消防喉管，因輸水過後必須保持乾爽，需要利用喉架拉直晾乾，然後才收入喉倉。現今無論訓練或晾喉用的所謂喉架，已改為混凝土建築物。此外，當新消防員入局，都有「拜喉架」的傳統習俗以祈求平安。相片的喉架仍然保留在今日灣仔消防局內。

灣仔郵政分局

灣仔郵政分局位於皇后大道東 221 號，在 1912 至 1913 年興建，1915 年 3 月 1 日落成啟用，是香港現存最悠久的郵政局建築。建築物呈現了百年前簡樸的人字瓦頂，山牆門窗的造型風格，在 1990 年列為香港法定古蹟。此建築物經翻新後，在 1993 年改為環境保護署轄下環境資源中心環保軒，並於 2024 年重新命名為識「碳」館。

在參觀這座古老的郵政局同時，有否想到你多久沒寫信，多久沒用舌頭舔一下郵票背面，然後貼在信封右上角，再投入郵筒或者郵箱？十年？二十年？……等等，讓我先查一查電郵。

1961 年 9 月 2 日雨天，居民正輪候灣仔郵政分局隔鄰的衛生署診所，注射預防針，人群一直排至灣仔峽道半山樓梯。昔日華人區域居住環境擠迫，衛生情況惡劣，容易導致霍亂蔓延，政府鼓勵市民注射疫苗，避免疫情惡化。圖中可見當局的措施頗有成效，即使冒雨，群眾依然扶老攜幼，大排長龍，有序到疫苗注射站等候接種。

第二代舊灣仔街市（1937－2008）

第一代灣仔街市建成於 1858 年。第二代灣仔街市落成於 1937 年。當時政府希望在人口稠密地區設立室內市場，同期還有中環街市（落成於 1939 年），擬將街邊露天攤檔，移入室內作有系統經營，改善地方衛生環境。

第二代灣仔街市由工務局的英國建築師設計，基於用簡潔的線條和材料表現外觀造型，還有好讓室內空氣流通的通風設計，功能主義明顯，過去被評為二戰前德國包浩斯（Bauhaus）風格建築。

近期舊灣仔街市被重新界定為摩登流線型建築（Streamline Moderne），這是 1930 年代經濟大蕭條下一種樸素簡約風格，強調長水平線及流線形，將立面間轉角位置造成弧形，使建築有着船身般的優美線條。舊灣仔街市建築左右對稱，採橫向長窗和簷篷形的橫線條，入口處轉角造成流線型，加上屋頂上的欄杆，外觀頗像船身。類似的設計，還可見於舊中環街市及尖沙咀天星碼頭。第二代舊灣仔街市於 1990 年，被香港古物古蹟辦事處評為三級歷史建築。

1996 年，政府將灣仔街市納入發展計劃，面臨拆除，灣仔舊區活化改造、文物文化保育、生活活動空間三者，如何平衡並兼容灣仔街市存在，坊間一直有討論研究。作為發展商華人置業及市區重建局合作的活化地產項目，舊灣仔街市後半部分於 2009 年拆卸，上蓋興建住宅大廈壹環（One Wanchai），地址為灣仔道 1 號，於 2013 年入伙，大廈基座則為兩層商場，保留了舊灣仔街市前半部及外觀，或可稱之為第三代灣仔街市，但已無街市的功能。

遠眺第二代灣仔街市。

第二代灣仔街市樓高兩層，外牆結構採用鋼架、磚、混凝土、玻璃組成，易於建造及滿足內部空間要求。建築沒有華麗雕飾外牆，僅有室內空間起到防雨遮陽光作用的簷篷設計帶有一點裝飾意味。外形整體來看，簡樸而圓渾。

SANITARY DEPARTMENT.

Cheng To Hing .... Hong Kong, 26 JUNE 1941 ....1941.

Dr. to The Hong Kong Government

(COLONIAL TREASURY.)

Date............	WANTSAI .... MARKET To Fee for Third Quarter, 1941 for Market Stall No. 25.........	
	$	43 50

PAYMENT TO BE MADE WITHIN 14 DAYS FROM DATE OF THIS BILL.

W. J. Carrie
....
Chairman, Urban Council

All communications with reference to this demand note should be addressed to the Chairman, Urban Council. **Payment should be made at the Treasury, 2nd floor, Post Office Building and should be accompanied by this notice.** Cheques, Drafts and Cashiers Orders should be made payable to the "Hong Kong Government" and crossed. They should not be made payable to any individual officer.

Office Hours:—Monday to Friday, 9 a.m. to 4.30 p.m.; Saturday, 9 a.m. to 12.30 p.m.

RECEIVED the sum here stated in printed figures PAID For Accountant-General

-9-JUL-41 45015 •M 31 25 15— K $ 43.50

市政局衛生署繳費單發於 1941 年 6 月 26 日，通知灣仔街市 25 號檔主，繳付第三季租金港幣四十三元五角，須於通知單發出後十四日支付，檔主準時於 7 月 9 日交款。繳費單發出者是時任市政局主席 William James Carrie（1881－1969）。

W. J. Carrie 於 1933 年曾短暫任郵政局局長，於 1940 年被委任為市政局主席。他留下一本珍貴的日記，以書信形式寫給他的妻子，日期由 1941 年 12 月 9 日至 1945 年 9 月 22 日，記錄了他在 1941 年 12 月香港防衛戰，以及隨後在赤柱拘留營的經歷。

灣仔碼頭水餃

灣仔碼頭由於與灣仔鬧市有一段距離，乘坐渡海輪的人不算多，反而以「灣仔碼頭」作為品牌的急凍水餃，可能很多人都吃過和留有印象。況且，這裏面還有一個關於「水餃皇后」的勵志故事，講述一位來自山東的臧大娘，在灣仔碼頭用木頭車擺賣水餃。2025 年 5 月，正正有劉偉強執導的《水餃皇后》上映呢。

如果以海旁所在位置區分，灣仔渡輪碼頭（Wan Chai Ferry Pier）可以劃分為三個年代：

▸ 第一代（1949－1968 年）

1920 年代灣仔填海工程將海岸線由莊士敦道伸展，創建了新海旁馬路，以告羅士打公爵（Duke of Gloucester）命名，中文稱為告士打道。除了可供各類船隻近岸停泊外，更興建碼頭方便客貨運。杜老誌道碼頭最先落成，史釗域道碼頭和菲林明道垃圾碼頭也相繼於 1950 年代落成，油麻地小輪開始穿梭於維港，接載乘客來往港九。這時期並無標識「灣仔碼頭」的名稱。

▸ 第二代（1968－2014 年）

1964 至 1972 年，新一輪的灣仔填海工程，把海岸線再推向告士打道以北的區域（通常稱為灣仔北），一個全新的灣仔碼頭於 1968

年 3 月 10 日啟用。水餃皇后擺檔現煮北京水餃的地方，便是這個碼頭。

▸ 第三代（2014 年至今）

為配合灣仔發展計劃第二期填海工程，2014 年 8 月 29 日晚上 11 時尾班船開出後，來往灣仔與尖沙咀的渡輪服務便會搬到旁邊的新碼頭，原先服務市民近半世紀（四十六年）的灣仔碼頭隨即關閉清拆。

新灣仔碼頭於 2014 年 8 月 30 日啟用，除原有港九渡輪服務，碼頭建築樓高兩層，二樓提供商業設施，計劃發展成一處休閒和旅遊景點。

「Pier1929」位於灣仔碼頭二樓，是一家可提供中西菜式及私人宴會的活動空間，有餐廳和酒吧，坐擁美麗的維港景觀。碼頭的頂層是露天花園及觀景台，也是觀賞煙花匯演的絕佳地點。

偶然經過西九文化區眺望維港，為海港的寧靜感到詫異，不同於兒時坐渡輪時看見海面上的渡輪和各種船隻熙來攘往。目前香港島與九龍半島客運渡輪服務，由天星小輪有限公司提供，只有中環與尖沙咀、灣仔與尖沙咀之間兩條航線而已。早在 1924 年 1 月 1 日正式營運的油麻地小輪，隨着貫通港九的海底隧道和地下鐵路相繼完成，渡輪服務需求減低，新渡輪服務有限公司則於 2000 年接辦了原本由油麻地小輪所經營的渡輪業務，並調整航線。

對於存在長達四十六年的第二代灣仔碼頭，除了一碗熱騰騰的水餃印象，那種油麻地小輪碼頭的氛圍總會令人緬懷。或許有一處地方還可以讓你追憶一下「灣仔碼頭」，那是位置相對遙遠的一家休閒咖啡店，位於屯門稔灣的 T. Park（源・區）內的 T. Café（源・茶），簡約的傢具採用被拆卸的舊灣仔碼頭防撞木，等待你觸碰它的前身。

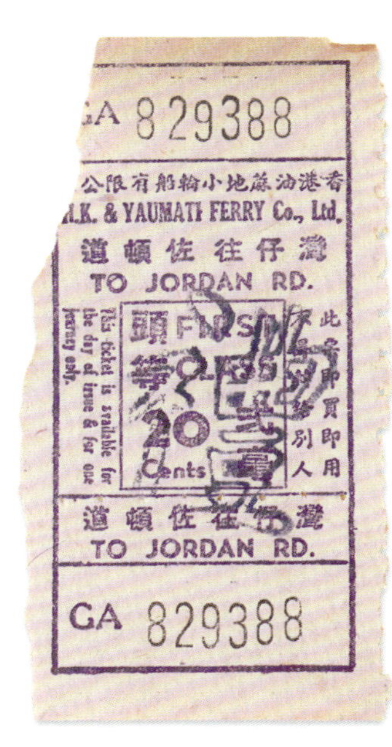

灣仔至佐頓道（佐敦道）頭等船票。

1940 年代，馬師道盡頭告士打道西望，杜老誌道的棧橋已建成，可供一般船隻停泊，寬闊的馬路方便貨車上落貨物。

早在 1950 年代初，標誌着油麻地過海船和 Kowloon Ferry 的渡輪碼頭。航線來往灣仔和佐敦道，碼頭位於杜老誌道盡頭。遠處有石壆伸出海面，是位於菲林明道盡頭的「垃圾碼頭」，收集灣仔垃圾運往葵涌醉酒灣堆填區。

位於史釗域道盡頭的碼頭建成於 1956 年，成為行駛佐敦道航線碼頭。遠處位於杜老誌道盡頭的碼頭，則改為行駛紅磡航線。位於杜老誌道及史釗域道盡頭的渡輪碼頭，曾經在不同年代提供不同航線。

一艘香港油蔴地小輪船有限公司（Hongkong and Yaumati Ferry Company Limited，HYF）的渡輪橫過維多利亞港，背景是灣仔海旁樓高四層的唐樓。

社會結構和居住模式

灣仔市民生活素描

本節兩幅灣仔街頭速寫，描繪了早年的灣仔市民生活。作品先用鉛筆勾勒人物輪廓，再以水彩着色，寥寥數筆抓着描繪對象特徵，婦女赤足揹着孩童上街，購物買菜，跟路上拖着玩具遊玩的孩子聊天。

出外買餸煮飯，家裏洗衫晾衫，是我們孩童時期母親的日常。為了讓雙手靈活，方便工作，她們都會買嬰兒揹帶，俗稱「孭帶」，把孩子揹上。孭帶是一塊方形布及四條布帶縫合而成，一般為紅色，並繡有富貴長壽的吉祥語。

圖中婦女街市買菜之餘，還去了專賣竹、藤、麻、草製品的山貨舖，買了一把竹製掃把，專門掃屋外垃圾積水；一把椰衣掃把（用繩子索緊棕櫚樹皮做成掃把頭），專門打掃屋內地板塵土碎屑。由於椰衣掃把用久會磨掉椰衣，變成掘頭掃把，昔日有句逐客俗語這樣說：「仲唔走，攞掘頭掃把抨你走！」拿着竹製掃把的「掃街茂」，是電視節目《歡樂今宵》短劇一個角色，這位人物都算是我們這代人的集體記憶。

兩幅水彩速寫署名是「D-G」，是 Dawson-Grove 的縮寫。據香港皇家海軍志願後備隊（簡稱「海軍義勇軍」）少尉 William Benjamin Haslett 憶述，1941 年 12 月 18 日，日軍已經登陸香港島，他滯留在石澳俱樂部（Shek-O Club）會員才有資格居住的周邊西式別墅（13 號別墅）—— 一家歐洲人家裏，這家人便是 Hermann Dawson-Grove 夫婦及兩個兒子。後來他們都因日軍佔領香港被送進集中營，度過三年零八個月的艱辛歲月。

Hermann Dawson-Gröne，1878 年生於英國，1923 年將家族名字改為 Dawson-Grove。早年在海關工作，後作為政府官員長期在內地為中國海關工作，及任職專員，退休後移居香港。Hermann 夫婦育有兩兒子，大兒子 Anthony (Tony) Dawson-Grove（1911－？）是一位醫生，二兒子 Glascott Eyre Dawson-Grove（1924－2012）曾入讀香港大學，學習地質。大兒子後來移居澳洲，二兒子移居美加。

由於這兩幅水彩速寫署名是 D-G，Dawson-Grove，那究竟是三父子中哪人的畫作呢？或者從年齡方面推想一下，二戰後在 1949 年，老父七十一歲，大兒子三十八歲，二兒子二十五歲。

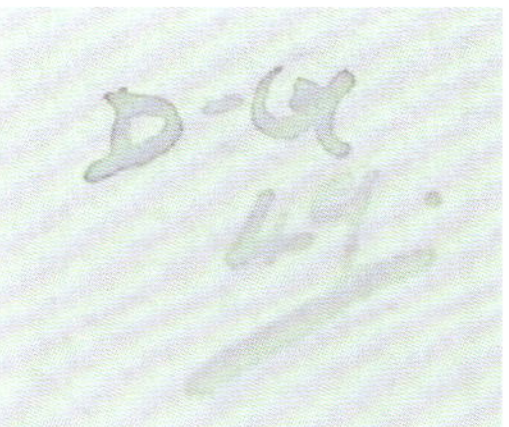

兩幅水彩速寫畫描繪了灣仔街頭人物。畫作正面署有「D-G.49.」，背面註有「Dawson-Grove，1949，Wanchai」，「Hong Kong. D-G」是 Dawson-Grove 的縮寫，「49」指 1949 年。Dawson-Grove 是家族名字。

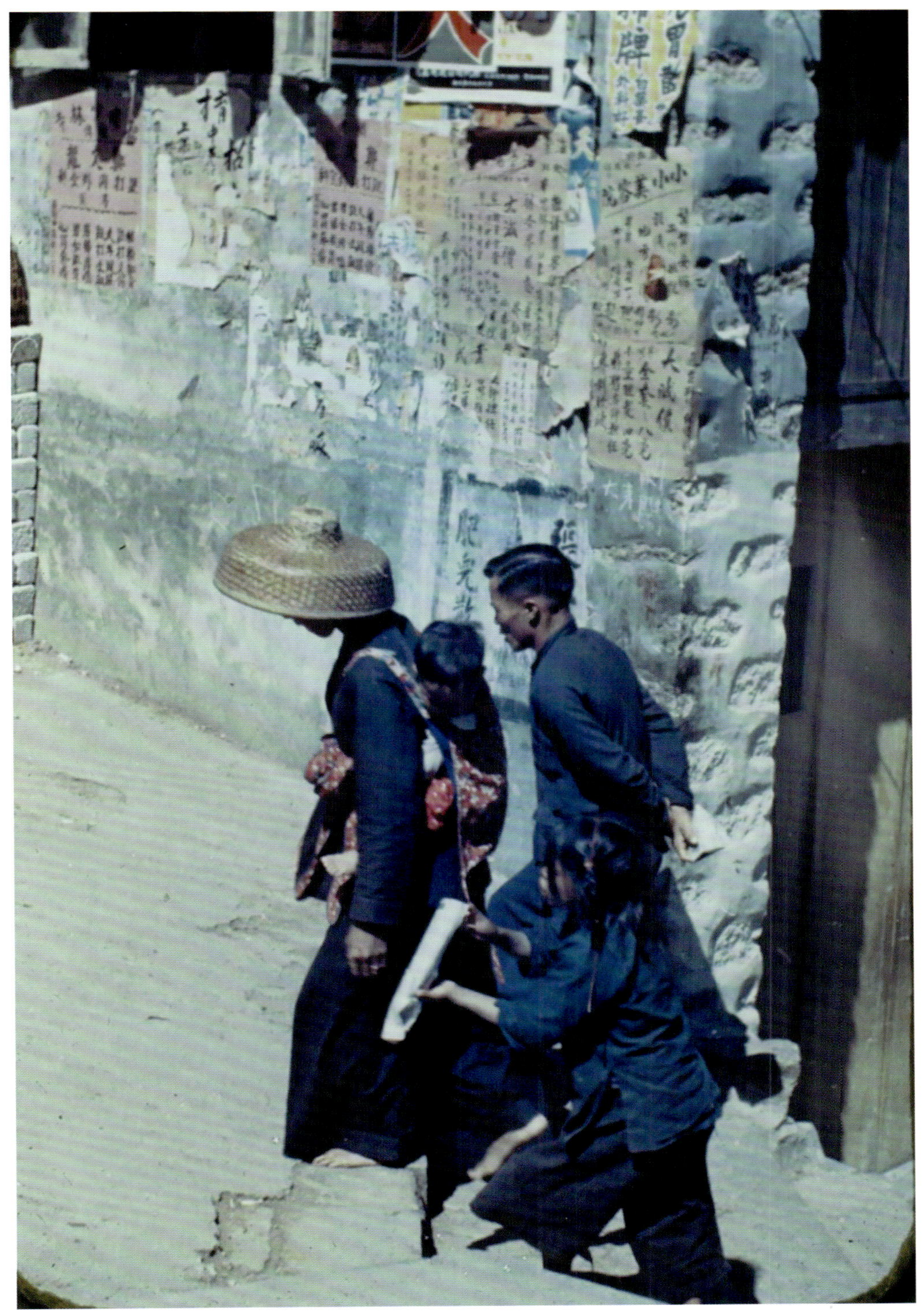

畫家描繪婦人赤足揹着孩童上街，照片拍攝到昔日街景，婦人真的是赤足上街，畫家如實繪畫。

香港家庭計劃指導會的宣傳

20 世紀初美國推行節育運動，將避孕從道德議題轉變為公共衛生問題，逐步從立法到推廣節育及避孕措施，提高了社會對出生率過高會帶來貧窮的認知，優化生育的家庭計劃至為重要。這種思潮促成了 1936 年成立的香港優生學會。

戰後 1945 年，香港人口為 50 萬，至 1950 年，內地移民令人口急增超過 200 萬，不單導致社會資源緊絀，當時中國家庭仍有着傳宗接代、多生男孩、兒孫滿堂的傳統觀念，新移民卻大部分是貧窮的勞動階層，造成兒女太多，生活困苦。香港優生學會於 1950 年改組，正式命名為香港家庭計劃指導會，簡稱「家計會」，首要工作是針對勞動階層宣傳節育觀念。

當年宣傳的方式以海報等印刷品為主，早在 1952 年家計會的海報，標語：「有計劃生育，免負擔困難。」繪圖已經採用「斷擔挑」的概念，切合當時市民生活環境，達到宣傳效果。1970 年代的家計會標語：「一個嬌，兩個妙，三個吃不消，四個斷擔挑。」依然沿用這個概念。隨着影音普及，家計會在 1975 年推出電視宣傳影片，一首黃霑作曲填詞、仙杜拉主唱的歌曲《兩個夠晒數》，因為口語化而深入民心，成功改變多生多育的傳統觀念：

兩個就夠晒數，兩個就夠晒數。
生女也好，生仔也好，
兩個已經夠晒數。
無謂追，無謂追，
追得到，也未必好，
追唔到呢生壞肚。
兩個就夠晒數，
兩個已經夠晒數。

隨着社會發展，宣傳不再側重某階層，強調家庭計劃有助於家人過更幸福的生活。家計會在各區除設置各類診所和生育指導所，還開展研究與調查，推廣及提供性與生殖健康方面的資訊、教育、醫療及輔導服務。然而隨着香港人口老化、房價高企、女性地位獨立等原因，年青人生育意願改變，夫婦平均育有子女數目跌至 0.9，出生率長期處於低水平，政府政策不得不從鼓勵節育，轉變為鼓勵生育。

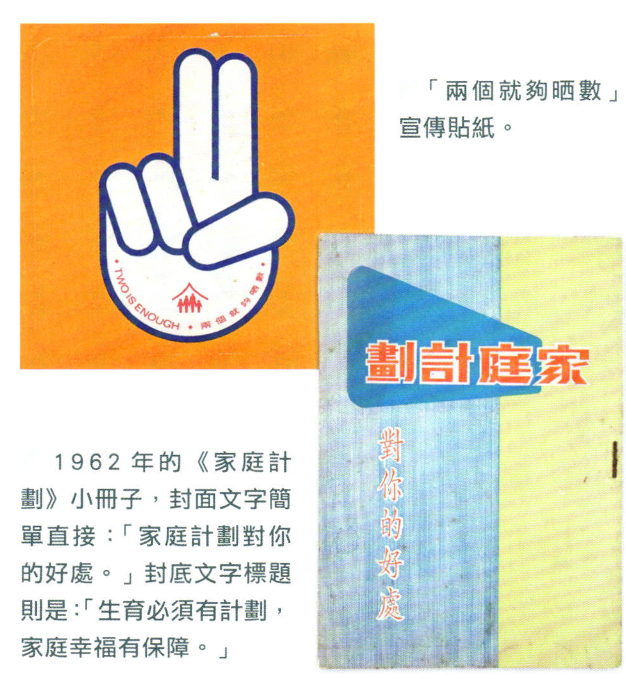

「兩個就夠晒數」宣傳貼紙。

1962 年的《家庭計劃》小冊子，封面文字簡單直接：「家庭計劃對你的好處。」封底文字標題則是：「生育必須有計劃，家庭幸福有保障。」

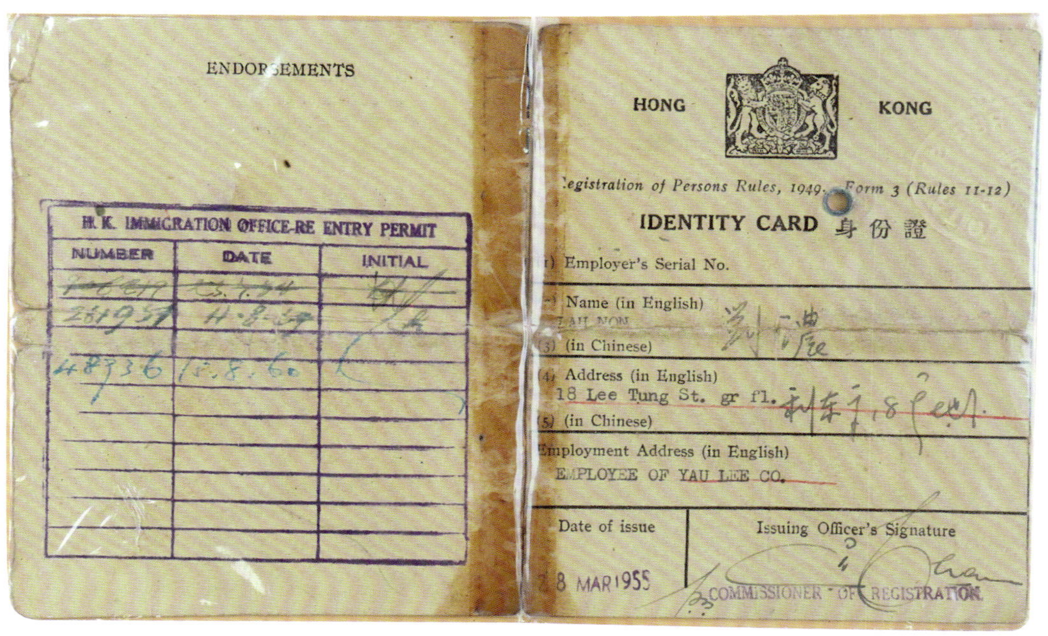
ENDORSEMENTS

H.K. IMMIGRATION OFFICE-RE ENTRY PERMIT

NUMBER	DATE	INITIAL
281957	4-8-59	
48736	18.8.60	

HONG KONG

Registration of Persons Rules, 1949. Form 3 (Rules 11-12)

IDENTITY CARD 身份證

(1) Employer's Serial No.

(2) Name (in English)

(3) (in Chinese) 劉禮

(4) Address (in English)
18 Lee Tung St. gr fl.

(5) (in Chinese)

Employment Address (in English)
EMPLOYEE OF YAU LEE CO.

Date of issue	Issuing Officer's Signature
18 MAR 1955	COMMISSIONER OF REGISTRATION

早年的身份證，地址標示利東街。

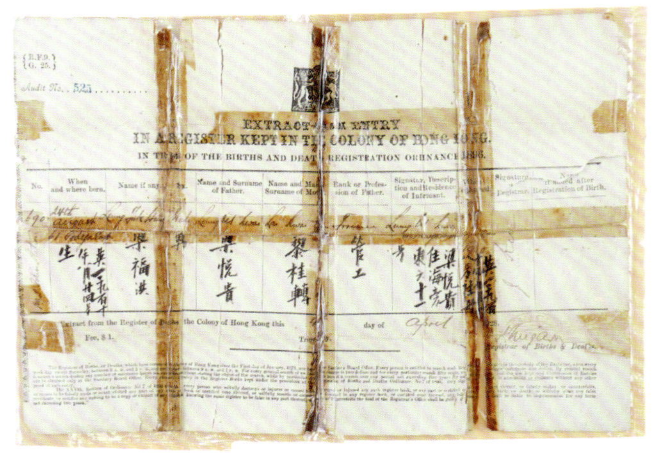
EXTRACT FROM ENTRY
IN A REGISTER KEPT IN THE COLONY OF HONG KONG
IN TERMS OF THE BIRTHS AND DEATHS REGISTRATION ORDINANCE 1896.

梁福洪 梁悅貴 黎桂轉

1928 年的出世紙，地址是海傍東 61 號，背頁 1950 年膠印是持證人領取護照的日期。

1962 年的《家庭計劃》小冊子，封底附圖是家計會當年常用圖像，以「斷擔挑」作為比喻，說明育兒過多帶來生活重擔。「擔挑」是一根粗竹子從中削兩半而製成，在兩端懸掛物品後再置於肩上，是過去常見的人力搬運方法，一種謀生工具。

圖中一對夫婦肩上擔挑兩端各有竹籮，一個裏面有五個孩童，一個裏面有米糧、蔬菜、衣物、房屋、急救箱（代表醫療）、書本（代表教育），而擔挑折斷。他們的負擔源自孩子太多，家庭各類支出必定難以負荷，生活壓力承受不了，喻意一目了然。

灣仔街頭一婦人拖着兩個小孩的背影。

挑擔的市民。

利氏家族大宅

今日當你身處銅鑼灣，很容易走進共有六期的利園區（Lee Gardens），這裏現代商廈林立，潮流名店雲集，是辦公、購物與消閒的熱點，展現了都會的熱鬧繁華。

利園區這片土地源於 1923 年，華商利希慎購入原稱東角山，後因屬於英資渣甸洋行而改名的渣甸山，之後重新命名利園山。利氏家族後人利用這土地持續發展，並於 1950 年代移山造地，造就了今天銅鑼灣的核心地段。

在灣仔堅尼地道及寶雲道之間，灣仔峽道旁的地段，利希慎先後建成「大屋」（Big House）及「利行」（Lee Building）兩座大宅。「大屋」地段（I. L. No. 1834）於 1909 年由利希慎元配黃蘭芳購入，而「利行」地段（I. L. No. 2206）則於 1918 年由利希慎購入。「大屋」與「利行」均由巴馬丹拿建築師行（Palmer & Turner Architects and Surveyors）設計，於 1920 年落成。

兩幢住宅呈歐陸風格，典雅穩重，依山建有各級臺階，庭園有涼亭假山魚池，種滿果樹和各類花木，也有游泳池和網球場。兩幢建築一直是利氏家族的住宅，直到 1980 年代拆卸，原址改建由六幢樓宇組成的「竹林苑」（Bamboo Grove），於 1985 年落成，地址為堅尼地道 74 至 86 號，兩幢大宅今日已不復見。

圖示左方半山堅尼地道上的利氏家族大宅。

摩理臣山道新都樓

新都樓位於灣仔摩理臣山道 12 至 18 號，是將摩理臣山的山石移去填海後，在開闢的土地重新規劃中的一棟商住混合式樓宇，於 1967 年 8 月落成入伙，屬單幢物業，有地下舖位，一樓、二樓商用，三樓至十三樓共十一層為住宅，每層多為六個單位，共六十五個住宅單位。

看看地產代理近年行情。今天地產代理敘述新都樓的優點是位處良好學校網及交通便捷，地址屬於小學校網中的 12 校網、中學校網中的灣仔區，鄰近港鐵銅鑼灣站，只需步行 6 分鐘到達。新都樓 2022 年的成交價，以 10 樓 B 室，實用面積 467 呎為例，已售 530 萬，呎價 11,349 元。時間回到 1966 至 1967 年新都樓售樓那些年，比較一下售價：售樓書封面文字特別讓買樓收租人士注意：每呎只售四十餘元。再看 10 樓 B 室單位，一次過付款，折實價 32,800 元。

看了這些樓價和呎價數字，確是匪夷所思，也是香港才能創造的地產物業奇蹟。當年發展商在售樓書除了陳述新都樓十大優點，包括位置適中、便民生活、單位實用、管理保養得宜、自住放租俱佳、付款方式靈活（五種方式可選擇）、保證準時交樓，另外附建築材料說明十七項，可見以建造樓宇作為本位的公司，目標實事求是。

或許感慨歲月令許多景物及回憶都已失去，不過摩理臣山道與永寧街交界的那棵老榕樹還在，枝葉蒼然茂盛。

新都樓售樓書，彩色封面是一幅畫家筆下的灣仔天樂里，可見摩理臣山道一帶優美環境，所描繪的新樓盤附近交通便利，有電車和巴士配套，商店林立，綠樹成蔭。

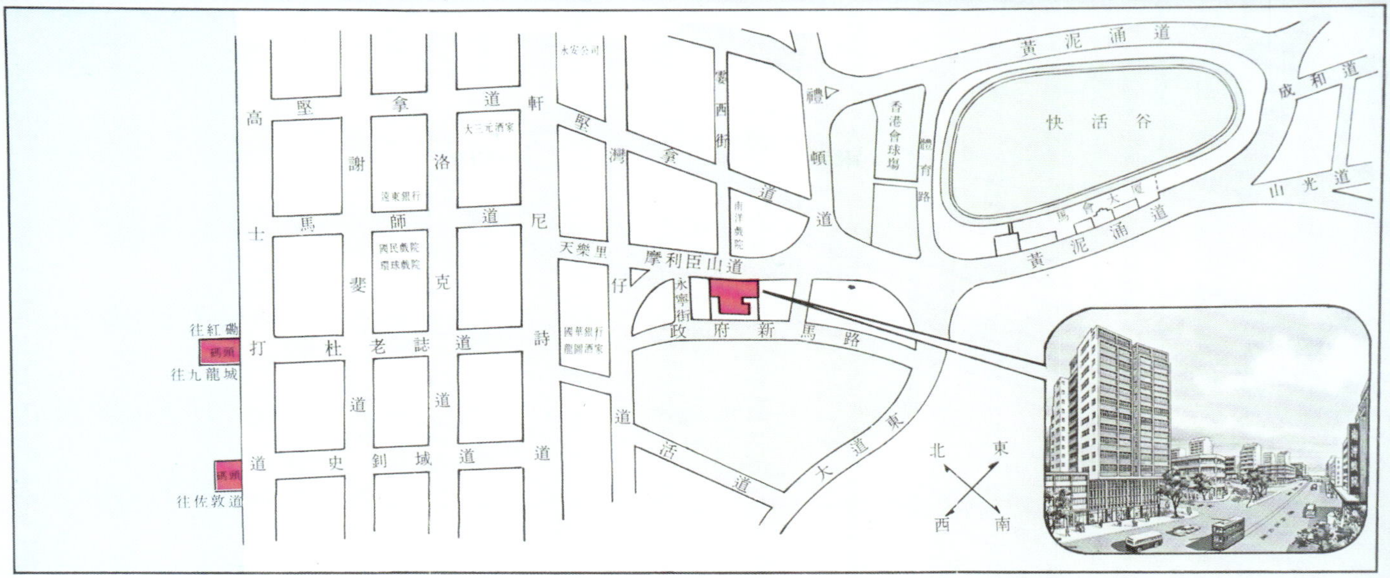

材料說明

（一）地　基：由著名之公司承做全部地基工程，堅固快捷，所有工程完全按照工務局批准圖則做妥。

（二）鋼筋石屎：各層石屎樓面、樓陣、樓梯、樓柱、地脚等，均照工務局批准之比率，落足英坭海沙，機軋石仔，以機器混和，用震機震實，並經具有豐富經驗之建築工程師監督施工，所用鋼筋俱屬標準高力度鋼鐵。

（三）牆　壁：各層牆壁，用上等紅磚，通心磚或鋼筋石屎做妥。

（四）批　盪：各層外牆，用英坭沙批盪，正面用顏色美術裝飾，內牆用英坭沙灰批盪，天花用紙根灰批盪。

（五）樓　面：各層樓面地台，鋪砌上等方型美術顏色花階磚。

（六）天　面：落石屎時，摻和防水粉，鋪防水瀝青及隔熱大階磚，並以英坭漿抆口。

（七）鋼　窗：俱用上等材料，有美術窗花，及來路玻璃片，以上等油灰抆口。

（八）門　鍋：各層樓宇正門，俱用上等二寸厚新型實心門，並裝有新式銅鉸、防盜鏡、來路鎖，其餘分別用上等雙面夾木門或實心門，均配妥門掉。

（九）樓　梯：正樓梯門面，部份鑲紙皮石，或意大利批盪，地台及梯級部份鋪砌顏色磁粒階磚及級咀，各層走廊通道，鋪砌顏色紙皮石。

（十）電　梯：安裝世界名廠電梯兩部，配有自動掣，安全掣等設備。

（十一）浴　室：裝名廠浴缸，洗面盆，坐厠，花灑，四壁鑲四尺半高上等白磁磚牆身，地面鋪砌白色紙皮石。

（十二）廚　房：牆身鑲四尺半高上等白磁磚，地面鋪砌白色紙皮石，裝較食水用龍頭一個，去水筒一杜，白磁星盤一個，水閘基灶床等一應俱全。

（十三）渠　務：俱照工務局之渠則安裝，用厚身渠筒裝置各種暗渠，所有沙井蓋均用生鐵製造

（十四）水井水泵：本樓之公用水井，開至足夠深度，安裝強力電泵，水源足用。

（十五）油漆灰水：所有門窗鐵器，均用紅丹打底，再塗顏色油兩次，木器均油士力色油，牆身，及樓底，掃上等灰水三次，部份外牆加掃雪花英坭。

（十六）防火設備：一切防火設備，均照滅火局指定設備完善。

（十七）附　註：如貴客對屋內設備需要例外更改時，本公司可盡力代爲接洽，又其他一切未列舉者，及上列各項如有更改，均以工務局批准之圖則做妥爲準。

付款辦法

（一）請到本公司或地盤辦事處接洽後，先交臨時按金五百元，在三天內請到香港中環太子行十七樓壹柒弍四室胡關律師樓繳交樓價，及辦理簽約手續。

（二）不論一次過付款或分期付款，除臨時按金外，其應繳款項，均交律師樓核收。

（三）建築完成，款項付足者，即由律師樓辦理屋契手續，如係分期付款而未付清樓價者，本公司有權代往銀行辦理按揭手續。

（四）一次過付款，及分期付款詳細辦法見價目單，其他辦法，歡迎提出面洽。

新都樓售樓書內頁地圖顯示附近有多間戲院，包括南洋戲院、國民戲院、環球戲院。另有永安公司；國華銀行、遠東銀行；龍圖酒家、大三元酒家，並有灣仔碼頭渡海，前往九龍各區，生活設施應有盡有。

攝於天樂里，樓下可見陳湘記花店。

商業活動

20 世紀初華人服務行業名片

名片或稱卡片，用於提供公司或個人資料，方便聯繫，名片通常包括商標、機構單位名稱及姓名，以及聯繫資訊（地址、電話號碼、傳真號碼、電子郵件地址及網址）。一張香港 20 世紀初的名片，自然簡單得多，亦很原始。這類華人向外國人推銷服務的名片，特點可見：

1. 公司或店舖名稱並不太重要，反而以「自稱」的方法，並用華人口語的「亞 X」、「阿 X」簡化名稱，更容易被記得，譯成英語是 A. 或 Ah。

2. 名片不專屬於機構、商號，提供一般性質服務，如洗衣服也會印製名片。

3. 介紹地址時，加上處所介詞「在」。

4. 聯絡方法只有地址，電話並未普及使用。

5. 中英翻譯尚在摸索，錯漏在所難免，或未能充分表達。

6. 文字編排設計隨意，易生混亂。

亞興 福興號洋貨傢私

AH HING,

OUTFITTER AND FURNITURE.

No. 102,

QUEEN'S ROAD,

WANCHAI.

在灣仔大馬路大王街口一百一零三號

福興號洋貨傢俬。

自稱亞興（Ah Hing），提供洋貨裝備和傢俬。

店舖地址在大馬路 128 號。當時的大馬路（Queen's Road）仍未普遍稱為皇后大道，亦未分西中東三段。又將「大王街口」硬加在街名和街號中間，但求容易明白所處位置。

勝和洗衣服人補聯釘鈕

A CHONG,

WASHERMAN,

CLOTHES MENDER & BUTTONED.

No. 19, Albany Street, Wanchai,

HONGKONG.

在灣仔亞巴利街十九號

勝和（A. Chong）。

店舖地址在亞巴利街。自稱「洗衣服人」（Washerman）、衣物縫補工（Clothes Mender），提供縫聯釘鈕，廣東口語「聯」，是縫的意思。

MARY A. HON,

WASHERWOMAN,

AND

CLOTHES MENDER.

No. 31, Woi Hing Street, Wanchai

HONGKONG.

孖厘亞漢洗洋衣女人在灣仔滙興街三十一號

孖厘亞漢（Mary A. Hon）。

自稱 Mary A. Hon，並稱是「洗洋衣女人」（Washerwoman）、衣物縫補工（Clothes Mender），提供縫補衣物服務。店舖地址在匯興街 31 號。

華新洋鞋店在香港下

WAH SHAN

BOOT AND SHOE MAKER

NO. 38, PRAYA EAST,

HONGKONG.

三十八號開張

環海傍東即洋船街口

華新洋鞋店（Wah Sha）。

專門製造靴與鞋。店舖地址口頭說法：「在下環海傍東即洋船街口。」即今莊士敦道與船街交界。船街原名洋船街，街口便是海邊，曾建有碼頭和修理船隻的船塢，1910 年代才改稱船街。今船街 55 號南固臺石牆上，仍存在「南固臺」、「洋船街」街牌，因保養欠佳，崩落更見嚴重。店舖準確地址：海傍東 38 號，但中文地址位置編排亂七八糟，還弄出「三十八號開張」。

MARKENTISH
H.M.S. "BERMUDA"
SHIPS TAILOR
AND
DRY CLEANNING
GOOD SERVICE MODERATE PRICE
46-48 LOCKHART ROAD WANCHAI
HONG KONG

振聲高等洋服

精製各種最時髦最美化的男女洋服並承辦各種軍裝校服工精物美取價從廉如蒙惠顧無任歡迎舖在軒鯉詩道三十二號三樓電話三二八一六號

永昌洋衣店在香港灣仔
WING CHEONG,
TAILOR,
No. 26, Wan-chai Road,
HONGKONG.
道街市口門牌第廿六號

昇 CHEONG SING, 昌
TAILOR,
No. 189, Queen's Road East.
HONGKONG
洋衣店在下環大馬路一百八十九三樓

新 SUN AH 亞
SHANGHAI
HIGH CLASS NAVAL
TAILOR
No. 20, HENNESSY ROAD.
WANCHAI, HONG KONG.
軒鯉詩道二十號

灣仔洋服店名片。永昌洋衣店：灣仔道 26 號；昌昇洋衣店：下環大馬路（皇后大道東）189 號 3 樓；上海新亞：專做高級海軍軍服，軒鯉詩道 20 號；振聲高等洋服：軒鯉詩道 32 號 3 樓；Markentish：專做海軍海員制服，駱克道 46 至 48 號。

莊士敦道的鐘錶行

莊士敦道全長 850 米，有三間大型鐘錶行：余日記錶行、馮良記鐘錶行、金時鐘錶行同時並存。戰後人人忙於生計，一枚腕錶對庶民理應還是奢侈品，更何況是歐洲生產的高級名錶。踏入 1950 年代至 1960 年代，經濟恢復迅速，雖然三間鐘錶行在同一馬路上營業，但各有市場定位，為消費者提供了由華麗名貴到優質實惠的各類手錶作選擇。

「睇睇，你個錶有夜光㗎？你條錶帶真鱷魚皮造㗎？我隻係自動日曆游水石英錶。」「我姓鍾，唔係鐘表個鐘。」「大吉利是咩，你送個鐘畀我。」我們從前日常的話題，許多時都離不了鐘和錶。「剛報時訊號一響，就係得其利是錶標準時間正午十二點。」「遲唔會遲，早唔會早，戴錶戴樂都，時間啱啱好。」從分分鐘需要你，到如今我想已經廿年無戴手錶，因為手機連倫敦、紐約時間都有，手機鬧鐘鈴聲任你選擇。

正是「不在乎天長地久，只在乎曾經擁有」。

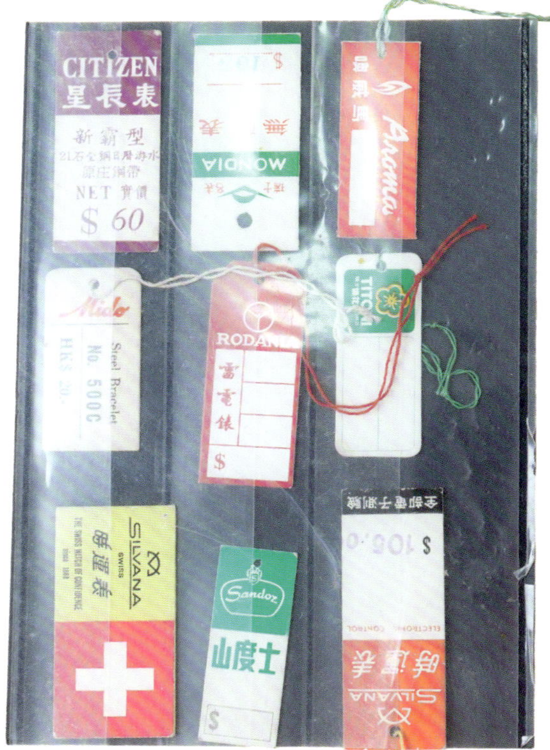

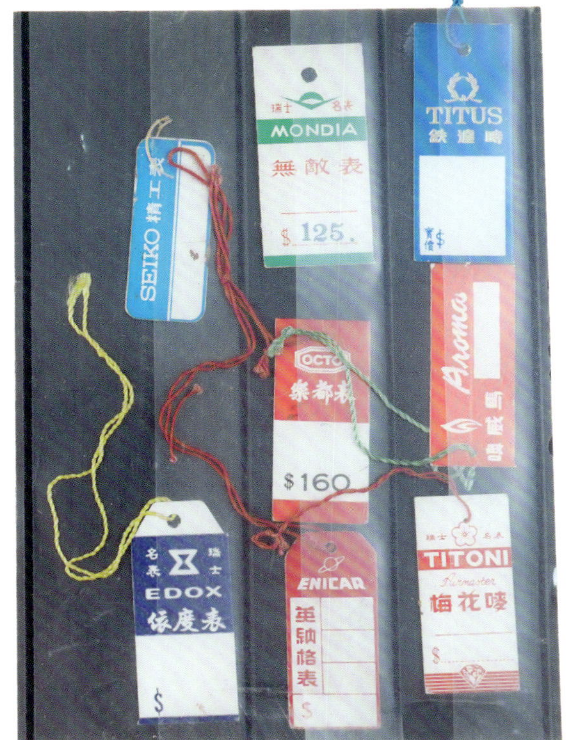

莊士敦道不同錶行的價錢牌。

香港電話有限公司電話用戶錄 1949 年封面上的錶行廣告。

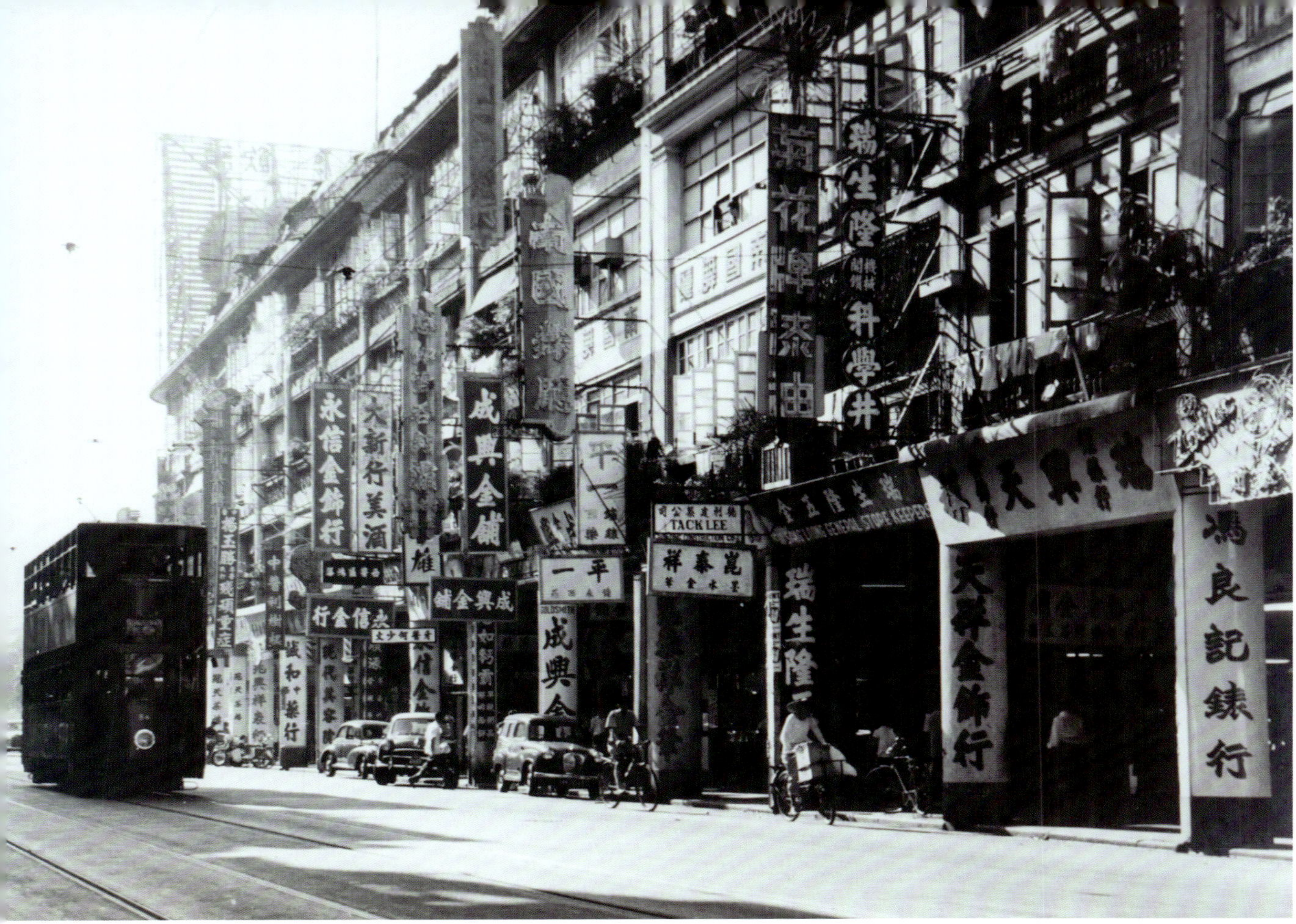
永信金飾行
大新行美酒
成興金舖
瑞生隆
TACK LEE
天祥金飾行
馮良記錶行

相片右方唐樓柱位寫有馮良記錶行和蘇亞腕錶（Zodiac）霓虹燈牌的宣傳。馮良記鐘錶行於 1943 年戰時在莊士敦道 157 號開業，透過自置物業經營鐘錶行，錶行多年來是勞力士和帝舵的特約零售商。
2020 年物業清拆重建，馮良記錶行遷往大有商場繼續營業至今。經歷數十年歲月，莊士敦道只餘下馮良記鐘錶行屹立不倒。

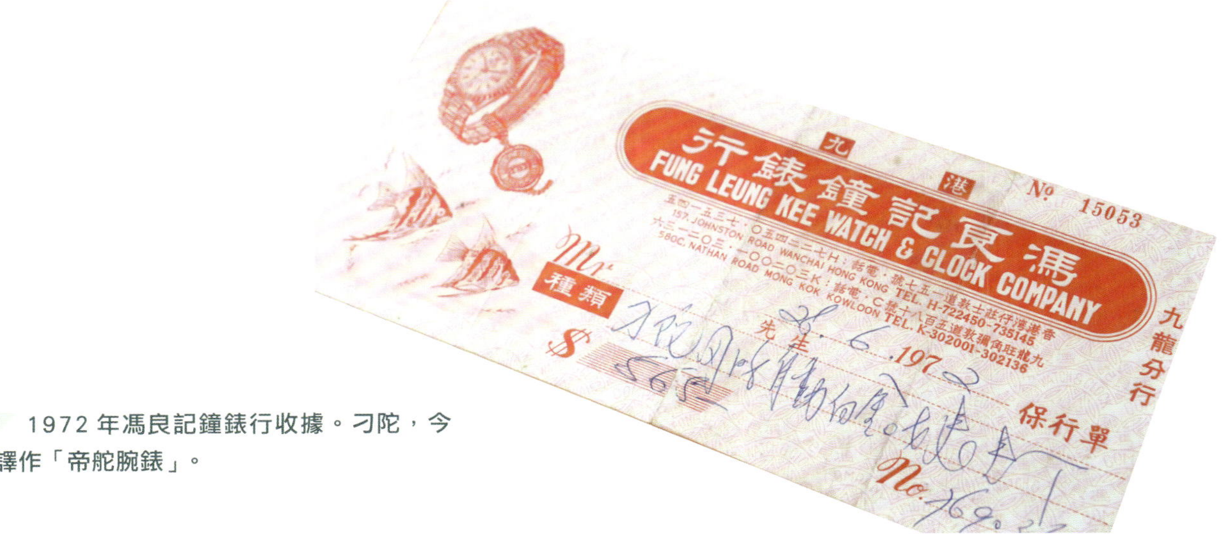

港 九
馮良記鐘錶行
FUNG LEUNG KEE WATCH & CLOCK COMPANY
№ 15053
157, JOHNSTON ROAD WANCHAI HONG KONG TEL. H-722450-735145
580C, NATHAN ROAD MONG KOK KOWLOON TEL. K-302001-302136
Mr
種類
先生
$
197
九龍分行
保行單

1972 年馮良記鐘錶行收據。刁陀，今譯作「帝舵腕錶」。

相片右方有金時錶行招牌，宣傳英納格（Enicar）腕錶。金時錶行位於莊士敦道 52 號，錶行靠近民居，遠離當時作為灣仔繁盛地段的菲林明道。不同於余日記和馮良記兩間店舖均接近人流匯集的英京大酒樓和東方戲院，金時鐘錶行客源不同，出售較為大眾化的腕錶。

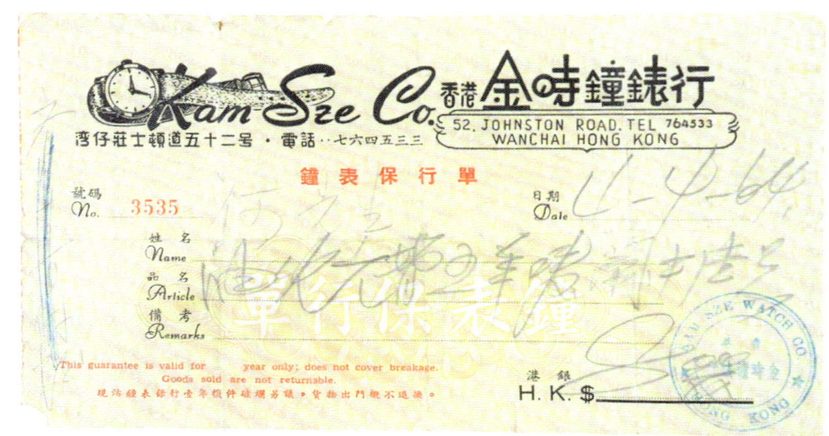
Kam Sze Co. 香港金時鐘錶行
灣仔莊士頓道五十二号 · 電話··七六四五三三
52, JOHNSTON ROAD, TEL 764533
WANCHAI HONG KONG

鐘表保行單

號碼 No. 3535

日期 Date

姓名 Name

品名 Article

備考 Remarks

This guarantee is valid for year only; does not cover breakage.
Goods sold are not returnable.

港銀 H.K. $

1964 年金時鐘錶行收據，售出廣州產五羊牌鬧鐘。

相片右方除了可以見到余日記錶行招牌，店鋪同時經營金飾買賣。余日記錶行由創辦人余日年於 1926 年在中環開業，1945 年戰後轉往莊士敦道 187 號繼續鐘錶業務。余老闆積極爭取瑞士名錶在香港的代理權，包括依波路、愛彼錶、雪鐵納、芝柏錶、積家、綺年華等。

錶行在十多年間已經擴充至六間分行，1970 年代總行遷往軒尼詩道，公司業務營運至 1995 年結束，它在鐘錶業界有一定的歷史位置。

港九 余日記表行
YU YAT KEE WATCH CO.
Mr. No.
$
此保行单 港九各行 一律通用

港九 余日記表行
首創不二價，專賣原庄新表，如非原庄新表，雙倍奉回，實際保行壹年，內部機件如有損壞，保行期內免費修理，如入水生鏽，修工及零件費另議，貨物出門，恕不退換。
1. Goods sold are not returnable.
2. Conditions of Guarantee:-
The guarantee is effective for one year commencing from the date of purchases, and within the guarantee period, any damage in the movement except rust caused by entry of water will be repaired free of charge.

總行
香港軒尼詩道四四六號
（鵝頸橋消防局對面）
電話：七七〇三四一
HEAD OFFICE:
446 HENNESSY RD. H. K.
TEL. 770341

深水埗分行
大埔道一八六號
電話：八六五七一六
SHAMSHUIPO BRANCH:
186, TAI PO ROAD.
TEL. 865716

紅磡分行
馬頭圍道二〇六號
電話：六二七二八七
HUNGHOM BRANCH:
206, MA TAU WAI RD.
TEL. 627287

1966 年第四分店馬頭圍道 206 號售出天梭女裝腕錶。

余日記錶行收據後面畫了不同分店外形。

1960 年第四分店馬頭圍道 206 號售出美度男裝腕錶。

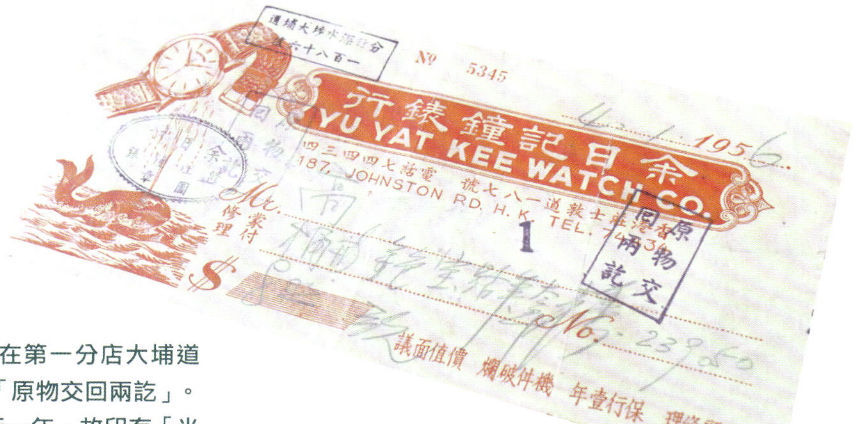

1956 年修理費用收據，客人在第一分店大埔道 186 號，修理寶路華腕錶，蓋有「原物交回兩訖」。收據背後註明售後服務，腕錶保行一年，故印有「光顧修理，保行壹年，機件破爛，價值面議」、「保行證」、「此保行單，港九各行，一律通用」字樣。

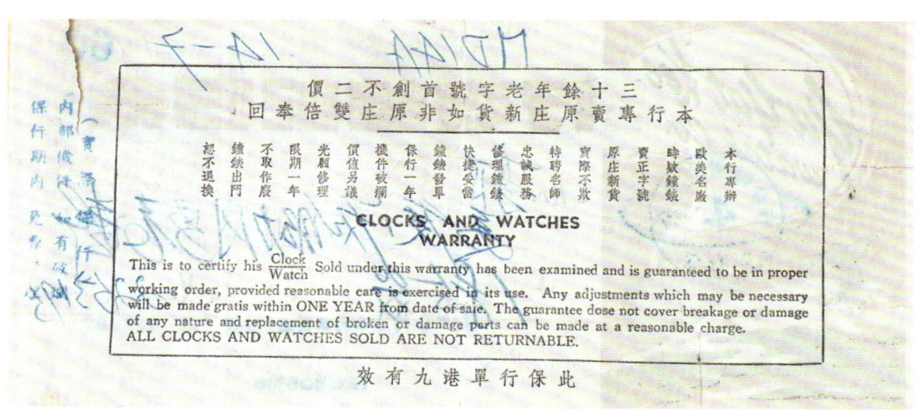

三十餘年老字號首創不二價

本行專賣原庄新貨如非原庄雙倍奉回

本行專辦　歐美名廠　時款鐘錶　賣正字號　原庄新貨　實際不欺　特聘名師　忠誠服務　修理鐘錶　快捷妥當　鐘錶發單　保行一年　機件破爛　價值另議　光顧修理　限期一年　不取作廢　鐘錶出門　恕不退換

CLOCKS AND WATCHES WARRANTY

This is to certify his Clock/Watch Sold under this warranty has been examined and is guaranteed to be in proper working order, provided reasonable care is exercised in its use. Any adjustments which may be necessary will be made gratis within ONE YEAR from date of sale. The guarantee dose not cover breakage or damage of any nature and replacement of broken or damage parts can be made at a reasonable charge.
ALL CLOCKS AND WATCHES SOLD ARE NOT RETURNABLE.

此保行單港九有效

余日記鐘錶行收據

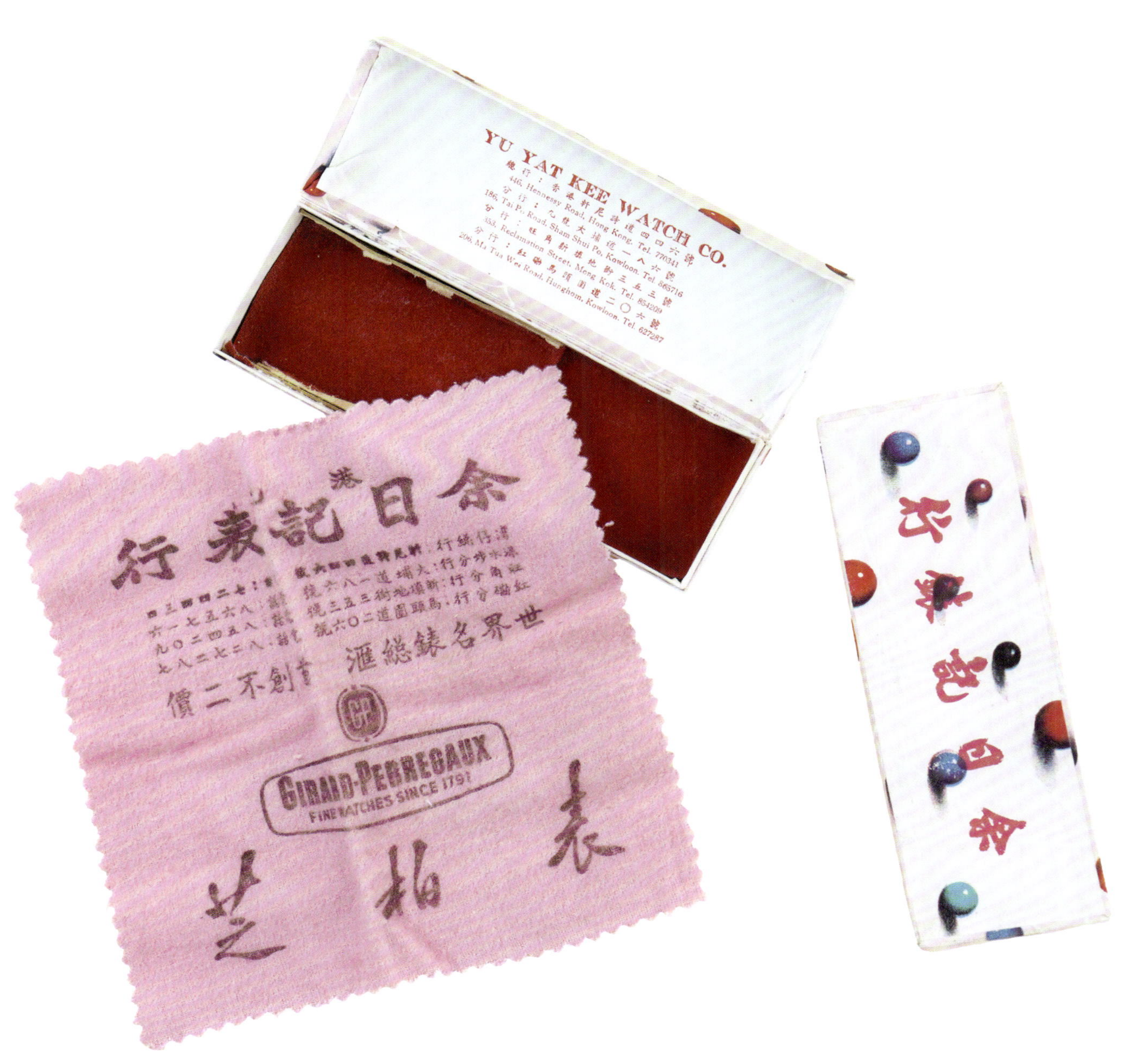

1970 年代余日記錶行腕錶禮盒。

洋服店和綢緞莊

▸ 雅緻洋服店

衣食住行是我們生活的基本需求，人靠衣裝，許多時候、許多場合，見工見客、結婚飲宴、團拜領獎，總得要穿得莊重得體，而且衣着往往被人視為用來反映社會地位，或者個人審美品味呢。

看看，我這身行頭打扮怎樣？

香港開埠後，成為華洋共處城市，英式裁剪法傳來香港。昔日灣仔街頭巷尾，街舖閣樓都會見到洋服店、「Tailor」的招牌，最初的顧客多為外國商人、過港遊客、軍人水手，漸漸地，華人男士亦會度身訂造一套西裝，以方便出席特定場合。

1950 年代，南來的上海裁縫和印度裔師傅增多，手做洋服的精湛手工，令往後幾十年香港的洋服製作享譽國際，許多政要、老闆、

街道上的洋服店，可見寫有「TAILOR」的招牌。

明星，留港都會度身訂造一套西服，令人懷念的天王巨星張國榮父親張活海，便是當年開店於德己立街的「洋服大王」。時代改變，1980年代以後，大量生產的成衣在市場促銷，手工裁縫行業日漸式微，況且一針一縫這些細活，又有多少年輕人願意耐心去學呢。

「這位男士，有興趣『度身訂造』一套三件頭（西裝外套、背心、西褲）西裝嗎？」度身訂造的最大優點，是令衣服各部位能夠最貼身，如肩膊腰圍，其次是自由選擇式樣及配件，如口袋、鈕扣等，凸顯個人風格。不過，有些地方還是可依據一些傳統經典款式的，例如西裝外套背面。

你想要英式雙尾衩、美式中央衩，還是意式無衩呢？

雅緻洋服店行李箱。雅緻洋服位於莊士敦道 129 號，訂製洋服送精美古典行李箱。箱內標籤表示「忠誠服務，保君滿意」，還溫馨提示：顧客訂製洋服之度身尺寸已記錄，方便再來光顧。

▸ 南和綢緞莊

綢緞莊是售賣絲織品的布行。從蠶繭中抽取的蠶絲，細長柔韌，蠶絲製成的布料服式，手感柔滑，冬暖夏涼，所以備受歡迎。由於紡織時經緯線的交疊不同，觸感和光澤度自然不同，衍生出不同的傳統絲織品。綢緞莊的店面都會標榜「綾羅綢緞」四字，表示絲織品種類齊全，後來多了「呢絨疋頭」四字，由於過去中式綢緞莊專賣絲織品，多為女裝而設，後來順帶兼售男裝西裝布料，也就是「呢絨」。「呢」音譯自法語「Laine」，本義為羊毛，也包括駝毛兔毛，布料抗皺保暖，可作西裝禮服。絨英語為 Nap，本義是柔軟細小的毛，絨布今泛指表面有一層細毛的紡織品。至於「疋頭」，布匹布料之意。

綢緞莊除售賣布料外，一般都會提供度身訂造，連工包料，特別是為女士製作 1920 年代開始流行於上海和香港的旗袍。服裝之外，綢緞莊還會製作婚慶用的龍鳳被，題有祝頌賀詞的壽帳、喜帳，甚至人生最後穿的萬壽緞、維新縐（壽衣）。

南和綢緞莊包裝盒。南和綢緞莊位於莊士敦道 160 號，作為傳統綢緞莊包裝紙的圖案，並不是中式龍鳳、花卉或雙喜式樣，卻是聖誕節普遍採用的聖誕鐘和紅色彩帶、冬青樹葉和漿果，這或者就是香港作為中西文化匯聚的一種象徵。

照相牌、好字牌香煙包換

1920 年代一張昌興煙草公司的緊急傳單，通知各煙櫃（香煙零售商，煙檔）及拆家（香煙分銷商，批發商），公司名下生產的兩款照相牌、好字牌香煙，若受黃梅天氣影響，出現霉點或陳列過久的舊煙，均可退貨換新，或拆包散貨也行，以求保證產品質量。更換新煙可以到公司各區代理商號，或透過煙担（公司外出銷售及送貨職工，今俗稱「行街」，估計昔日職工曾用扁擔攜帶貨品故名）換取即可。

昌興煙草公司在皇后大道中 33 號，電話 6228。公司代理遍佈港九新界，共十八家，可見香煙已經普遍在華人社區銷售，單在灣仔已經有四間代理：文利：海傍東 69 號；茂蘭：下環交加街 24 號；怡棧：下環交加街 42 號；勝記：鵝頸寶靈頓街 12 號。

隨着香煙從英美被引進到亞洲，踏入 20 世紀便迅速發展。1902 年在倫敦成立的英美煙草公司，在全球各地逐步建立新的子公司，以合併和收購方式開創新的香煙品牌。華人兄弟簡照南、簡玉階等人於 1905 年，在灣仔羅素街一間舊貨倉創設「廣東南洋煙草公司」，標誌華商參與香煙生產市場。1909 年，公司改組並改名「南洋兄弟煙草公司」，在鵝頸橋興建了 1.1 萬平方米的廠房（1919－1965 年），擁有飛馬、地球、自由鐘等品牌，其中尤以雙喜牌最為人熟悉。發展到今天，享負盛名的紅雙喜系列香煙已行銷世界各地。

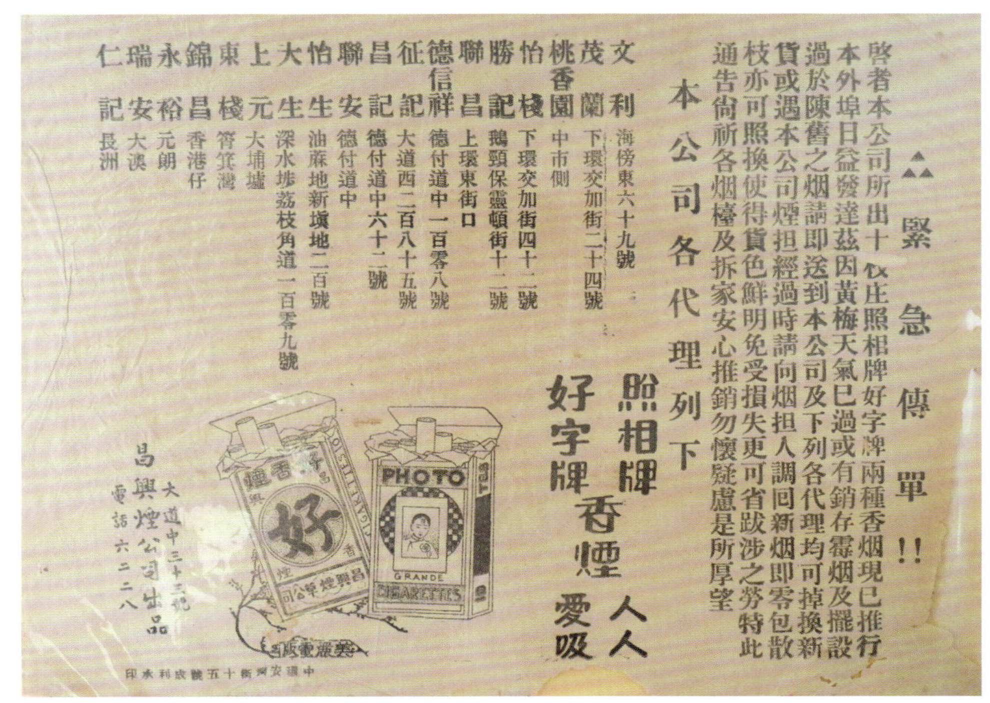

1920 年代昌興煙草公司緊急傳單。

南洋兄弟煙草股份有限公司

紅雙喜香煙是中國現存歷史最長的捲煙品牌之一。廣東南洋煙草公司於香港開辦的第二年，1906 年推出「雙喜」牌，寓意雙喜臨門，喜上加喜。1909 年改組為南洋兄弟煙草公司後，推出「紅雙喜」，雙喜再冠以中國人喜愛的紅色，自此一路暢銷，行銷全國。當年公司遷址到灣仔道 199 號，1919 年在 271 號興建廠房。

南洋兄弟煙草公司經歷百年變遷，從雙喜牌到今天的紅雙喜，在品牌上以獨特的方式並存，擁有相同的名字、相同或近似的標誌「囍」和包裝顏色。目前共有四家有着相同歷史淵源的「南洋煙草」，不同公司的廠房均生產「紅雙喜」香煙。其中香港作為「紅雙喜」發源地，香港的南洋兄弟煙草公司於 1965 年一改傳統紅色，變成金色包裝。在「紅雙喜」母品牌下，歷年除了改良配方和凸顯傳統的經典系列，如龍鳳系列、1905 系列；更推出主題紀念系列，如東方之珠系列。

20 世紀後半葉，英美醫學界陸續發表了「吸烟與健康」的報告，反吸煙運動開始興起，各國陸續實施禁止在室內及工作場所吸煙，香煙包裝印刷健康警告內容，禁止煙草廣告、促銷和贊助，「吸煙危害健康」已經是社會各界的基本共識。無疑反吸煙運動對煙草行業打擊嚴重，但又不能無視吸煙人士休閒生活選擇的權利，只要取得平衡和在可控的情況下，煙草行業至今仍然有着生存空間。

南洋兄弟煙草股份有限公司廣告畫的主題是「滿室生香」。

其題額如下：

> 維摩之室一物無，天花何來無菀枯。有大弟子諸菩薩妄生分別，奚為乎？
>
> 天生妙花本無相，散落已是嗟泥塗，始終亦得無着地，弟子菩薩咸不須，
>
> 天花自然香滿室，能聞香者非吾徒。
>
> 大厂居士題

大厂居士，原名易廷熹，廣東鶴山人，擅音韻訓詁和詩文詞曲，精通書法、篆刻、繪畫，旁通佛學，是民初少有通才學人。

廣告中的圖畫部分，源自佛典《維摩詰經 · 觀眾生品第七》裏的一則故事，一般稱為「天女散花」，但本畫標題用上「滿室生香」，因為花代表的色相，與香味都是世人貪戀的事物。花於菩薩身外落地，花到了弟子身上卻揮之不去，闡揚「執着」、「性空」、「心淨」的義理。

圖畫中的長者是維摩詰，天女手捧荷瓶，花朵自祥雲中散落。色彩淡雅而繽紛。看來眾生都是凡夫俗子，愛看的還是色相，參悟不了五蘊皆空，這個佛典故事衍生出來的，多是天女手持花籃，空中飛舞，撒下吉祥美麗的花朵，曼妙出塵，有唯美浪漫的景觀，古代便出現在敦煌壁畫，以至古今繪畫中。

畫作右下角注「柏生敬繢」，「繢」通「繪」字，柏生則是周柏生，為江蘇常州人，定居上海，擅長工筆彩繪人物畫、水彩擦筆月份牌畫，1917 年，他應聘進入南洋煙草公司廣告部，創作許多月份牌廣告畫，曾創辦柏生繪畫學院，傳承繪畫技法。

這幅廣告畫下方羅列公司八種不同品牌香煙：紅金龍、百雀、大聯珠、白金龍、金馬、愛國、多寶、美女。廣告上亦列出南洋兄弟煙草股份有限公司地址：總公司設於上海東西華德路、香港德輔道；製造廠設於上海東百老匯路、香港鵝頸橋。

永禎祥、從香燭到畫架

當我拿着 1950 年代永禎祥香燭店的廣告招紙，會晤永禎祥畫架公司老闆李耀漢先生時，方知永禎祥香燭店原來就是永禎祥畫架公司，言談中帶出上一代經營者艱苦的故事。

李先生的父親是永禎祥香燭店的創辦人。西漢戴聖《禮記 · 中庸》:「國家將興，必有禎祥。」禎祥是吉祥的意思，相信是李父命名店舖的喻意。香燭店於戰前在中環開業，養活了一家人，也曾經歷 1941 至 1945 年的戰亂。香燭店除售賣香燭、紙紮紙品，亦銷售炮仗。1967 年政府禁售炮竹，店舖生意大受影響，李先生將店舖轉型，經營裱畫及裝框服務，保留永禎祥舖號至今。這張廣告招紙，見店舖地址在軒尼詩道 454 號，是李父兄弟開辦的灣仔分店，鄰近鵝頸橋，當時逢年過節的香燭生意頗為旺盛。除馳名香品，兼營文房用具和檀香絹扇。

燒香燭在中國有着悠久的歷史，點燃帶有香氣木材製成的香、蠟或油脂製成的燭，用於祭祀祖先，供奉神明，祈福庇佑。佛教對於香品的使用更為講究，藉由燒香方式，上供諸佛菩薩，中供諸聖賢，下施六道眾生。傳統香品大多選用沉香末、檀香末、中藥材、穀物等天然香藥，依佛典配方，研磨成粉，製作成香，因不同配方，而有菩提香、甘露香、菩薩佛母香、菩薩度母香、硃砂香（添加礦物硃砂）的名稱。雪梨香則指產自印尼東帝汶古邦老山的檀香（有説為隱藏香材產地，訛稱來自澳洲雪梨，故名）。龍涎指龍涎香，沉檀龍麝是中國四大名香之一。

至於檀扇，手執迎風飄香，怡神養心；絹扇手感輕薄柔軟，搖曳生姿。

右方可見早年軒尼詩道 454 號的永禎祥香莊。

孔雀眼水
民生白米
中國國貨
萬字醬油

永禎祥香燭店的廣告招紙以笑佛為商標，可見貢品雪梨香、招牌全檀香、供萬佛名香、甘露菩提香、觀音佛母香、龍涎硃砂香。

康健書店和康健藥廠

1951 年香港同濟中學校刊登一則康健書店的廣告。書店位於灣仔駱克道 206 號，專售中西書籍、文房用品、圖書雜誌、體育用具，並代售同濟中學各級用書。同學惠顧聖誕卡，有特價優待。一間能夠售賣學校課本的書店，相信規模不少。

康健書店是小思老師小時候常逛的書店，書店是她同學何惠嫦家族打理。有趣的是她特別提及書店也售賣九七四皮膚藥膏，康健書店門口也張掛了九七四白藥膏招牌。九七四白藥膏是皮膚特效藥，載有止痕去腐拔毒生肌各樣功能。九七四皮膚藥戰前已經出售，各大藥行也有代售，長久以來建立良好口碑，直至近年才停產。

駱克道與菲林明道交界，右方可見康健書店招牌和牆邊髹上九七四白藥膏廣告。

香港同濟中學校校刊刊登康健書店廣告。康健書店的地址是洛克道，廣告有時又寫駱克道，不同字但同音，反正大家都明白是同一條街道。

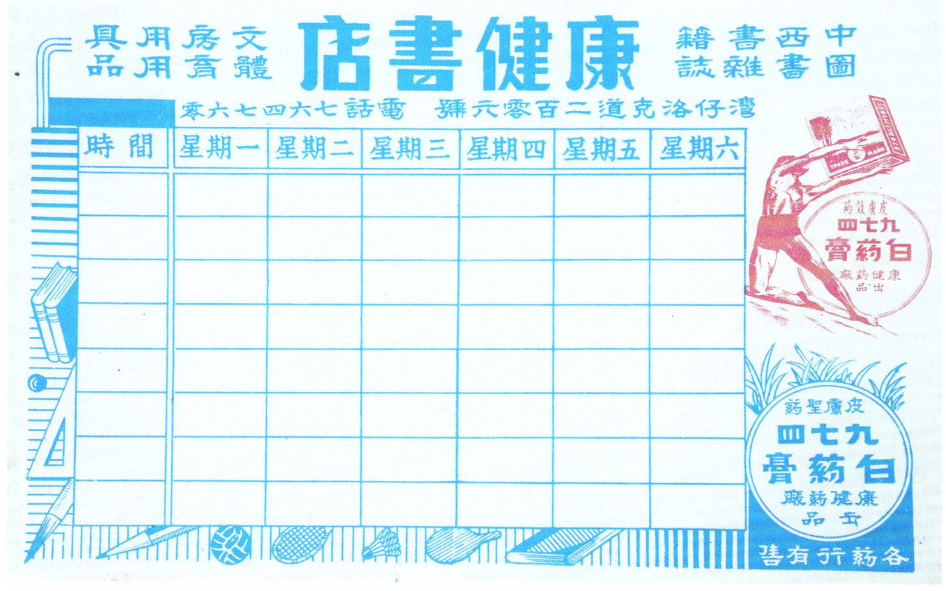

1960 年代康健書店印製的上課時間表。從前開學前在書店購買新書，往往贈送上課時間表，其中竟然印有與教學無關的廣告九七四白藥膏，是由康健藥廠出品的「皮膚聖藥」，顯然康健書店店主和廠方有着生意上的關連。

時間表上還有一個可以留意的地方。中國文字排版的傳統是由上至下、由右至左的直排，即使橫排也是由右至左，例如廟宇的橫匾。這張時間表有關康健書店及康健藥廠的文字是橫排，按傳統由右至左。西學東漸以來，由於他國文字多是橫排，且由左至右，便帶來混亂。上課時間表顯然是西方事物，於是出現橫排，卻由左至右的排放星期一、星期二⋯⋯對於這種混用現象，印象中在 1970 年代，《明報》曾呼籲各界往後統一，直排由右至左，橫排由左至右。自此除了表達中國傳統事物，再少有橫排由右至左的現象。

照片上小貨車的左後方牆身，髹上九七四大字廣告。以數字與字母或單詞組合為名稱的品牌雖然存在（如 7up、3M），但數量不多，只用數字為品牌命名便少有。九七四或許關乎配方？
至於白藥膏的「白」，應該是其中一種成分。白色粉末的鋅白，即氧化鋅的俗稱。鋅白加入乳膏可治療皮膚病，緩解皮膚發炎和皮疹引起的痕癢，有收斂、保護和抗腐作用，塗敷在傷口或潰瘍處，能保持乾燥和有抑制分泌物的效果。

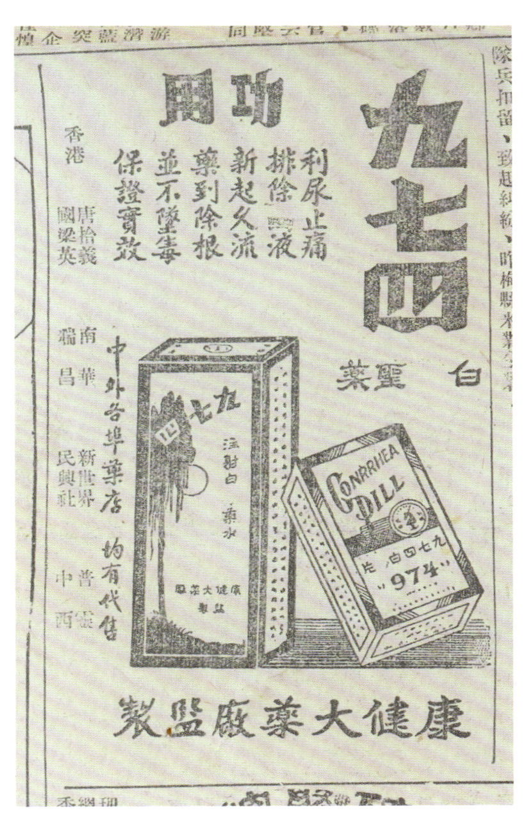

刊登在 1936 年《循環日報》的九七四廣告。

九七四白藥膏由香港康健公司（禮頓道 60 號 4 樓）監製，轄下的康健藥廠生產，註冊商標是顯微鏡牌，創製人為何阜東。

九七四白藥膏説明書繪圖列舉香港濕熱氣候常見的皮膚病症狀，例如皮膚發炎潰瘍引致損手爛腳、爛頭（頭皮毛囊發炎的頭瘡）、鹹粒（皮膚發炎引起的紅疹）、胎毒（初生嬰兒的皮疹）。治療用法簡單，先將患處洗淨，用膏敷上，日敷數次。

麗的呼聲的來與去

麗的呼聲廣播有限公司在香港的最早辦事處所在為麗的呼聲大廈，位於灣仔軍器廠街及軒尼詩道交界東北角。原址日後拆卸，興建熙信大廈，於 1969 年落成。2019 年，再拆卸改建現代商廈，建築外形作漏斗狀設計，地址為軒尼詩 1 號的浦發銀行大廈。

Rediffusion 是 Joshua Powell（1871－1946）於 1928 年在英國創立的公司，為一些收聽無線電廣播微弱的地區提供有線廣播，Rediffusion 就是 Re-diffusion（再次廣播）的意思。公司很快拓展收音機、接收器的製造和租賃，並將廣播業務向世界發展。Rediffusion (Hong Kong) Limited 於 1947 年成立，1949 年啟播，是香港第一家商營有線電台，並有了一個漂亮的中文名字「麗的呼聲」。

客戶只要付安裝費 25 元，月費 9 元，便配送擴音器，收聽節目包羅萬有：中西音樂、平劇、潮州曲、廣播劇、時事、婦女及兒童教育講座、故事講述、賽馬消息、體育述評、點唱節目、轉播世界各地電台要聞和音樂等等。

開播之後，香港市民多了一種娛樂節目，在整個 1950 年代可謂獨領風騷，廣播劇、天空小説、粵劇轉播、歐西音樂大受歡迎，亦刺激了「香港電台」鋭意發展及 1959 年香港第一間免費收聽節目的「商業電台」啟播，原子粒收音機免費收聽，對收費有線的麗的呼聲是嚴重打擊。1957 年，麗的呼聲獲政府發牌准許開辦收費有線電視，進而創辦「麗的映聲」（RTV），成為本港首間電視台。公司於 1959 年遷往位於灣仔告士打道的麗的呼聲大廈，並投放資源發展電視業務，1963 年增設中文頻道，以廣東話為主要廣播語言。

1967 年電視廣播有限公司（無綫電視，TVB）啟播，提供免費電視節目收看，只需要購買電視機及安裝「魚骨天線」。面對無綫電視的競爭，1973 年麗的映聲易名為麗的電視，同樣以免費電視無線廣播。面對大眾傳播娛樂事業的轉型，麗的呼聲不再申請續牌，電台於 1973 年 9 月 30 日午夜後停播，結束二十四年的有線廣播歷史。

1981 年麗的呼聲英國母公司將持有股份的麗的電視出售。1982 年麗的電視易名為亞洲電視（ATV），亦表示麗的呼聲廣播有限公司至此停止業務運作。2016 年 4 月 1 日，亞洲電視免費電視牌照屆滿，由於多年多次出現股權變動並存在財政危機，不獲政府續牌，於當晚凌晨停播。

時代在急速轉變，有線與無線，Rediffusion（重播）與 Live Broadcast（現場直播），如今更多了 live stream（網路直播）。我們見證着這個聲與光燦爛的時代。

雖知此山頭，猛虎滿佈。
膽小非英雄，絕不願停步。
冷眼對血路，寂寞是命途。
明月映山崗，倍覺孤高。

《天蠶變》主題曲（1979）

偶然重溫麗的電視當年的電視劇主題曲，有些感慨吧？你又可留意腳下偶遇的渠蓋，或者稱井蓋，鑄有「R」字樣，這是當年「麗的」傳輸地下訊號線的最後見證。

位於灣仔軍器廠街及軒尼詩道交界東北角的麗的呼聲大廈 。

麗的呼聲天空小說改編作品
《鴛鴦江遺恨》。

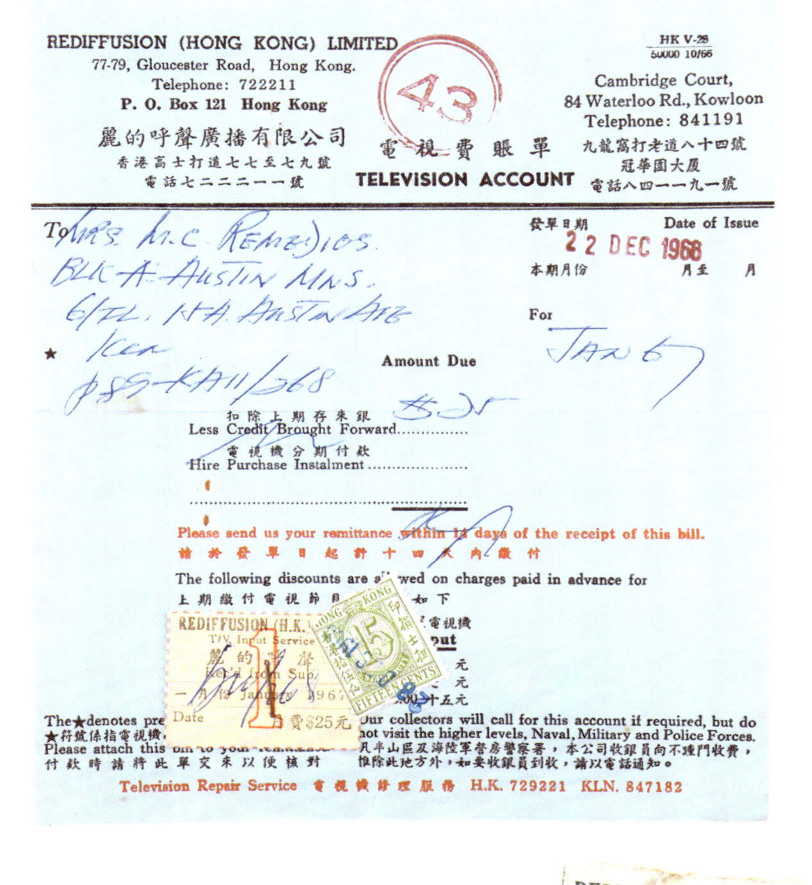

REDIFFUSION (HONG KONG) LIMITED
77-79, Gloucester Road, Hong Kong.
Telephone: 722211
P. O. Box 121 Hong Kong
麗的呼聲廣播有限公司
香港高士打道七七至七九號
電話七二二二一一號

HK V-26
50000 10/66

Cambridge Court,
84 Waterloo Rd., Kowloon
Telephone: 841191
九龍窩打老道八十四號
冠華園大廈
電話八四一一九一號

電視費賬單
TELEVISION ACCOUNT

To Mrs. M.C. Remedios.
Blk A Austin Mns.
6/FL. H.A. Austin Ave
Kln
★ 89-KA11/368

發單日期 Date of Issue 22 DEC 1966
本期月份 月至 月
For Jan 67

Amount Due $25

扣除上期存來銀
Less Credit Brought Forward..............

電視機分期付款
Hire Purchase Instalment....................

Please send us your remittance within 14 days of the receipt of this bill.
請於發單日起計十四天內繳付

The following discounts are allowed on charges paid in advance for
上期繳付電視節目……如下

The ★ denotes pre… Our collectors will call for this account if required, but do
★符號係指電視機… not visit the higher levels, Naval, Military and Police Forces.
Please attach this bill to your remittance… 凡半山區及海陸軍營房警察署，本公司收銀員向不進門收費，
付款時請將此單交來以便核對 惟除此地方外，如要收銀員到收，請以電話通知。

Television Repair Service 電視機修理服務 H.K. 729221 KLN. 847182

REDIFFUSION (H.K.)
T/V Input Service
麗的呼聲
Rec'd from Sub.
一月份 January 1967
Date
月費 $25元

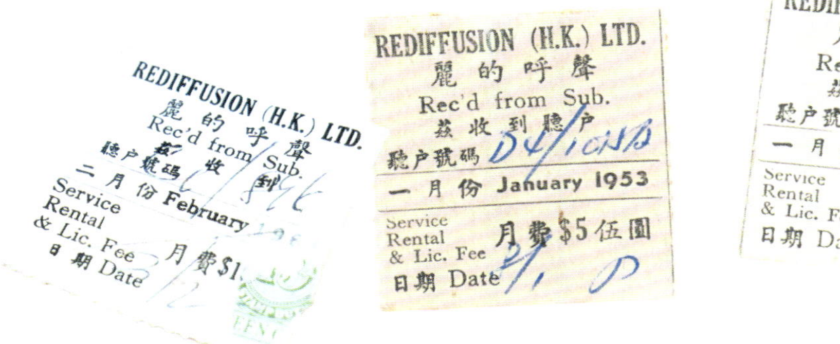

REDIFFUSION (H.K.) LTD.
麗的呼聲
Rec'd from Sub.
茲收到聽户
聽户號碼
二月份 February
Service Rental & Lic. Fee 月費 $1
日期 Date

REDIFFUSION (H.K.) LTD.
麗的呼聲
Rec'd from Sub.
茲收到聽户
聽户號碼 D4/10NB
一月份 January 1953
Service Rental & Lic. Fee 月費 $5 伍圓
日期 Date

REDIFFUSION (H.K.) LTD.
麗的呼聲
Rec'd from Sub.
茲收到聽户
聽户號碼 H27/5
一月份 January 1953
Service Rental & Lic. Fee 月費 $10 拾圓
日期 Date

麗的呼聲電視費賬單和收據。

何銳記紙料紥作

1970 年代香港旅遊協會海報，向海外宣傳中國節慶習俗文化，推廣香港旅遊事業。圖中兩兄弟走過黝暗的騎樓底，頭頂掛滿琳琅滿目的中秋燈籠，有宮燈、金魚、孔雀、玉兔，也有飛機、坦克、大砲，琳瑯滿目，攝影師捕捉到中秋節日裏，彩燈讓人眼花撩亂的場景。

何銳記紙料紥作店舖在皇后大道東，廸龍里入口處，現址是胡忠大廈。

騎樓底旁邊的小檔口，是昔日替人寫招牌大字，書信代筆的傳統行業。

花燈紥作技藝作為「紥作技藝」的構成部分，被列入香港非物質文化遺產（傳統手工藝）代表作之一。圖中可見的中秋花燈製作，先用竹篾及紗紙紥成花燈的骨架，再「撳」上彩色紗紙，或透明玻璃紙，或網，最後配上裝飾組件而成。花燈的造型有傳統的宮燈、金魚、飛馬、楊桃，還有新式的飛機、坦克。誰不希望能拖拉着一隻兔仔燈籠到處走，那是多麼威風啊。

那時候，家裏兄弟姊妹眾多，要擁有一盞自己喜愛的燈籠並不容易。爸媽把蠟燭點燃，用一枝竹篾把鐵線繞了一圈，兩手輕輕將手風琴式紙燈籠拉開，能夠提着這種既省錢又應節的燈籠玩，已經是我們童年時中秋節最開心不過的回憶。

上世紀五十至八十年代，香港商業繁榮，經營寫字檔的書家生意應接不暇，除了為銀行洋行，各大商號寫剛健大字招牌，還包括電影片名，各類題字，印刷用單張，甚至是代寫書信等等。到了農曆新年，寫揮春、寫春聯擺賣，增加了喜氣洋洋的節日氣氛。

但隨着電腦設計字體的興起，傳統以手寫書法的行業便逐漸式微，消失在大街小巷了。

1970 年代的香港旅遊協會海報。

陸智夫風濕跌打藥膏

1960 年代，陸智夫醫局出品的風濕跌打膏藥以飛鶴為商標，售價一元。

陸智夫風濕跌打膏藥專治跌打風濕骨痛、手足麻木、腳骨酸軟、散鬱結而逐痰等。總的來說，膏藥外敷的功能是活血化瘀，消腫止痛。

陸智夫醫局除了研製風濕跌打膏藥，還有跌打風濕藥酒、通脈還魂跌打丸、通脈丹、刀傷止血散，中醫藥劑型的膏丹丸散樣樣均有，還有新型 X 光驗骨。

陸智夫的中國傳統尚武精神，在武術、跌打骨科、南北獅藝三方面為人所熟悉。陸師傅武術方面精研白鶴派拳法，功夫了得。1931 年於灣仔開設陸智夫醫局，鑽研跌打骨科，古方煉藥，救急扶危。另創設陸智夫國術社，授徒數十載，由於南北獅藝出眾，經常獲邀出席節日慶典，開幕典禮之舞獅活動，陸智夫名號旗幟飄揚，鑼鼓聲響，醒獅腰馬步法生猛，還有大型舞龍巡遊，是許多香港人的集體印象。陸智夫國術總會及傳人開設的跌打醫館，至今傳承着香港傳統的獨有文化。

用今天的用語：碰到撞瘀、打波拗柴、運動扭傷、健身拉傷、五十肩、網球肘、頸梗肩緊、風濕骨痛⋯⋯遇到這些意外或症狀，可能都會找位跌打師傅診治一下。

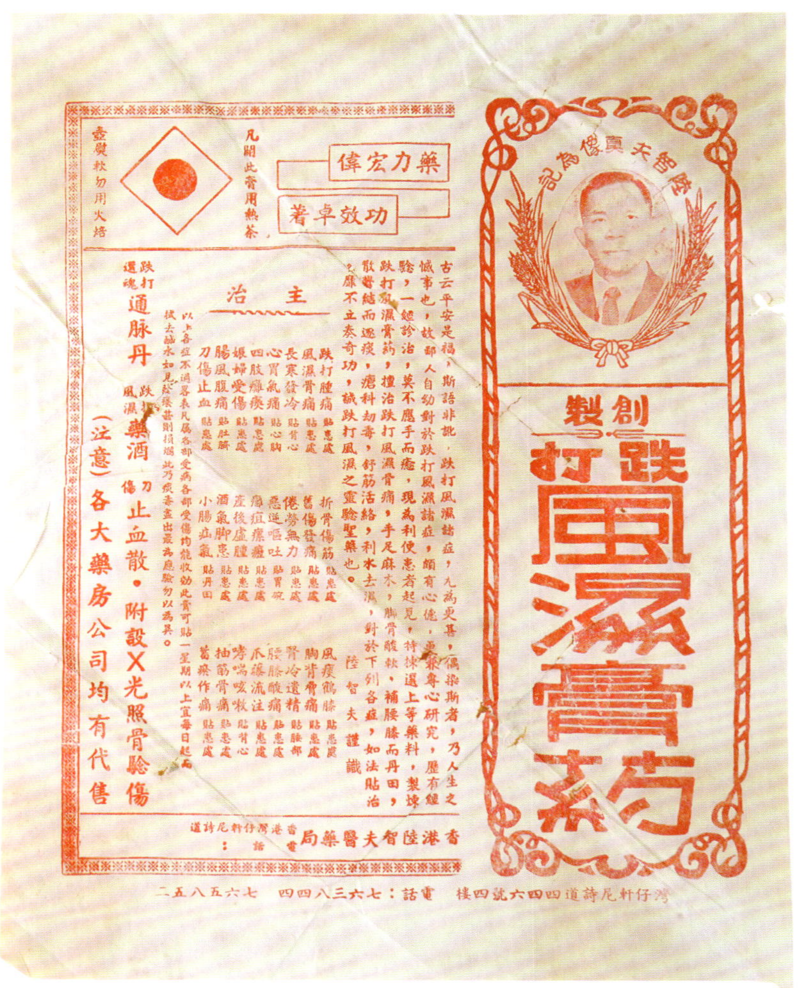

陸智夫醫局出品的風濕跌打膏藥使用方法：「凡開此膏，用熱茶碗熨軟，勿用火焙。」原理是讓膏藥軟化，藥力滲入。將塗有膏藥的膠布貼於患處，可貼一星期。

大方書局

《紅樓夢》第六十七回：「怨不得別人都說那寶丫頭好，會做人，很大方。」大方，說的是待人處事，態度自然不拘束，不俗氣，不吝嗇。大方書局的商號，用了中文「大方」，英文「Generous」，慷慨，表達了老闆態度，老老實實地營商。

大方書局位於莊士敦道 56 號，從 1960 年代紙袋上的廣告可見，書局售賣中西書籍、墨水金筆、文具儀器、體育用品，也會售賣一些小孩玩具、棋類遊戲貨品，為附近街坊提供方便。

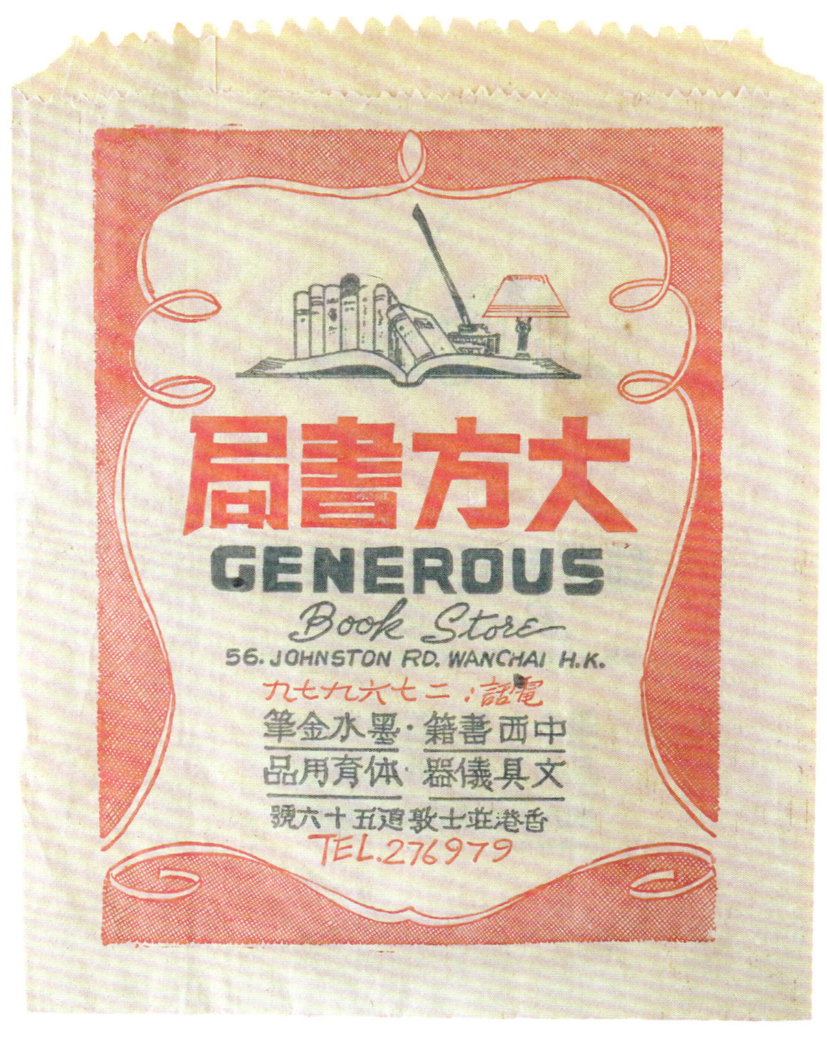

1960 年代大方書局在紙袋上的廣告。

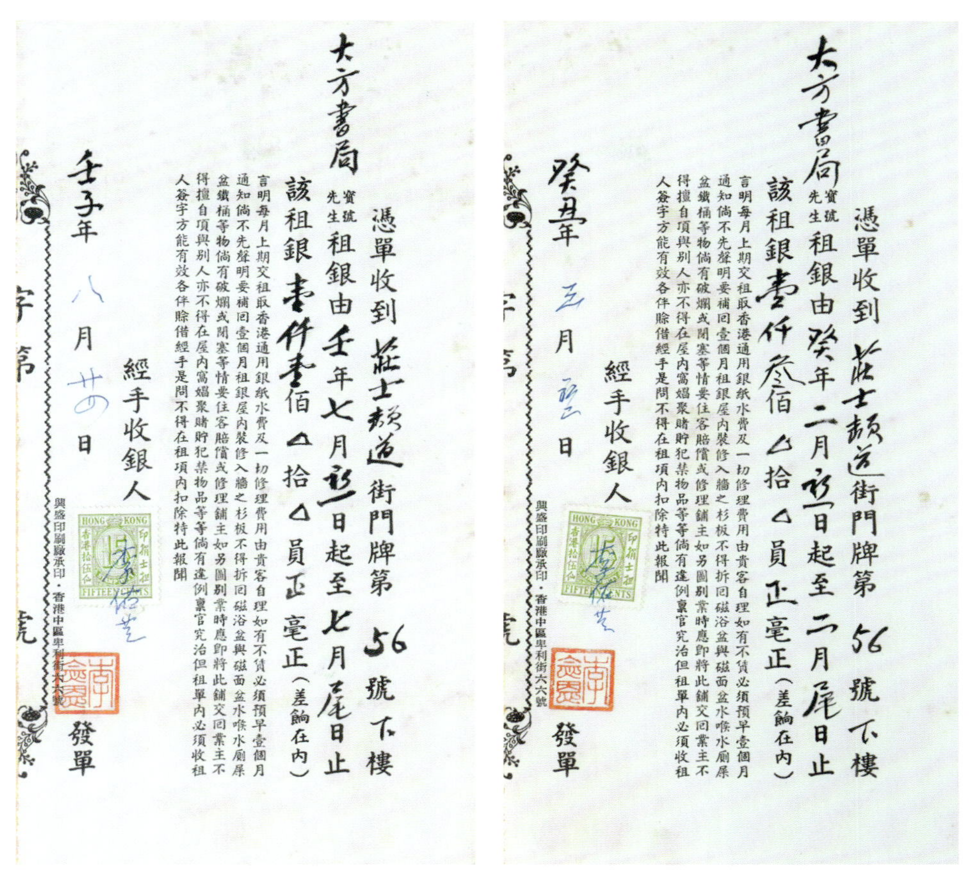

憑單收到 莊士敦道街門牌第 56 號下樓
大方書局 寶號 先生 租銀由壬子年七月初一日起至七月尾日止
該租銀壹仟壹佰〇拾〇員正毫正（差餉在內）
言明每月上期交租取香港通用銀紙水費及一切修理費用由貴客自理如有不貸必須預早壹個月通知倘不先聲明要補回壹個月租銀屋內裝修入牆之杉板不得拆回磁浴盆與磁面盆水喉水廁屎盆鐵桶等物倘有破爛或閉塞等情要住客賠償或修理鋪主如另圖別業時應即將此鋪交回業主不得擅自頂與別人亦不得在屋內窩娼聚賭貯犯禁物品等等倘有違例稟官究治但租單內必須收租人簽字方能有效各伴賒借經手是問不得在租項內扣除特此報聞
經手收銀人
壬子年 八 月 廿四 日
字第 號 發單
興盛印刷廠承印・香港中區卑利街六六號

憑單收到 莊士敦道街門牌第 56 號下樓
大方書局 寶號 先生 租銀由癸丑年二月初一日起至二月尾日止
該租銀壹仟叁佰〇拾〇員正毫正（差餉在內）
言明每月上期交租取香港通用銀紙水費及一切修理費用由貴客自理如有不貸必須預早壹個月通知倘不先聲明要補回壹個月租銀屋內裝修入牆之杉板不得拆回磁浴盆與磁面盆水喉水廁屎盆鐵桶等物倘有破爛或閉塞等情要住客賠償或修理鋪主如另圖別業時應即將此鋪交回業主不得擅自頂與別人亦不得在屋內窩娼聚賭貯犯禁物品等等倘有違例稟官究治但租單內必須收租人簽字方能有效各伴賒借經手是問不得在租項內扣除特此報聞
經手收銀人
癸丑年 [illegible] 月 [illegible] 日
字第 號 發單
興盛印刷廠承印・香港中區卑利街六六號

兩張大方書局的舖租單據，日期沿用舊曆（農曆），分別是壬子年（1972 年）七月份初一至尾日（最後一日），癸丑年（1973 年）二月份，租金在過了新一年後，從 1100 元漲到 1300 元。單據上關於稅項有兩種。

1. 差餉：政府向房地產業主徵收的稅項，歷史上稅款也曾用作「差人（即警察）的糧餉」，差餉名字沿用至今。大方書局的月租金額已包含差餉。

2. 印捐士擔。廣東話「士擔」，即英語 Stamp 的音譯，指郵票或印花稅票，兩者都是有齒孔的小紙片，要清楚指明是印花稅票，英語是 Revenue stamp 或 Fiscal stamp，「印捐士擔」是繳付印花稅的小票，意譯和音譯放在一起。有些文件如發出契約、許可證等是要付稅的。將事先購買好的「印捐士擔」貼上，表示文件已繳付過稅款。大方書局租金收據，經手收銀人加簽名字在稅金 15 仙的印捐士擔上，表示繳稅外，小票也不能重用。

用現在説法，看看這些租約條款：一，交上期租金，只收港幣；二，不包水費及屋宇維修費；三，若退租要提前一個月通知，否則付一個月租金作代通知金；四，入牆裝修不得拆除；五，廁所之浴缸、瓷盆、便廁、水喉破壞或淤塞須維修或賠償；六，租戶如改變原來店舖用途，應交還業主，更不可轉租他人；七，不得在單位內窩娼聚賭，及擺放違禁品；如有違例，送官究治；租單以收租人簽字方有效，有關賒借，不得在應付租金扣除

「各伴賒借，經手是問」常見於商業交易票據上用語，制止不法冒名行為。「各伴」即各人，如有人賒借貨物，揭借金錢（借錢），一切錢銀出入，惟經手人是問和承擔。這張租金收據還有一個特別之處，發單內容包括商舖名號地址、租期和租金，都是用毛筆書寫的。經手收銀人和交租日期則用原子筆書寫，可見書寫工具正在換代更新中。回想自己不也一樣，小學時用鉛筆、毛筆，中學時初用墨水筆，後用原子筆，現在日常多用 Gel 簽字筆了。

宏興鷓鴣菜

出品宏興鷓鴣菜的宏興有限公司，位於莊士敦道 191 至 193 號。「鷓鴣菜」名字最早見於福建《漳浦縣志》：「小兒食之，能下腹中蟲。」這是一種藥用海藻。地方志及本草書籍早有記載。

宏興鷓鴣菜是民國初期由張思雲發明調製的兒科中成藥。從配方中只見列有中藥成分，不見含有鷓鴣菜，大抵只取「鷓鴣菜」藥性能驅蟲，故引作產品名字。宏興鷓鴣菜主治小兒因蟲積或食積而致腹脹腹痛，消化不良，功能包括除蟲、健脾化痰、消積安神。

昔日社會衛生環境欠佳，對兒童驅蟲有一定療效的產品行銷國內外。

1938 年的宏興鷓鴣菜日曆。

宏興鷓鴣菜廣告，公司地址在莊士敦道 191 至 193 號。

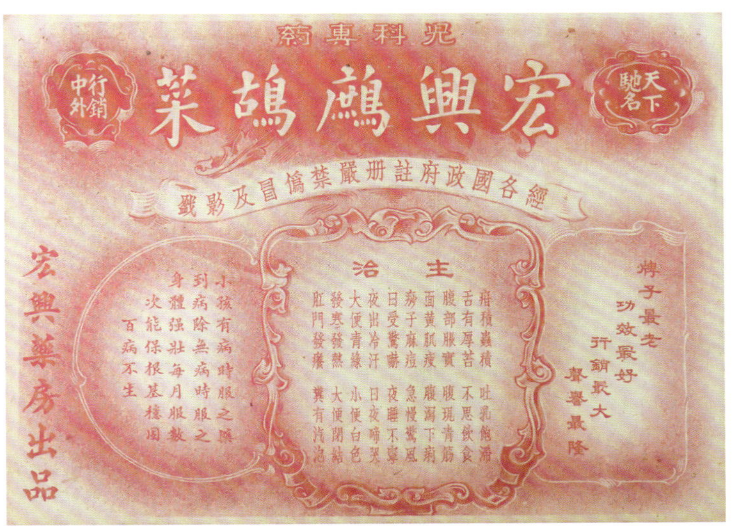

宏興鷓鴣菜廣告，產品行銷東南亞，在泰國曼谷、新加坡設有分行。

宏興藥房鷓鴣菜
滬行上海南京路
粵行廣州一德路
港行香港莊士敦道
保障嬰孩健康
增進兒童幸福
劃荻教子本事
宋廬陵歐陽修字永叔幼時家貧無力就外傳太夫人書劃荻以教之及長博覽群書以文章冠天下卒諡文忠為有宋一代名臣
能使小孩根基長養
能使小孩活潑康健
能使小孩精弱為强
能使小孩開胃多吃
能使小孩聰明快樂
能使小孩面色紅潤
能治小孩百病
能使小孩安眠
能止小孩夜啼
能使小孩體胖
中華國產
寰宇知名
功効優異
世上無雙
發明人張思雲

宏興鷓鴣菜月份牌年畫，標示在上海南京路、廣州一德路、香港莊士敦道設有分行。

1910 年代至 1930 年代流行於粵港滬的廣告宣傳畫，為了招徠顧客，推銷商品，華洋商號參考傳統年畫，配合便民需要的日曆、年曆，再加上產品的宣傳圖文，便成為「月份牌」，又稱月份牌年畫，或純粹宣傳年畫，於新年前隨商品送贈顧客。年畫的內容主要包含美女和歷史人物、民間傳説和都市生活等。推銷商品則以美容用品、香煙、藥品較多。圖畫承繼了年畫和國畫的技法，同時加入西方素描及水彩筆法，風格獨特，柔和華美。

宏興鷓鴣菜的年畫，題材是「畫荻教子本事」，相傳歐陽修幼年家貧，母親用一根荻草桿（蘆葦）當筆，教孩子畫字認字，歐陽修長大後博覽群書，文章冠天下，終為宋代名臣。畫中可見古代家居一角，屋外庭園修竹，有兩孩童逗玩籠中雞。屋內婦人靠在座椅指導小孩寫字，小孩手執荻草桿專心在鋪了細沙的地上練字，寫了「宏興鷓鴣菜，專治小孩百病」。室內繪有一幅書法掛軸，內容是《菜根譚》一則語錄：「讀書不見聖賢，如鉛槧庸；居官不愛子民，如衣冠盜；講學不尚躬行，如口頭禪；立業不思種德，如眼前花。」表達讀書人應有的德行。

圖右下方繪有宏興鷓鴣菜盒裝產品，署名「穉英」及附印章。穉英即杭穉英（1900－1947），是民初上海著名商業畫師，創立穉英畫室，擅長創作月份牌年畫，兼作商品包裝設計。

圖兩側書寫廣告標語「增進兒童幸福，保障嬰孩健康」。

圖下方文字部分説明《畫荻教字本事》及宏興鷓鴣菜十大效能。

灣仔攝影院

照相機的發明，留下真實記憶和記錄，攝影師眼中的角度，有着他心中的構圖，讓我們重溫昔日灣仔的街角。

上世紀五六十年代，一部照相機尚算昂貴，一筒菲林留下了一家人外遊的回憶。街坊打扮一番，走上影樓，也可以拍下一幅整齊的家庭照片。猶記得兒時每到開學，必到攝影院拍幅學生照。

作者 1960 年代曾經使用的柯達菲林相機。

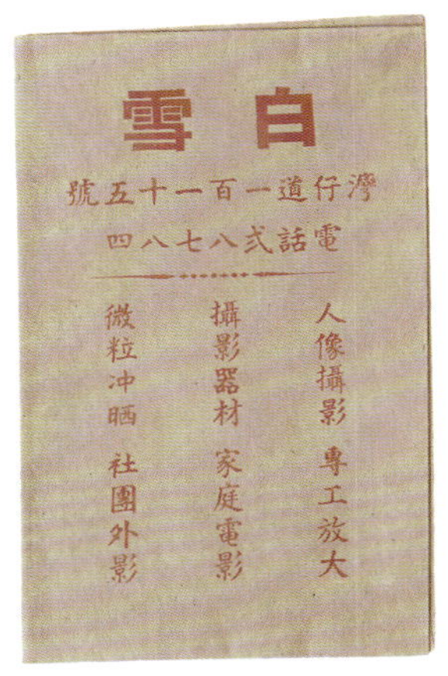

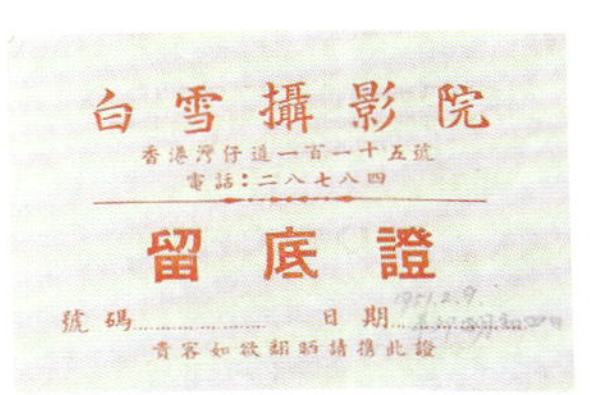

灣仔道 115 號有一間白雪攝影院。

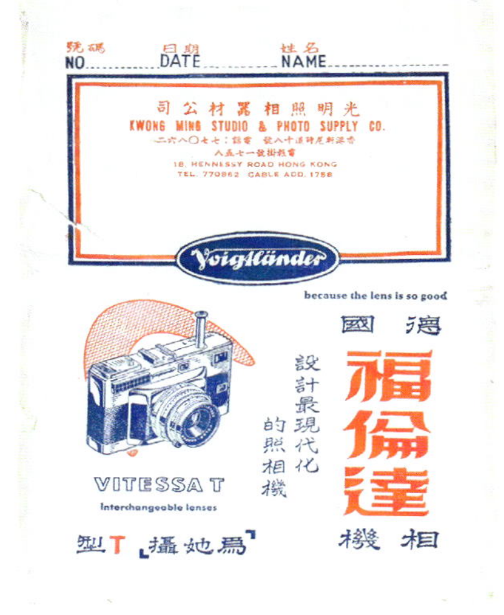

灣仔尚算是遊人喜愛購物的地方，開設不少攝影院。

灣仔昔日老店鋪

1950 年代至 1960 年代，灣仔無論大街小巷，街道兩旁都掛滿大小招牌，可見這個社區的繁盛熱鬧。街坊生活與店鋪商業活動息息相關，反映了不同時代市民日常生活的狀況和習慣，如糧油鋪、燒臘店、電髮院、茶樓、中醫鋪、美容院、辦館士多、五金店、金鋪、玻璃鏡鋪、糖果店、印刷店……

最普遍是糧食雜貨鋪，過去賣的都是散裝的米油糖酒、醬料醃菜、海味罐頭，還有火水。某些還在馬路邊搭建牌檔，賣蔬菜瓜果、豆腐芽菜、雞蛋鹹蛋、毛巾內衣，再而推木頭車擺賣水果，賣牛雜魚蛋，形成露天街市，充滿人間煙火氣。

露天街市裏，店鋪、排檔、小販擠在一起，人流愈多，生意愈好。

春園街店舖林立：得名（合記）茶樓、白燕電髮院、冠香咖啡等，遠處半山上的寶雲輸水道清晰可見。

街道兩旁有中醫診所、美容院，更多是糧食雜貨店，售賣白米、油、糖、荳、麵、酒等。

№ 3915

永豐老金舖

電話七〇五九三

香港灣仔莊士頓道一七二號

Wing Fung JEWELLERY

172. JOHNSTON RD. H.K. TEL 70593

本號自煉純淨金葉金條，經營珠寶玉石，新型圖案首飾，銀製社團獎品、徽章，服務忠誠，志圖久遠，金飾保證十足，如有低偽，永遠包換，諸君光顧，幸留意焉

一九五　年　月　日

先生 小姐 台照

該金工佣共銀

蒙取　金　每錢　算

每元惠佣弍仙

永豐金舖單

永豐老金舖現沽單。店舖位於莊士頓道 172 號。「本號自煉純淨金葉金條，經營珠寶玉石，新型圖案首飾，銀製社團獎品、徽章，服務忠誠，志圖久遠，金飾保證十足，如有低偽，永遠包換，諸君光顧，幸留意焉。」

中央有白描「十足赤金」四字，那是黃金首飾含金量最高的傳統叫法，但一般都含有 1% 以下的其他金屬，不會是純金。按現在説法，對含金量 99% 的黃金稱「99 金」，含金量 99.9% 的黃金稱「999 金」。現沽單可見，客人買了足金「枱面」一隻，枱面應指枱面戒指，戒指上方的平面設計多為吉祥語和吉祥圖案。

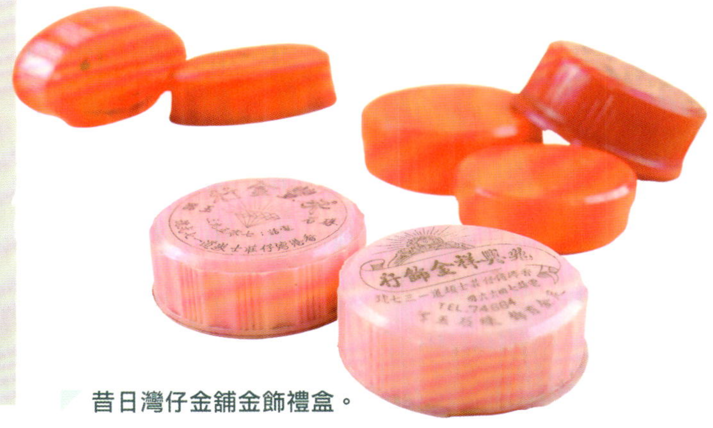

昔日灣仔金舖金飾禮盒。

大新金飾行

The Sun Jewellers & Goldsmiths

№ 02492

161 Johnston Road. Wanchai Tel. 26304

灣仔莊士頓道一六一號 電話二六三〇四

專營十足金條珠石玉器黃白金飾新型鑲作首飾禮物仕女光顧歡迎之致

先生 女士光顧

品名	重量	號數	每兩	一九五　年　月　日 連工佣合共銀

CASH MEMO

大新金舖現沽單。金舖在莊士敦道 161 號。「專營十足金條、珠石玉器、黃白金飾，新型鑲作，首飾禮物，仕女光顧，歡迎之致（至）」。單據中央也有白描「十足金條」四字。

時來遮廠鋼骨遮紙包裝。昔日著名遮廠，專做鋼骨遮，註冊商標是雙狗嘜。總廠在文咸東街 67 號，分號有德輔道中 132 號、灣仔道 105 號 A。

昔日購買新鮮水果常用的「雞皮紙」紙袋，因為「牛皮紙」較厚，較堅韌。較薄的紙便稱為「雞皮紙」。紙袋裝滿水果後，另加一張粉紅色紙封頂，再用紅色草繩、麻繩上下綑綁打結，繞一個圈，方便手挽，或附加竹筒鐵線製成手挽，手指會舒服些。

此為利興鮮果雞皮紙袋，上寫「選辦環球時菓，各國罐頭食品」。店舖位於菲林明道 10 號。

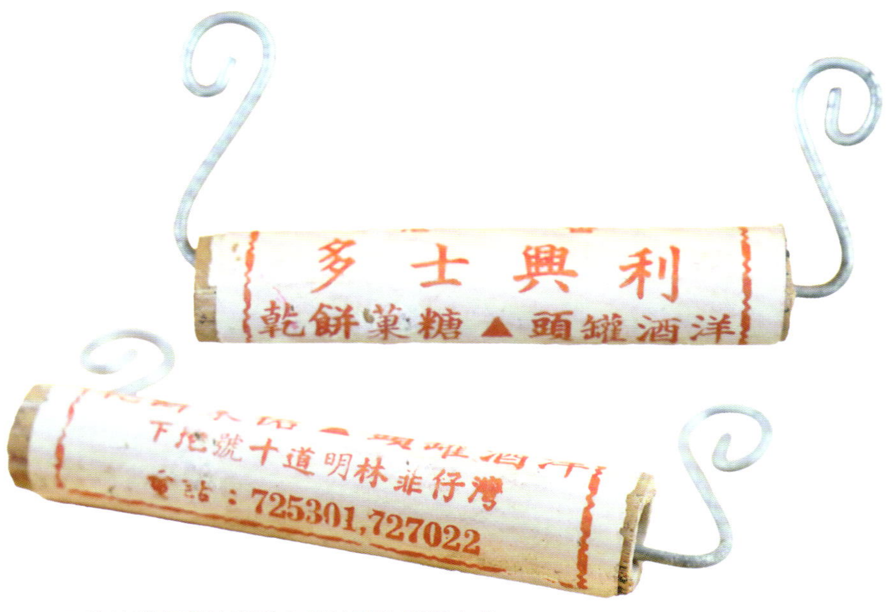

位於灣仔菲林明道十號地下的利興士多。

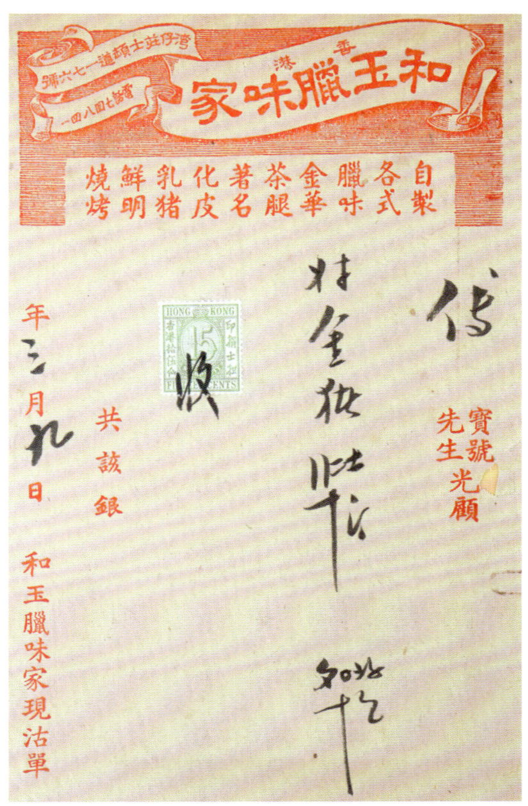

香港灣仔莊士頓道一七六號
電話七四八一一
和玉臘味家
自製各式臘味 金華茶腿 著名化皮乳猪 鮮明燒烤
寶號
先生光顧
共該銀
年 月 日
和玉臘味家現沽單

和玉臘味家現沽單。店舖位於莊士頓道 176 號，「自製各式臘味、金華茶腿、著名化皮乳豬、鮮明燒烤」。當中的茶腿，是浙江金華市浦江縣裏，金華火腿中的一個品種「竹葉薰腿」，用竹葉燻煙工藝製成，含竹葉清香。

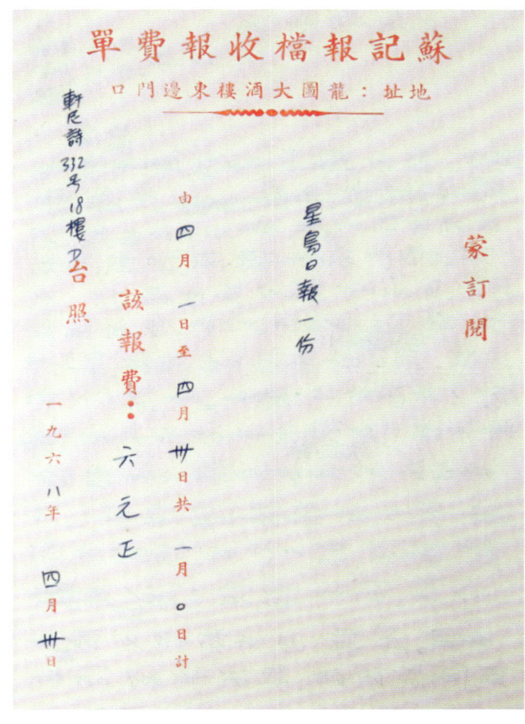

蘇記報檔收報費單
地址：龍圖大酒樓東邊門口
家訂閱
由 月 日至 月 日共 月 日計
該報費：
照

蘇記報檔收報費單，可見報檔地址「龍圖大酒樓東邊門口」。1968 年訂閱《星島日報》，一個月費用 6 元正。

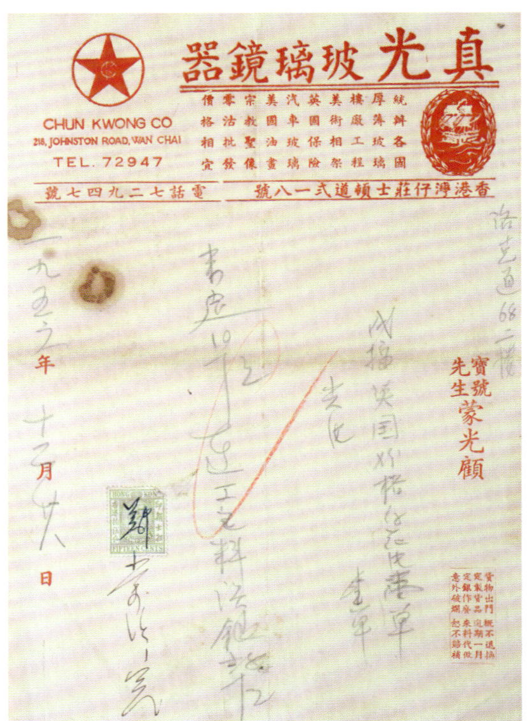

真光玻璃鏡器
CHUN KWONG CO
218, JOHNSTON ROAD, WAN CHAI
TEL. 72947
統辦各國厚薄玻璃 樓廠工程 美術相架 英國保險汽車玻璃 美國油畫 宗教聖像 零沽批發 價格相宜
香港灣仔莊士頓道二一八號 電話七二九四七號
寶號
先生光顧
年 月 日

真光玻璃鏡器現沽單，店舖位於莊士頓道 218 號。「統辦各國厚薄玻璃、樓廠工程、美術相架、英國保險汽車玻璃、美國油畫、宗教聖像。零沽批發，價格相宜」

聖之高糖菓公司發貨單，位於聯發街 3 號。公司英文名稱為 San Diego，不清楚公司與美國城市聖地牙哥有何關聯，中文名稱聖之高，又寫作聖芝高，似乎也不在意。客戶買了瑞士糖，大家都可能記得這種甜甜的果汁味。至於骨子糖和超榮糖又是什麼糖果呢？

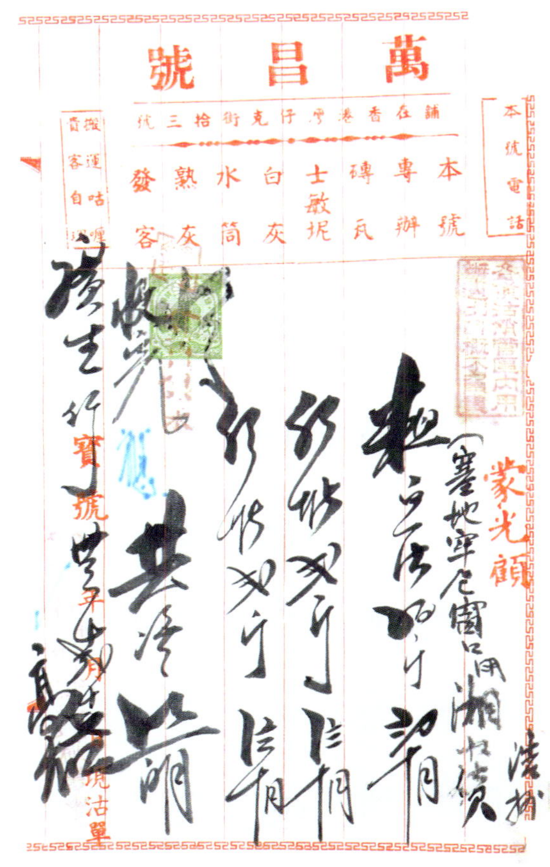

萬昌號

舖在香港灣仔克街拾三號

本號專辦磚瓦、士敏坭、白灰、水筒、熟灰發客

搬運咕喱貴客自理

本號電話

寶號

位於克街 13 號的萬昌號售貨單，寫「本號專辦磚瓦、士敏坭、白灰、水筒、熟灰」、「搬運咕喱．貴客自理」。商號銷售建築材料，尤其各種製作混凝土用的水泥、石灰。「水筒」應為水桶，泥漿桶。

合利公司

Hop Lay Co.

234 QUEEN'S ROAD EAST HONG KONG

香港大道東二三四號三樓

合法隆 寶號 先生

由四月初一日起至四月三十日止

每月工銀

墨盒 漿糊 印色 份

壹毫

丁酉年四月份

合利香墨公司收條

電話：七八一四六

合利香墨公司收條。公司售賣「墨盒、漿糊、印色」，位於大道東 234 號 3 樓。

醫療、教育和福利事業

灣仔「醫院山」

灣仔有一處俗稱「醫院山」的山丘，自1843年開始，先後出現海員醫院、皇家海軍醫院、律敦治療養院和律敦治醫院，一直作為醫療用途，歷史悠長。

1843年，外科醫生 Peter Young 獲渣甸洋行資助和政府撥地，在昔日灣仔臨海山丘建立私營醫院，為駐港英國海軍和海員治病。但海員醫院後因經費短缺而停辦，1873年，英國皇家海軍將其中作為醫療船的軍艦 HMS Melville 沽售，獲得資金用作購入該地段兩山丘，及在香港陸上建立海軍醫院，兩山丘以兩名海軍指揮官名字命名，分別為 Shadwell 中將（Charles Frederick Alexander Shadwell）、Parish 准將（John Edward Parish）。

兩座山丘之上，Mount Shadwell 興建了 General hospital，後稱皇家海軍醫院，因此 Mount Shadwell 在日後俗稱「醫院山」；Mount Parish（巴里士山）則曾興建 Infectious hospital（傳染病醫院）。

香港戰前至戰後，因患肺結核（俗稱「肺癆」）而死亡的人數很多，來自印度的商人律敦治（J. H. Ruttonjee）有感於女兒亦因罹患癆病逝世，捐獻資金，並聯同社會賢達周錫年、胡兆熾諸位先生，於1948年成立香港防癆會。二戰後，皇家海軍醫院遭受破壞，防癆會獲批在原址改建，於1949年成立律敦治療養院，專責治理癆病及提供療養。隨着癆病漸受控制，患者減少，1991年療養院重建成為一所全科律敦治醫院，1998年律敦治醫院與毗鄰的鄧肇堅醫院合併管理，更有效為灣仔區提供急症及部分專科服務。

至於律敦治醫院旁，協會所在的大樓——李東海大樓建於1951年，已被評為三級歷史建築。發展至今日，香港防癆、心臟及胸病協會營運的機構，依然為病患者提供治療康復和長者護理服務，律敦治家族亦依然繼續慷慨捐贈善款，永續傳承，福澤社會。

而 Mount Parish 上的傳染病醫院，也是在二戰期間損毀，政府批地資助興建新校舍，天主教耶穌會營辦的香港華仁書院於 1955 年落成啟用。山下今仍保存 1905 年所立刻有船錨的海軍用地界石。

皇家海軍醫院（Royal Naval Hospital），1873 至 1949 年。

1903 年皇家海軍醫院門口船錨圖案界石，使用立體視覺瀏覽器可以觀看立體影像。

皇家海軍醫院建築遺物，包括：

1. 律敦治醫院皇后大道東石牆三塊標記為「I. L. 86」（I. L.: Inland Lot 內地段），並刻有船錨圖案的原海軍地段界石，於 2021 年被移走。
2. 律敦治醫院灣仔道 55 號行人出入口拱門及樓梯組件，原海海軍醫院北面入口於 2016 年被拆除 。

上述兩類皇家海軍醫院僅存文物，為文物保育團體關注，是否原地或易地安置，目前亦未知結果。此外，律敦治醫院平台花園內保留了一座花崗岩石柱雕飾，原屬海軍醫院南面入口兩邊垂直門柱，另一座則保留在肇輝台 1 號的傅麗儀護理安老院（香港防癆、心臟及胸病協會營運管理）。

現時放在律敦治醫院急症室門外的花崗岩船錨雕飾界石。

皇后大道東石牆上的 I. L. 86 界石。

養和醫院百年信念

香港西醫書院（孫中山是第一屆畢業生）創立於 1887 年，初期華人學歷卻不被英國醫務委員會承認，留港畢業生多在華人公立醫局的各區醫院和診所（例如 1922 年開辦的贊育醫院和 1934 年開辦的深水埔公立醫局）當醫生，深受坊眾歡迎。一群熱心的華人醫生及社會賢達，在 1920 底成立香港華人醫學會，其一的目標要成立首間由華人醫生經營的醫院。1922 年，屬療養院性質，專為華人服務的香江養和園（The Yeung Wo Nursing Home），由華人私家醫生診治和專業訓練的護士護理，正式誕生。

香江養和園地點原為昔日遊樂場和消閒勝地愉園（Happy Retreat）（1898－1921），環境怡人，電車站亦曾以愉園為站名。因 1918 年馬場大火慘劇心理影響，遊人減少，遂轉讓予香江養和園的籌辦人經營療養院。

1932 年養和園擴建中院大樓啟用。1935 年 9 月改組，正式註冊為養和醫院（Hong Kong Sanatorium & Hospital），特別保留 Sanatorium（療養院）這個名字，以秉承療養服務的歷史和宗旨。

建於 1898 年的遊樂場愉園。

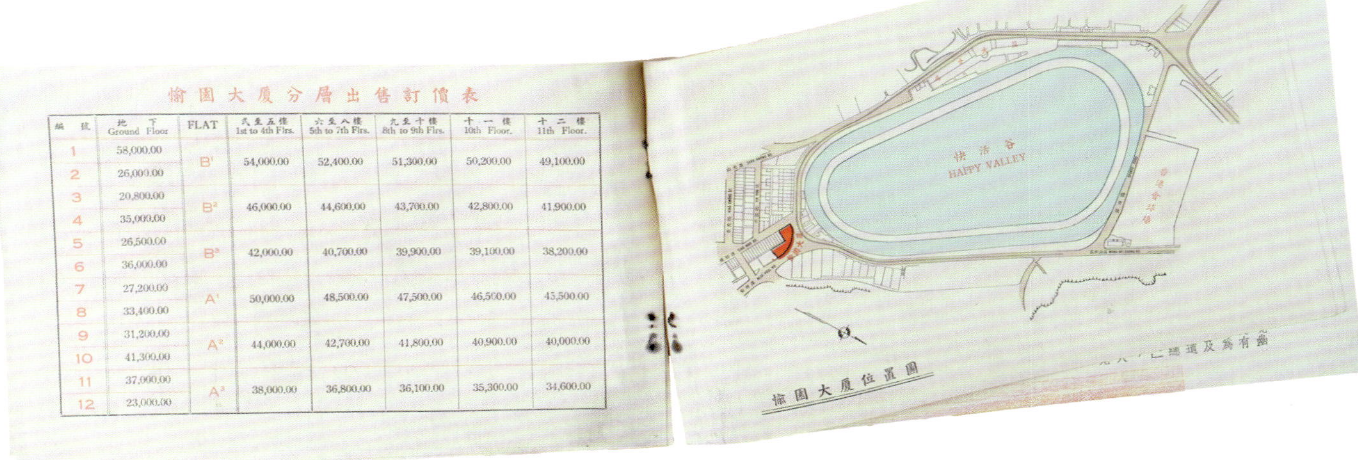

愉園大廈分層出售訂價表

編號	地下 Ground Floor	FLAT	弍至五樓 1st to 4th Flrs.	六至八樓 5th to 7th Flrs.	九至十樓 8th to 9th Flrs.	十一樓 10th Floor.	十二樓 11th Floor.
1	58,000.00	B^1	54,000.00	52,400.00	51,300.00	50,200.00	49,100.00
2	26,000.00						
3	20,800.00	B^2	46,000.00	44,600.00	43,700.00	42,800.00	41,900.00
4	35,000.00						
5	26,500.00	B^3	42,000.00	40,700.00	39,900.00	39,100.00	38,200.00
6	36,000.00						
7	27,200.00	A^1	50,000.00	48,500.00	47,500.00	46,500.00	45,500.00
8	33,400.00						
9	31,200.00	A^2	44,000.00	42,700.00	41,800.00	40,900.00	40,000.00
10	41,300.00						
11	37,000.00	A^3	38,000.00	36,800.00	36,100.00	35,300.00	34,600.00
12	23,000.00						

愉園大廈售樓書，標示其中一個賣點是俯瞰馬場。

馬場內望，照片右方是愉園大廈。

1918 年馬場大火。

照片中可見香江養和園與大樓前園林蜿蜒的小徑。右後方是鳳輝台。養和醫院經過多年的發展，至今成為卓越的醫療機構，為病人提供優質服務。2022 年是香港養和醫院的百周年紀念，醫院曾在香港醫學博物館以「醫療．培訓．科研」為主題籌辦百年歷史展。

養和醫院歷經擴建，中院大門（1932）至今依然保留，象徵走過的歷史。

養和醫院大堂。

香港同濟中學點滴

「同濟」語出《孫子 ・ 九地》「同舟而濟」，變成成語「同舟共濟」，以同舟渡水喻共同奮鬥。日本宣佈投降後，原居於海外各殖民地及佔領地的日軍俘虜和日本僑民陸續遣返日本，在灣仔營商的日本人都結束生意回國。一向熱衷教育事業的霍逸樵，早於 1932 年在灣仔，先後於軒尼詩道、灣仔道 191 號，創辦了香港同濟中學，自任監督及校長。香港淪陷後，學校曾停辦，戰後又在原為千歲館本店舊址復校。關於學校地點，校方列明校址為堅尼地道 15 號 A，另指出「即大道東洋船街厚豐里六號可由大王東街直上」亦可到達。

同濟中學的校徽是一艘滿帆的船，御風而行。有明德、親民四字和拉丁文「virtus et amor populi」(意即美德和愛、人民)。其含義來自《禮記 ・ 大學》:「大學之道，在明明德，在親民，在止於至善。」同濟中學於 1981 年停辦，由私營聖類斯教育機構(並非石塘咀聖類斯中學辦學團體)接管。同一時期，該機構已在灣仔開設聖類斯校友會中學(灣仔)，又於 1984 年在山道開設聖類斯校友會中學(西區)，接管後，同濟中學至少經營至 1985 年，因為當年仍與聖類斯校友會中學共同舉辦畢業禮，之後停辦，校舍空置，直至 1990 年代拆除。該聖類斯教育機構應於 1990 年代全面停業。

空置的校舍多次被電影公司看中，拍攝厚豐里一帶的懷舊景物。1988 年章國明導演電影《點指賊賊》，一開始可見鏡頭從合和中心向下拉開，樓梯街上下人群走動，「秋風輕送，轉眼又到中秋，人生短暫，個個不會憂愁，只因有人千辛萬苦……」電影裏，厚豐里一帶的唐樓活現眼前。

1992 年，于仁泰任導演的《伙頭福星》，故事發生的地方「太平坊」，取景場地便是千歲館本店，或說是同濟中學校舍。但千歲館也好，同濟中學也好，它們連同附近的唐樓，台基已然消失，成為 2024 年底落成、拔地而起五星級酒店合和酒店。

《同濟校刊》1951 年 11 月 1 日出版。封面版畫是自由神像，頭戴象徵七大洲的冠冕，左手捧着《獨立宣言》，右手高舉象徵自由的火炬。

《同濟校刊》1953 年 1 月 26 日出版。封面是全港校際學術比賽及港運會獲獎者合照

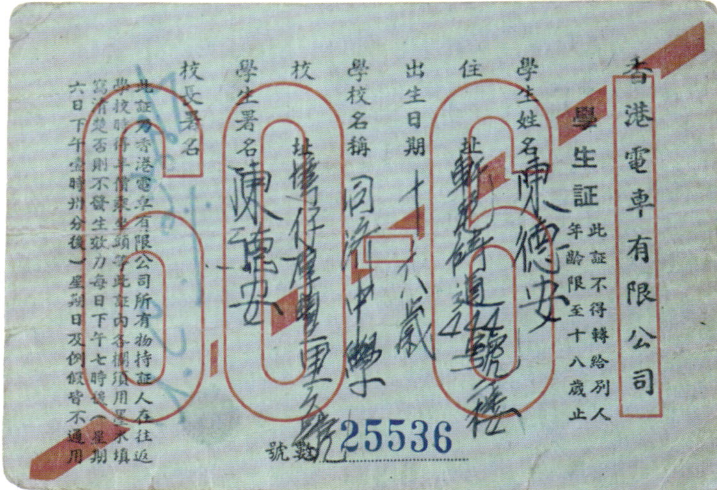
香港電車有限公司
學生証
此証不得轉給別人 年齡限至十八歲止
學生姓名 陳德安
住址
出生日期 十八歲
學校名稱 同濟中學
校址 灣仔厚豐里六號
學生署名 陳德安
校長署名
此証為香港電車有限公司所有物持証人在往返學校時得乘坐頭等半價惟本証內各欄須用墨水填寫清楚否則不發生效力每日下午七時後（星期六日下午壹時卅分後）星期日及例假皆不通用
號數 25536

香港電車有限公司學生證。此學生優惠證只供 18 歲或以下，持證往返學校坐頭等半價，使用時限：每日下午 7 時後（星期六下午 1 時後），星期日及例假均不通用。學生填報了同濟中學校址，用灣仔厚豐里 6 號，而非堅尼地道 15 號 A。

灣仔官立學校的歷程

位於皇后大道東 269 號，與堅彌地街交界曾經有一所由政府營辦的灣仔官立學校，歷史相當悠久。1847 年開埠之初，香港政府成立「教育委員會」，調查香港私塾情況，並開始提供津貼予塾師。1857 年頒佈《皇家書館則例》(Rules and Regulations for Government Schools)，為津貼私塾及政府提供校舍及師資的學校作出指引，這時期的學校稱為皇家書館，可説是香港最早期的官立學校，基本上學童亦不需繳付學費。1865 年，「官校署」成立，其後稱教育司署，標誌着實施香港教育決策的制定和統籌教育事務的新里程。灣仔官立學校則在 1872 年創立。

1913 年，立法局通過《1913 年教育條例》規定，所有學校一律要依法向教育司署註冊，並遵守條例的各項規定。

1959 年，灣仔官立學校停辦，拆卸重建為灣仔官立小學，於 1962 年落成，當時商人呂祺慷慨捐助，次年學校冠名呂祺官立小學，至 1983 停辦。政府將校舍改作呂祺教育服務中心，成為與教育相關事務的政府辦公室。

2021 年，地政總署就該地段向城市規劃委員會申請，擬將呂祺教育服務中心重建為商住單幢樓宇項目。2022 年由太古地產投得，建築物於 2023 年拆卸。呂祺官立小學的畢業校友們對拆卸的校舍依依不捨，畢竟這裏留下太多美好的學生回憶。

截至 2024 年底，教育局分區學校名冊中，灣仔區現有官立中學三間：

1. 何東中學（女校）（銅鑼灣嘉寧徑 1 號）
2. 皇仁書院（男校）（高士威道 120 號）
3. 鄧肇堅維多利亞中學（男女校）（灣仔愛群道 5 號）

官立小學四間：

1. 軒尼詩道官立小學（銅鑼灣東院道 3 號）
2. 軒尼詩道官立小學（灣仔譚臣道 169 號）
3. 北角官立小學（北角雲景道 22 號）
4. 官立嘉道理爵士小學（掃桿埔東院道 9 號）

十年樹木，百年樹人。香港教育在過去百年，港英政府十分重視孩童的教育，加上華人社群的樂善好施，和教會團體抱着博愛與仁慈的精神，三方面共同努力興校辦學，對香港社會發展及培育下一代着實有莫大的貢獻。

圖片顯示重建為呂祺官立小學前的灣仔官立學校，是單層校舍，白色矮牆圍繞，黑色瀝青瓦屋頂，正門上三角楣有小型建築式樣裝飾，入口側有一棵大榕樹，樹幹枝椏從街外跨過矮牆伸到校內操場。

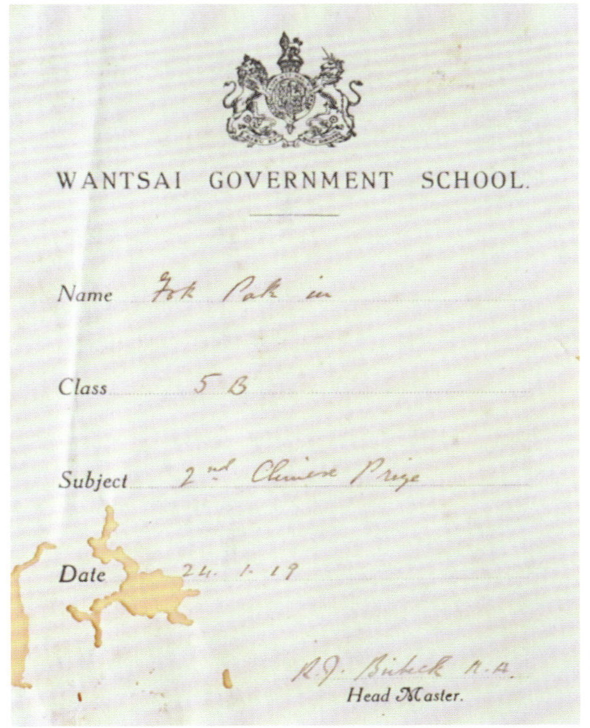

WANTSAI GOVERNMENT SCHOOL.

Name Fok Pak in

Class 5 B

Subject 2nd Chinese Prize

Date 24. 1. 19

R.J. Bibeck M.A.
Head Master.

1924 年 1 月 29 日灣仔學校校長簽署的獎狀，5B 班霍同學取得中文科二等獎。

THE

Hongkong Weekly Press

AND

China Overland Trade Report.

PRICE: 20 CENTS PER COPY.

Registered as a Newspaper at the General Post Office in the United Kingdom

VOL. CXVII.] HONG KONG, FRIDAY NOVEMBER 15, 1935. [No. 20

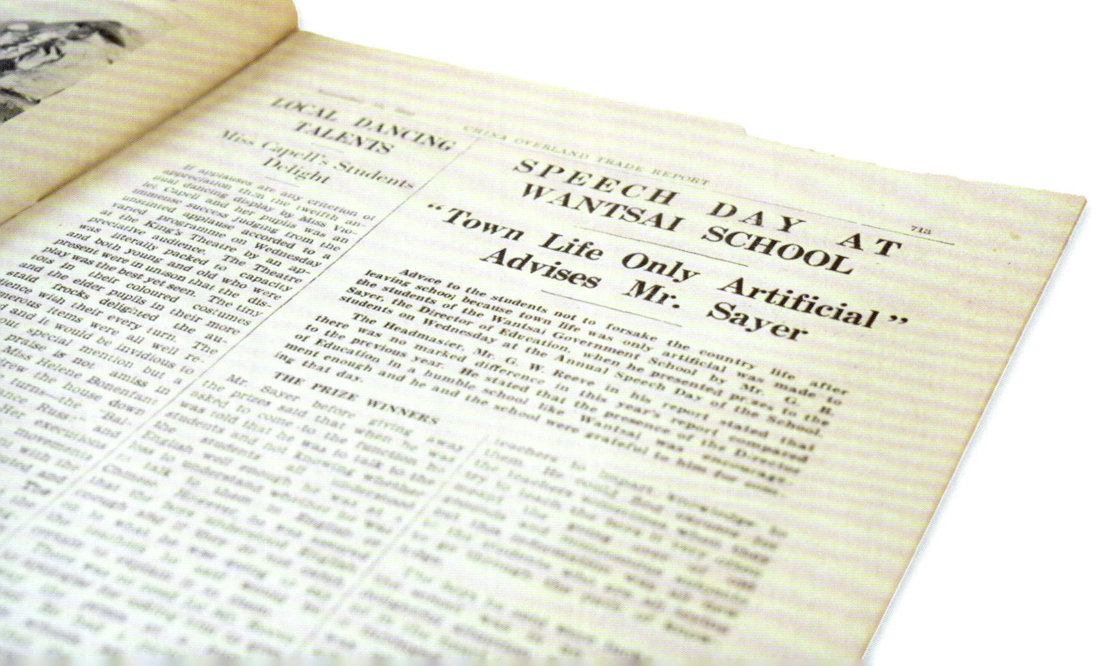

CHINA OVERLAND TRADE REPORT

715

LOCAL DANCING TALENTS

Miss Capell's Students Delight

SPEECH DAY AT WANTSAI SCHOOL

"Town Life Only Artificial" Advises Mr. Sayer

Advice to the students not to forsake the country life after leaving school because town life was only artificial was made to the students of the Wantsai Government School by Mr. G. R. Sayer, the Director of Education, when he presented prizes to the students on Wednesday at the Annual Speech Day of the School.

The Headmaster, Mr. G. W. Reeve in his report stated that there was no marked difference in this year's report compared to the previous year. He stated that the presence of the Director of Education in a humble school like Wantsai was encouragement enough and he and the school were grateful to him for coming that day.

THE PRIZE WINNERS

1935 年 11 月 15 日，香港報章 *The Hongkong Weekly Press and China overland trade report* 報道，教育署署長 Geoffrey Robley Sayer 獲邀出席灣仔官立學校一年一度演講日暨頒獎典禮，報章引用其演説內容，以「城市生活都是人工化」作為標題，指署長雖然曾憂慮與學生交流需使用英語，但校長表示同學有能力理解署長表達的內容，不懂之處，老師亦會輔以解釋。

署長又指出，學校雖然設施簡陋，例如欠缺集會的禮堂，但這非重點，最重要是學生學習態度的熱誠，和教師傳授知識的熱忱，即使學習過程會重複和單調，卻是求學問的不二法門。而學校位於優越的城鎮中心，是開發自然地帶而來，希望同學離開校園後，不要忘記田園生活，因為城市生活太人工化，而田園生活接近大自然，身心會更健康。

1930 年代，在灣仔華人聚居處，一所官辦學校能夠培訓出一班能夠理解英語的學生，實屬不易。同時可見西方文化不止語言文字，思想制度、生活習慣，也逐漸融入香港華人的生活領域，使香港具有中西文化交匯結合的特質。

救世軍在灣仔

救世軍是一間國際基督教教會和慈善組織，1865 年由循道會卜維廉（William Booth，1829－1912）牧師夫婦在英國倫敦成立，向窮困人士提供支援及傳揚福音。救世軍採用軍隊架構和軍事用語，故稱為「軍」，至今遍佈全球百多個國家和地方工作。救世軍自 1930 年服務香港社會，最早在九龍太子道開設了院舍 Salvation Army Women's Industrial Home，照顧有需要的婦人和女童，後來搬遷至附近基堤道 2 號，一般中文稱之為救世軍培德院。

1940 年代，日軍侵華期間致大批難民來港，在灣仔軒尼詩道與譚臣道交界（今軒尼詩道官立小學），曾搭建棚屋「救世軍施食廠」提供食物予貧苦大眾。戰後救世軍曾借用舊二號差館（莊士敦道與灣仔道交匯處）開辦救世軍學校、女性露宿者收容所和社會服務中心。1950 年代社會穩定。救世軍於是設立更多學校，並開展多元化社會服務，以迎合日漸增加的社會需要。自 1985 年起，救世軍總部設置於九龍油麻地永星里 11 號 ，並於 2023 年由救世軍港澳軍區升格為「救世軍香港及澳門地域」。

1965 年是國際救世軍成立一百周年，政府將灣仔一段西北連接活道的街道，命名為「救世軍街」，以表揚救世軍為香港市民作出的貢獻。救世軍街上提供的服務設施包括救世軍天鑰家庭及兒童發展中心、救世軍教育及發展中心、救世軍專業及社區教育中心、救世軍社會服務中心、救世軍灣仔隊、英語隊及救世軍灣仔家品店。

二號差館，1868 年落成於莊士敦道與灣仔道交匯處。

二號差館，1932 年搬遷至告士打道，照片中間遠處的白色建築便是將差館改成的救世軍學校。

救世軍學校拆卸後，1964 年原址改建中匯大樓，是區內較有特色的圓形街角樓。

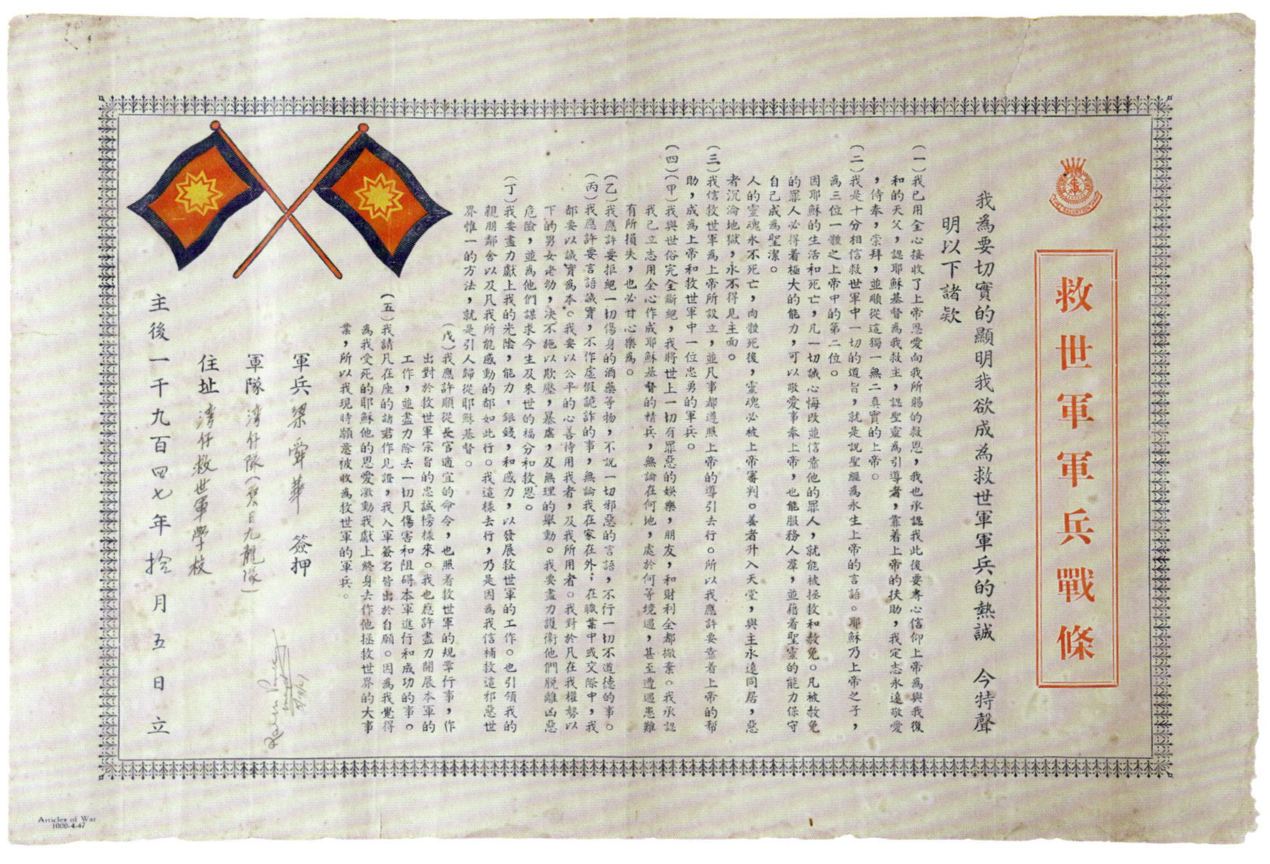

救世軍軍兵戰條

我為要切實的顯明我欲成為救世軍軍兵的熱誠　今特聲明以下諸款

（一）我已用全心接收了上帝恩愛向我所賜的救恩，我也承認我此後要專心信仰上帝為與我復和的天父，認耶穌基督為我救主，認聖靈為引導者，靠着上帝的扶助，我定志永遠敬愛，侍奉，崇拜，並順從這獨一無二真實的上帝。

（二）我是十分相信救世軍中一切的道旨，就是說聖經為永生上帝的言語。耶穌乃上帝之子，為三位一體之上帝中的第二位。因耶穌的生活和死亡，凡一切誠心悔改並信靠他的罪人，就能被拯救和赦免。凡被赦免的罪人必得着極大的能力，可以敬愛事奉上帝，也能服務人羣，並藉着聖靈的能力保守自己成為聖潔。人的靈魂永不死亡，肉體死後，靈魂必被上帝審判。善者升入天堂，與主永遠同居，惡者沉淪地獄，永不得見主面。

（三）我信救世軍為上帝所設立，並凡事都遵照上帝的導引去行。所以我應許要靠着上帝的幫助，成為上帝和救世軍中一位忠勇的軍兵。

（四）（甲）我與世俗完全斷絕，我將世上一切有罪惡的娛樂，朋友，和財利全都撇棄。我承認我已立志用全心作成耶穌基督的精兵，無論在何地，處於何等境遇，甚至遭遇患難有所損失，也必甘心樂為。

（乙）我應許要拒絕一切傷身的酒藥等物，不說一切邪惡的言語，不行一切不道德的事。

（丙）我應許要言語誠實，不作虛假詭詐的事，無論我在家在外；在職業中或交際中，我都要以誠實為本。我要以公平的心善待用我者，及我所用者。我對於凡在我權勢以下的男女老幼，決不施以欺壓，暴虐，及無理的舉動。我要盡力護衛他們脫離凶惡危險，並為他們謀求今生及來世的福分和救恩。

（丁）我要盡力獻上我的光陰，能力，銀錢，和感力，以發展救世軍的工作。也引領我的親朋鄰舍以及凡我所能感動的都如此行。我這樣去行，乃是因為我信補救這邪惡世界惟一的方法，就是引人歸從耶穌基督。

（戊）我應許順從長官適宜的命令，也照着救世軍的規章行事，作出對於救世軍宗旨的忠誠榜樣來。我也應許盡力開展本軍的工作，並盡力除去一切凡傷害和阻礙本軍進行和成功的事。

（五）我請凡在座的諸君作見證，我入軍簽名皆出於自願。因為我覺得為我受死的耶穌他的恩愛激動我獻上終身去作他拯救世界的大事業，所以我現時願意被收為救世軍的軍兵。

軍兵　梁舜華　簽押

軍隊　灣仔隊（舊日九龍隊）

住址　灣仔救世軍學校

主後一千九百四九年拾月五日立

Articles of War
1000-4-47

救世軍軍兵戰條。1949 年 10 月 5 日，梁某成為救世軍軍兵一員，將隸屬位於救世軍學校的灣仔隊，簽押在聲明書上。聲明書包括五點，概括如下：

1. 信仰上帝；
2. 遵從耶穌和聖經旨意；
3. 救世軍為上帝導引而成立；
4. 脱離世俗與邪惡，忠誠為善，積極投入救世軍事工；
5. 請在座見證願意成為救世軍的精兵；

目前救世軍在香港共有十七個部隊及一個分隊，灣仔隊及英語隊都設在灣仔活道 31 號。每個部隊由救世軍軍官（牧師）負責，除了宗教活動外，更提供社區服務及活動。

飲食習俗

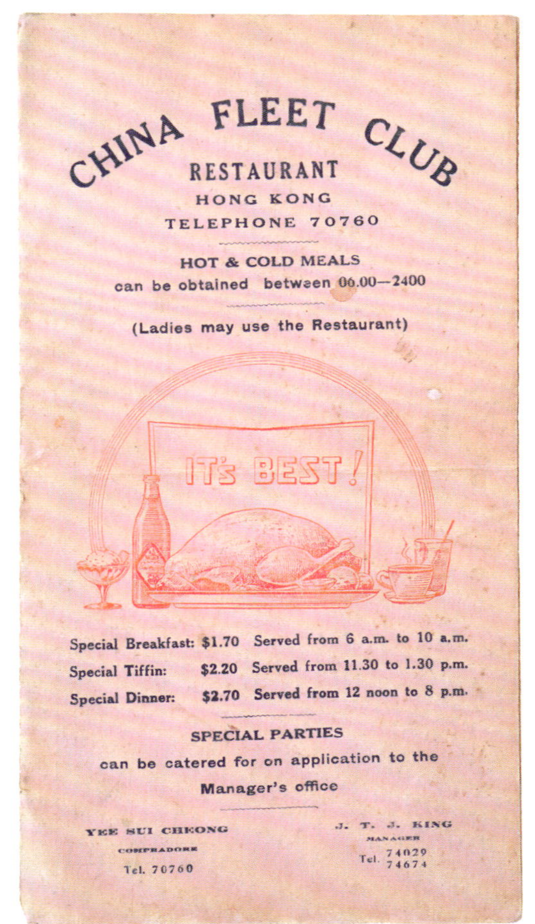

皇家海軍食堂

整組建築物被稱為 Blue Buildings 或 The Old Blue，1901 至 1903 年由 Royal Navy's China Fleet（英國皇家中國艦隊）與當時灣仔土地開發者籌資興建 Royal Naval Canteen(皇家海軍食堂），地點位於 Praya East（海傍東 2 號），即今軒尼詩道與晏頓街交界。

皇家海軍食堂是英國政府於海外駐紮地為軍人經營的娛樂社交場所和休閒設施，並向軍人及家眷出售商品。設置有餐廳、酒吧、健身室，提供理髮、洗衣等服務，售賣英國家鄉的茶葉和食品等，藉以為軍人的軍旅生涯提供精神放鬆的機會。

建築物在 1920 年代至 1930 年代逐步拆除。隨着填海工程拓展，皇家海軍食堂獲得香港上海滙豐銀行貸款，往北移至今告士打道，新建七層大樓，並改名 China Fleet Club Royal Navy（英國海軍中國艦隊俱樂部）（1933－1982），最為人回憶是餐廳美味的食物和內設的電影院。

1982 年原址拆卸改建二十八層辦公大樓，初名 Fleet House（海軍大廈）（1985 年落成），海軍俱樂部曾搬回部分樓層，直至 1992 年俱樂部關閉。

辦公大樓原先由怡和集團融資持有，多年來經港資、美資、中資公司輪番巨資購入樓層而將大樓數度改名。2023 年迄今稱萬通保險中心（YF Life Centre），地址是告士打道 38 號。

LA CARTE

HORS D'OEUVRES

- .40 6. Lobster Cocktail $1.50
- .30 7. Prawns Cocktail 1.30
- .30 8. Shrimps Cocktail 1.30
- .30 9. Fruit Cocktail .60
- .30 10.

CEREAL

- .50 13. Oat-Meal With Milk .40
- Rice .50 14. Corn Flakes With Milk .40

(Without Bread & Butter)

EGGS & OMELETTE

- 1.05
- Toast 1.20
- on Toast 1.20
- Toast 1.20
- Chips 1.35
- Chips 1.35
- Chips 1.75
- Chips 2.25
- Chips 1.95
- Chips 2.50
- Omelette & Chips 2.20
- Chips 1.65
- Chips 1.75

SEA FOOD

- With Lemon 1.20
- With Lemon 1.30
- With Tartare Sauce 2.00
- With Egg Sauce 1.55
- (or Half) Season Price

ENTREE

- 1.20
- & Chips 1.90
- 1.80
- Eggs (2) & Chips 2.50
- & Chips 1.30
- With Eggs (2) & Chips 2.00
- 1.50
- With Mint Sauce 1.60
- Chips 1.60
- With Apple Sauce 1.90
- Chips 1.90
- Ham, Stuffing, Potatoes & Veg 2.60
- Chips & Vegetables 2.80
- Veg 2.50
- (2) and Chips 1.90
- & Chips 1.80

A LA CARTE

- 51. Grill Ham Steak & Chips $2.10
- 52. Fried or Cold Ham With Eggs (2) & Chips 1.90
- 53. Fried or Cold Ham & Chips 1.20
- 54. Fried Bacon (2) With Eggs (2) & Chips 2.20
- 55. Fried Bacon (2) & Chips 1.50
- 56. Pork Sausages (2) With Eggs (2) & Chips 1.90
- 57. Pork Cutlet & Chips 1.90

SPECIAL CURRY DISHES

- 58. Curry Chicken With Rice and Potatoes 2.50
- 59. Curry Lobster With Rice and Potatoes 2.40
- 60. Curry Prawns With Rice and Potatoes 2.00
- 61. Curry Beef With Rice and Potatoes 1.60
- 62. Curry Pork With Rice and Potatoes 1.90
- 63. Curry Mutton With Rice and Potatoes 1.60
- 64. Curry Fish With Rice and Potatoes 1.50
- 65. Curry Eggs With Rice and Potatoes 1.40
- 66. Fried Rice (Young Chow Style) 2.00

COLD DISHES

- 67. Cold Sliced Chicken With Salad 2.60
- 68. Cold Lobster (Half) With Salad (Season Price)
- 69. Cold Sliced Prawns With Salad 2.30
- 70. Mixed Cold Meats With Salad 2.50
- 71. Cold Roast Pork With Salad 2.20
- 72. Cold Ham With Salad 2.40
- 73. Cold Roast Lamb With Salad 1.90
- 74. Cold Roast Beef With Salad 1.80
- 75. Boiled Eggs With Salad 1.40
- 76. Cold Salmon With Salad 2.00
- 77. Mixed Vegetables Salad .60
- 78. Cold Sliced Chicken With Pickle Onion 2.30
- 79. Cold Ham With Pickle Onion 2.10
- 80. Cold Roast Pork With Pickle Onion 1.90
- 81. Cold Roast Beef With Pickle Onion 1.50

(All the Above Orders Serve With Bread & Butter)

SIDE DISHES

- 82. Sliced Chicken Per Portion $2.00
- 83. Fried Pork Chop .80
- 84. Fried Steak .90
- 85. Fried Ox Liver .90
- 86. Hamburger Steak .50
- 87. Fried or Cold Ham .90
- 88. Fried Bacon .60
- 89. Fried Fish .90
- 90. Fried Lamb Chop .65
- 91. Pork Sausage .45
- 92. Cold Roast Beef .60
- 93. Corn Beef .60
- 94. Sirloin Steak 1.50
- 95. Meat Pasty (Large) $0.50
- 96. „ „ (Small) .30
- 97. Fried or Boiled Egg .35
- 98. Roast or Boiled Potatoes .30
- 99. Fried Chips .30
- 100. Fried Tomatoes or Onion .30
- 101. Green Peas or Beans .30
- 102. Asparagus or Mushroom 1.00
- 103. Season Vegetable .30
- 104. Rice .30
- 105. Curry .30
- 106.
- 107.

(Without Bread & Butter)

(Please Check Your Change Received at the Time of Payment)

A LA CARTE

SANDWICHES

- 108. Chicken .60
- 109. Lobster .80
- 110. Roast Pork .70
- 111. Roast Beef .65
- 112. Roast Lamb .70
- 113. Steak .80
- 114. Hamburger Steak .60
- 115. Ham (or) Bacon .70
- 116. Cheese .60
- 117. Egg .45
- 118. Sausage .55
- 119. Tomatoes .40
- 120. Club 1.00
- 121. Ham & Egg 1.00
- 122. Egg & Tomatoes .75
- 123. Baked Cheese on Toast .80
- 124. Hot Dog .60
- 125. Cheese and Biscuits .60

HOT & COLD DRINKS

- 126. Tea Per Cup .15
- 127. Coffee Per Cup .30
- 128. Horlick's Per Cup .30
- 129. Ovaltine Per Cup .30
- 130. Cocoa Per Cup .25
- 131. Ice Tea Per Glass .20
- 132. Ice Cold Lemon Tea .20
- 133. Ice Coffee Per Glass .35
- 134. Cold Horlick's „ .35
- 135. Cold Ovaltine „ .35
- 136. Lemon Juice Per Glass .25
- 137. Orange Juice Per Glass .25
- 138. Tomato Juice Per Glass .40
- 139. Pineapple Juice „ .50
- 140. Fresh Lemon Juice „ .60
- 141. Fresh Orange Juice „ .50
- 142. Lemon Barley Water .25
- 143. Fresh Milk .55
- 144. Milk Shake Per Glass 1.10
- 145. Ice Cream Soda Per Glass 1.00
- 146. Chocolate Shake „ „ 1.30
- 147. Egg Nogg Shake „ „ 1.00
- 148. Malted Milk Shake „ „ .90
- 149. Orange Squash (Watson) .40
- 150. Zest (Watson) .40
- 151. Lemonade (Watson) .40
- 152. Sarsaparilla (Watson) .40
- 153. Cream Soda (Watson) .40
- 154. Ginger Beer (Watson) .45
- 155. Soda Water (Split) „ .30
- 156. Ginger Ale (Split) „ .35
- 157. Coca Cola .40
- 158. Green Spot .40
- 159. Mutello ... (grape juice) .40
- 160. Oxo (Per Cup) .20

SWEETS

- 161. Fruit Salad .60
- 162. Peaches in Cream .45
- 163. Pears in Cream .45
- 164. Banana in Cream .35
- 165. P. Ginger and Banana .50
- 166. Banana Fritter (2) W. Syrup .50
- 167. Jam Fritter (1) With Syrup .50
- 168. Hot Cake (2) With Syrup .50
- 169. Pan Cake (2) With Syrup .50
- 170. Plum Pudding .45
- 171. Custard or Rice Pudding .15
- 172. C. F. C. Sweet Pudding .50
- 173. French Toast With Jam .35
- 174. Cold Jelly in Cream .45
- 175. Apple Pie Per Cut .30
- 176. Lemon Pie Per Cut .30
- 177. Fancy Cake .25
- 178. Doughnut .25
- 179. Fried Bread .20
- 180. Butter Toast .15
- 181. Bread & Butter .10

ICES

- 182. Ice Cream Per Cup $0.60
- 183. Pie A La Mode .90
- 184. Lemon Pie and Ice Cream .90
- 185. Ice Cream On Banana .90
- 186. Ice Cream On Pears 1.00
- 187. Ice Cream On Pine Apple 1.00
- 188. Chocolate Sundae 1.00
- 189. Fruits Sundae 1.00
- 190. Peaches Melba 1.00
- 191. Banana Split 1.40

China Fleet Club 菜單。

BU CHINA FLEET CLUB № 099
RESTAURANT

	$	cts.
1 Half chicken		70
1 cup m. milk		10
1 Ice Cream on Pear		30
Total	1	10

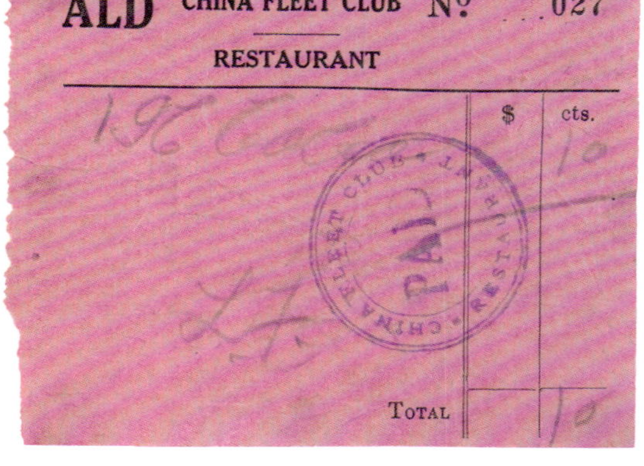
ALD CHINA FLEET CLUB № 027
RESTAURANT

	$	cts.
		10
TOTAL		10

China Fleet Club 的收據。

新亞怪魚酒家怪魚聞名

小時候，梅菜蒸鯇魚腩、番茄煮煎紅衫、香煎馬鮫魚是母親的家常菜。如果上酒樓吃晚飯，有龍躉二食、荷芹炒球、蒜子陳皮蒸頭腩、清蒸東星斑／老虎斑、蒜蓉豆豉蒸白鱔、豉汁黃立鱠、鹹檸檬陳皮蒸烏頭、糖醋松子炸桂花魚、蘸沙拉醬伴吃煎封鱠魚、砂鍋大魚頭煲、泥鯭粥，潮式凍食大眼雞……

「魚」是香港人常點的菜，過去要吃到生猛海鮮不是容易的事，酒家所用活魚多是魚塘飼養的淡水魚，漁船捕獲的海魚至多是冰鮮，多不是活魚，即使用海水在魚缸蓄養海魚，魚也難以久活。

順德人蘇良 1937 年在勳寧道 14 號（今菲林明道）主理新亞怪魚酒家，憑藉他在酒家烹飪和學習機械的經驗，針對未有人養活鹹水海鮮而首創了「科學蓄養魚池」。

在酒家印刷物《增設益智水族魚池宣言》提及：「（魚池）下面設置水底幾柱（淡）（氧）氣管，發出的氣泡，此即魚類賴以生存的關鍵也。」

他們研發了一個魚池系統，就是今天普遍使用的增氧器，利用氣泵將空氣輸入管道再送進微孔管，讓空氣形成微氣泡分散到水中，提供魚類呼吸需要的氧氣。此外，通過過濾將缸底殘渣和魚類糞便清理，也能保持合理的水流和流速。再透過加水、換水、漂去浮沫、選擇適合的溫度、令水質穩定、魚類有巡游空間等等，令海魚在魚缸的存活大大提高。

酒家將科學魚缸設置在大門，食客甚至可以自選生猛海鮮，即撈即蒸。即使路人無不為奇特和七彩的深海魚類吸引。

公司自述：「由是五洋怪物，海底奇鱗，無不蒐集羅列，滿陳於科學魚池，編註解釋，任人參觀……由是奇鱗怪翅，饌經美廚，更為膾炙人口。」

酒家門外更展示彩繪壁畫，畫中有着美人魚和潛水銅人的深海奇幻世界。

在 1950 年代至 1960 年代，新亞怪魚酒家生意十分興旺，而這種利用魚缸蓄養生猛海鮮的做法，亦很快被模仿，從此各處有了「海鮮酒家」的稱謂，「怪魚酒家」也成為許多在灣仔生活過的人的記憶。

香港畫家陳福善（1905－1995）晚年居於灣仔，他的畫作常以七彩斑爛的怪魚為題材，靈感來源是否與瀏覽新亞怪魚酒家的怪魚有關呢？

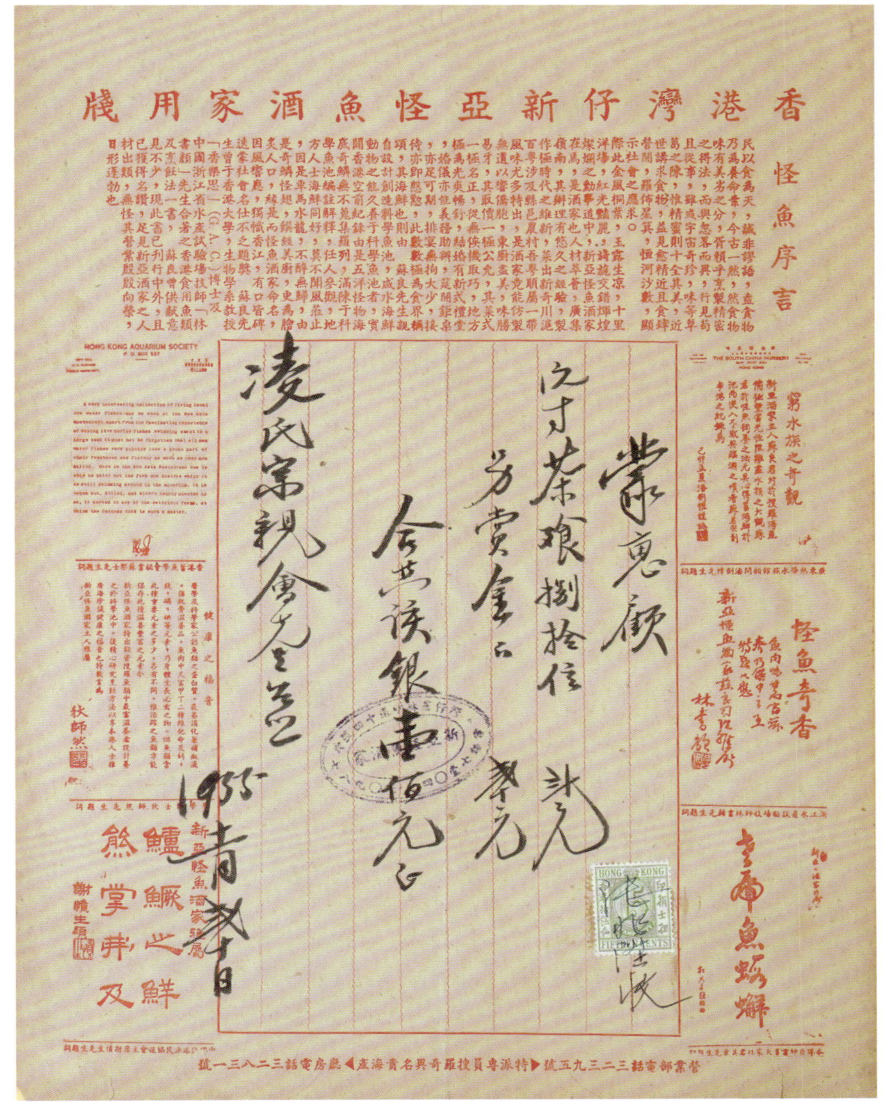

香港灣仔新亞怪魚酒家用牋

怪魚序言

怪魚奇香

HONG KONG AQUARIUM SOCIETY

THE SOUTH CHINA NURSERY

新亞怪魚酒家用牋。用牋記錄 1955 年 11 月凌氏宗親會訂了每份 1 元的茶餐八十份，連賞金 20 元，共銀 100 元。這張用箋除了以〈怪魚宣言〉介紹酒家優勝之處，還邀請六位各界專家名人題詞，包括：廣東熱帶水族館顧問潘劍幃、浙江水產試驗場技師林書顏、巨紳書畫大師杜其章、香港蓄魚學會秘書蘇架士、醫學博士狄師然、中國僑港漁民協進會主席謝憤生。

六位名人來自各界，當中林書顏更是魚類養殖事業之國際權威，是現今觀賞水族箱魚與水生植物共生的首創設計者、中國魚類學與水產養殖研究的先驅。1940 年代曾任職於香港漁業研究機構，在專業上指導過的後學鍾麟，是中國家魚人工繁殖之父。

林書顏及香港大學香樂思（G. A. C. Herklots）博士曾合著《香港食用魚類圖志》（附中西烹飪法），於 1940 年出版，蘇良「曾貢獻意見不少」。

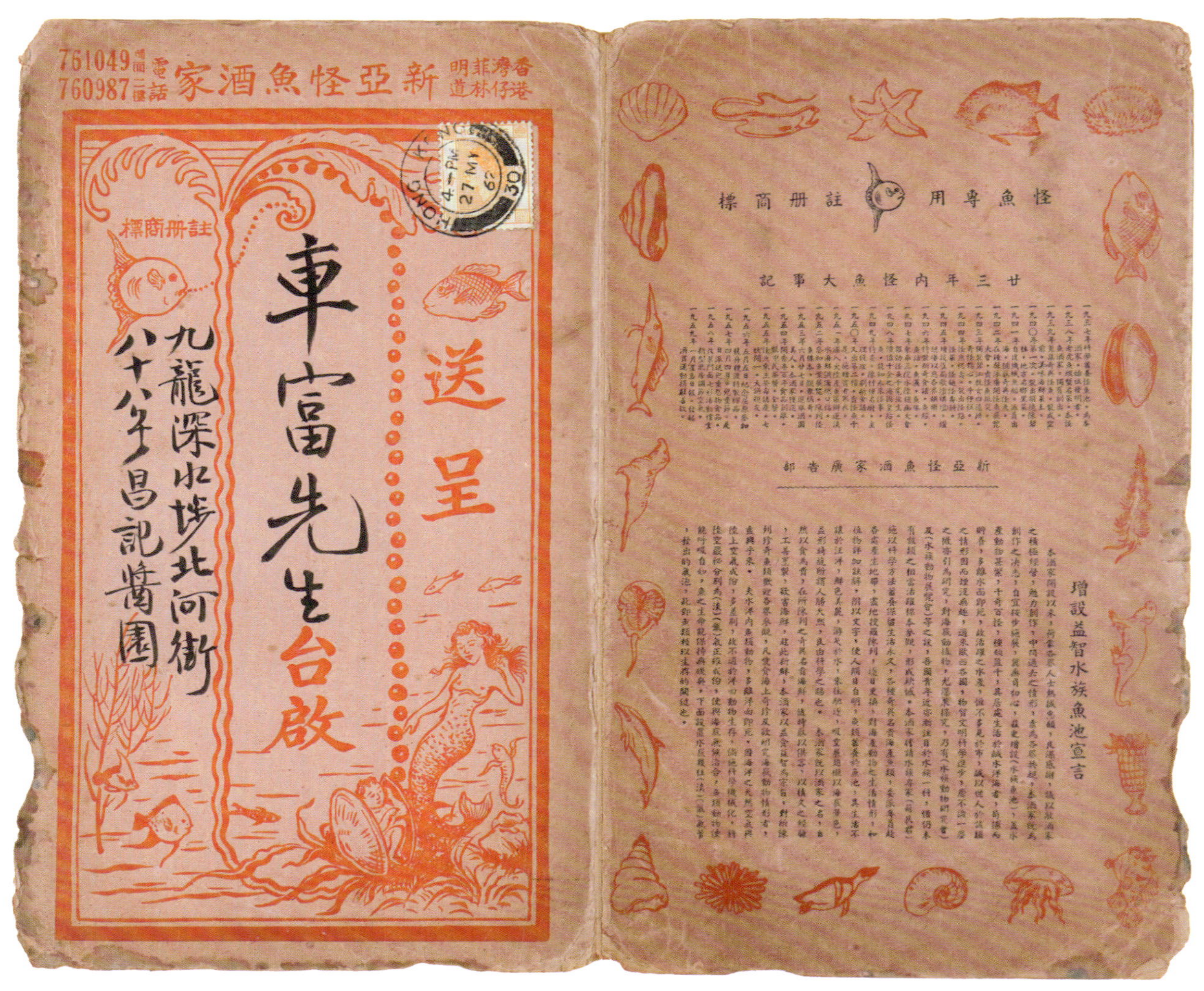

新亞怪魚酒家請柬。粉紅色卡紙，紅色單色印刷。封面圖案呈現海底世界，美人魚和小蚌精在右下角，左上角是酒家註冊商標翻車魚，不同於淺海域的魚，是一種頭大鰭長的深海魚，穿梭在海底藻類植物之間。內頁亦以各類海洋動物作為圍邊圖案，例如各種深海魚、蝦蟹、水母、八爪魚、螺、貝、海馬、海龜等數十種。

請柬記錄蘇良是在 1962 年 6 月 2 日發出，寄深水埗北河街 88 號昌記醬園，送呈車富先生。

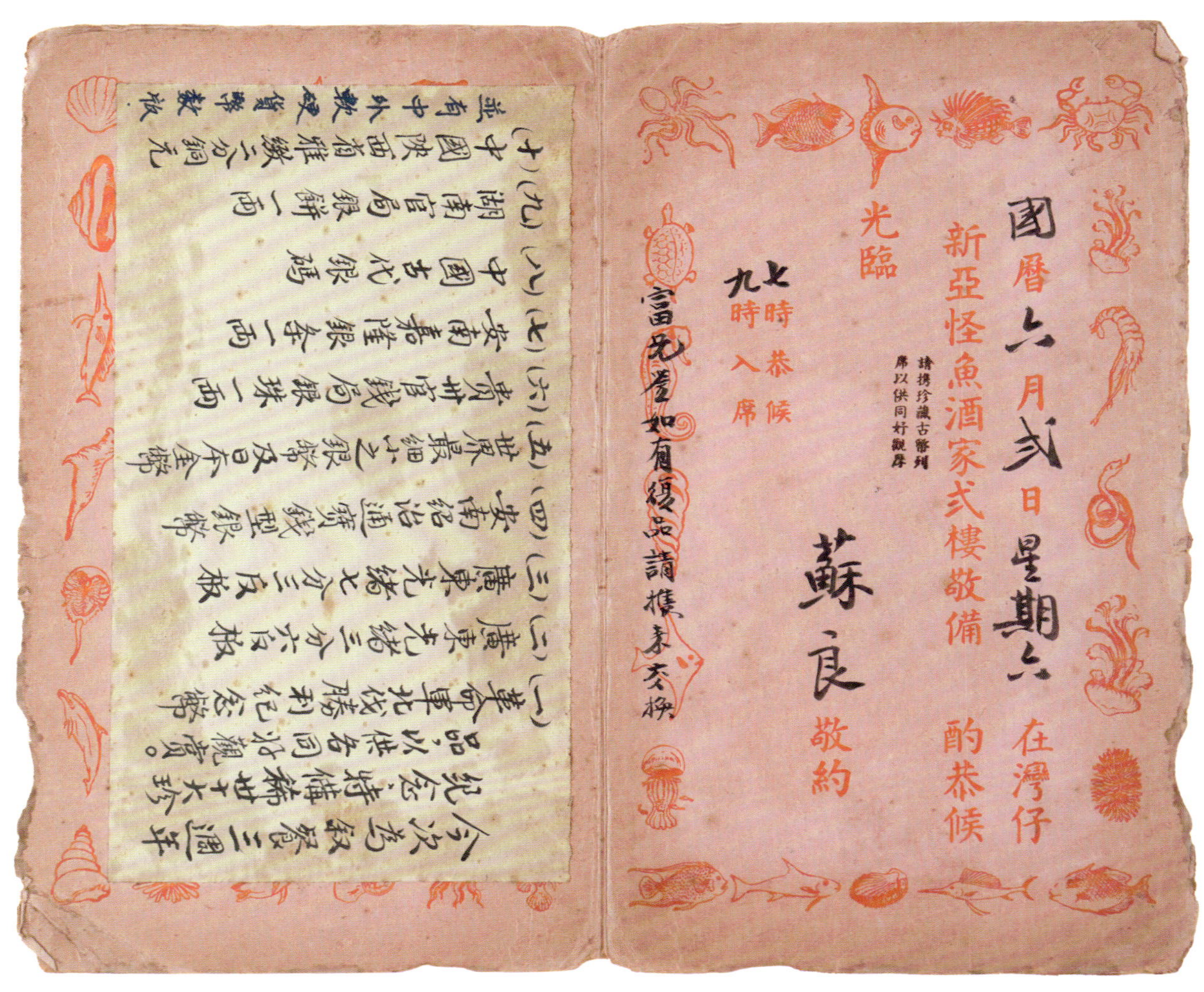
國曆六月弍日星期六在灣仔
新亞怪魚酒家弍樓敬備酌恭候
請携珍藏古幣列席以供同好觀摩
光臨
七時恭候
九時入席
蘇良敬約
富先生如有復品請携來交換

今次為叙餐三週年
紀念特備稀世十大珍
品以供各同好觀賞。
(一)革命軍北伐勝利紀念幣
(二)廣東光緒三分六反板
(三)廣東光緒七分三反板
(四)安南紹治通寶錢型銀幣
(五)世界最細小之銀幣及日本金幣
(六)貴州官錢局銀珠一兩
(七)安南嘉隆銀条一兩
(八)中國古代銀碼
(九)湖南官局銀餅一兩
(十)中國陝西省雅緻二分銅元
並有中外軟硬貨幣數版

新亞怪魚酒家請柬內頁蓋有「請攜珍藏古幣列席，以供同好觀摩」，並書「富先生如有復品請携來交換」及貼有藏品附頁，資料如下：
今次為敍餐三周年紀念，特備稀世十大珍品，以供各同好欣賞：革命軍北伐勝利紀念幣、廣東光緒三分六反板、廣東光緒七分三反板、安南紹治通寶錢型銀幣、世界最細小之銀幣及日本金幣、貴州官錢局銀珠一両、安南嘉隆銀條一両、中國古代銀碼、湖南官局銀餅一両、中國陝西省雅緻二分銅元，並有中外軟硬貨幣數版。
這次三周年紀念聚餐，明顯是一群錢幣愛好者及收藏家組成，或者這群人亦促成了兩年後，1964 年香港錢幣研究會的成立。2024 年 7 月，該會舉辦成立六十周年紀念晚宴，與會者每人送上 1964 年一毫子一枚作為紀念品，也是頗有意義的事。

大三元酒家與英男大茶樓

▸ 大三元酒家

名稱源自中國古代科舉制度，讀書人考試成績連中榜首，鄉試中解元，會試中會元，殿試中狀元，稱三元及第。店東取名大三元，寓意酒家堪稱最佳食府。

香港大三元酒家在 1930 年代，已經在鵝頸橋軒尼詩道 417 至 419 號經營，樓高四層，位置在寶靈運河旁邊，即今日的堅拿道，是昔日灣仔頗具規模的酒家之一。

香港 大三元酒家

鵝頸橋軒尼詩道四二三號至四二九號

華筵酒菜 隨意小酌 適口美點 外賣到會

名廳

文蕊 赤雅 菊芳 元雲 松醪 蘂秀 玉茗 雙紅 聯碧

會飲

叨蒙 太康街 李府 寶號 先生

月 日取菜 席

每席

共該銀

民國 年 月 日

香港軒尼詩道 大三元酒家外賣單

HONG KONG RECEIPT 15 Cts. STAMP TEN CENTS

1950 年大三元酒家酒席外賣單。太康街李府訂下十五席酒菜，每席 130 元，另代買炮仗等物品，共銀 1957 元。金額頗大，而且於 2 月 5 日落單取菜，2 月 7 日才結賬，李府可能是大戶老主顧了。這年代大三元酒家曾擴充，地址是軒尼詩道 423 至 429 號。

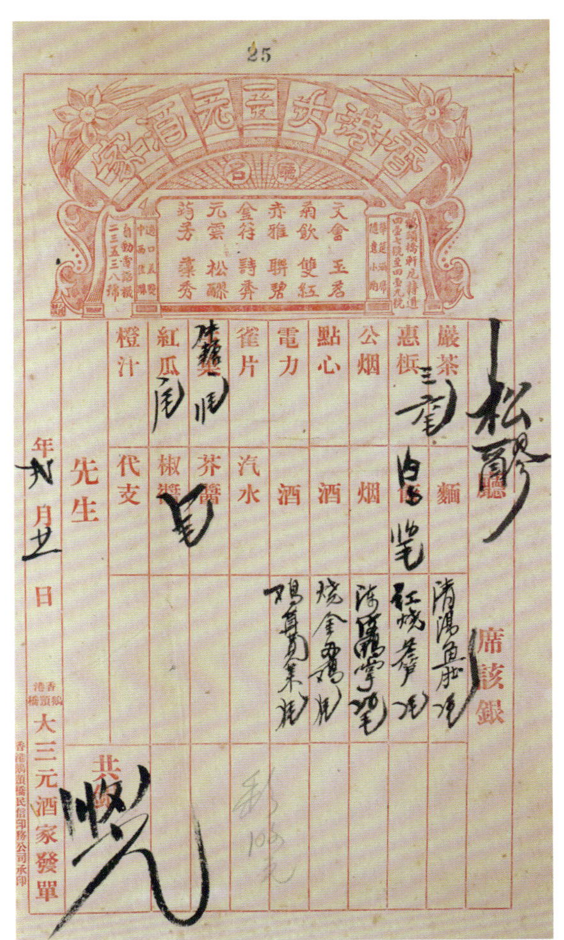

25

大三元酒家

廳名

文會　玉茗　菊飲　雙紅　赤雅　聯碧　金符　詩弇　元雲　松醪　葯芳　藻秀

松醪廳

巖茶　惠梹　公烟　點心　電力　雀片　生菓　紅瓜　橙汁

麵　飯　烟　酒　酒　汽水　芥醬　椒醬　代支

清湯魚肚　紅燒冬筍　陳皮鵝掌　燒金錢雞　雞茸莧菜

席該銀

先生　年　月　日

共

香港鵝頸橋 大三元酒家發單

1930 年代大三元酒家發單，單據中可以看到當年酒家的景況。酒家二樓設廂房名廳十二，起名古雅，分別是文會、玉茗、菊飲、雙紅、赤雅、聯碧、金符、詩弇（粵音「掩」，掩蔽之意）、元雲、松醪、葯芳、藻秀。酒家由名廚主理，提供華筵酒菜、隨意小酌、適口美點、中西佳醇。發單記錄客人在松醪廳訂了一席佳餚，下單五個菜：清湯魚肚、紅燒冬筍、陳皮鵝掌、燒金錢雞、雞茸莧菜。其中一道金錢雞，是大三元客人喜愛的傳統燒味菜式。將醃製叉燒肉、以玫瑰露酒和糖醃過稱為「冰玉」的肥肉，夾着薑片醃過的雞肝做成圓形，一層疊一層用鐵籤串起，髹上醬汁、麻油、蜜糖烤製，外形似金錢故名。金錢雞入口外脆內酥，油潤豐腴。

宴席上付費項目，有：

- 巖茶（名茶，巖茶原指武夷山烏龍茶）
- 惠梹（梹即「檳」，檳榔。屈大均《廣東新語》:「鹽漬者曰檳榔鹵，則廣州、肇慶人嗜之。日暴既乾，心如香附者，曰乾檳榔，則惠、潮、東莞、順德人嗜之。」惠梹應指惠州檳榔。）
- 公煙（官方准許售賣的鴉片煙）
- 點心、電力、雀片（麻雀耍樂）、生菓、紅瓜（瓜子）、橙汁、麵、飯、煙、酒、汽水、芥醬、椒醬、代支（酒家先代付費用如鮮花、助慶的戲班樂班茶煙雜費）。

客人也選了幾項，結賬共銀三元九角。

這年代大三元地址是軒尼詩 417 至 419 號。

送呈

曾惠先生台啟

大三元酒家

二樓廳名

文會　菊飲　赤雅　鎶芳　元雲　挹翠

松醪　藻秀　玉茗　雙紅　聯碧　金榴

香港

灣仔鵝頸橋軒鯉詩道

四二七至四二九號

營業部：電話七弍弍九一弍

地廳部：電話七弍一六七一

廳房部：電話七弍弍一弍三 七三三一七四

大三元酒家自行印製的請柬，供預訂酒席客人發帖之用。1966 年農曆十一月十六日，即西曆十二月二十七日，星期二，馮先生訂了二樓全廳為父親賀壽，派頭十足。原先十二廳房中的金符、詩弇二廳，改了新名字為挹翠、金榴。這年代的大三元酒家地址是軒尼詩道 427 至 429 號。

1950 年代灣仔軒尼詩道明信片，從軒尼詩道與堅拿道交界朝西方向的景觀。寬闊的街道有數輛電車正在行駛，遠處一輛正從天樂里轉出軒尼詩道，車輛和巴士不多，交通暢順。兩旁都是四層高唐樓，樓下各行各業如藥行米行，店鋪林立。樓上住宅晾掛着密密麻麻的衣服。天台上搭蓋了不少木屋，長長竹竿相信是昔日聽取收音機轉播的天線。街角右方是大三元酒家，左方是英男大茶樓，都是連接幾幢樓及幾層樓面積，偌大的招牌伸出路面。各層臨街處有的設置了窗戶，有的則安裝了掛簾或遮陽篷。

換了在今天，站在軒尼詩道與堅拿道西交界，大三元在西北角（今張寶慶大廈，嘉年華商業大廈），英男在西南角（今友光大廈）。

▸ 英男茶樓

香港英男茶樓位於軒尼詩道 426 號，與大三元酒家各據南北對望。據街坊回憶，大三元酒家與英男大茶樓都頗受區內居民喜愛，大三元每逢喜慶節日，宴客擺酒，必然高朋滿座。英男則飲早茶、吃點心，在樓下飾櫃售賣各式餅食糕點如棋子餅、合桃酥等，亦門庭若市。

英男茶樓紙袋。宣傳名師精製，有中西餅食、中秋月餅、潮州婆餅、結婚禮餅、回禮茶盒。婆餅就是老婆餅。可見製作傳統餅食也是英男茶樓重要銷售業務。

香港英男茶樓合同部。

英京大酒家

英京大酒家位於莊士敦道 179 號，地處灣仔核心地帶，尤其晚上華燈初上，璀燦繽紛。酒家於 1930 年代開業，樓高五層，標榜堂皇冠冕，尤其四樓金鑾殿，能筵開百席，又延聘廣州四大酒家名廚主理佳餚，壽筵喜酌，外賣到會，生意盛極一時。1960 年代末，香港經濟欠佳，酒家生意轉弱，踏入 1970 年代，房地產業逐漸蓬勃，推使 1981 年英京酒家結業，連同旁邊的東方戲院一併拆卸，改建為大有大廈，轉移發展物業租務生意。

英京大酒家有過兩次盛會：

1. 一碗飯運動

1941 年中日戰爭期間，保衛中國同盟會長孫中山夫人宋慶齡，香港政府醫務總監司徒永覺（Selwyn-Clarke）之夫人（Hilda Selwyn-Clarke）發起「一碗飯運動」，1941 年 7 月 1 日晚上於英京酒家五樓主持該運動開幕典禮。當晚政商各界百餘人雲集，港督羅富國亦致函勗勉。

「一碗飯運動」目的為支援「中國工業合作社」籌辦工廠，以工代賑救濟黃泛區災民、為戰爭傷兵難民籌募基金。華商總會（1952 年改名香港中華總商會）徵得十三家食肆以炒飯報效，共襄善舉，如英京酒家及樂仙酒家各捐三千碗、龍泉茶室捐二千碗、東方小祇園捐七百碗齋飯，然後以 2 元餐券供各界認購換領炒飯，是次「一碗飯運動」共籌得二萬多元。

2. 英國愛丁堡公爵菲臘親王訪港

1959 年 3 月 6 至 8 日，英國愛丁堡公爵菲臘親王官式訪港，是自 1945 年香港重光後來港，首次以皇夫身分（女皇伊利沙伯二世於 1953 年登基加冕）再次訪問香港。首日 8 時至 10 時即出席英京酒家華人歡迎宴會，出席政商官紳及各界領袖三百多人。報章標題報道「華人歡宴席上親王宣示，香港日臻繁榮，全賴華人合作，指出華人實為香港社會中堅」，並對盛筵厚禮表示不能忘懷。

且看英京酒家歡譙親王的一張粵菜菜單。

兩熱葷：碧玉珊瑚（蟹黃扒芥蘭）、咕嚕香肉（酥肉）。

滑雞絲大生翅、當紅片皮鴨、乳豬全體、上湯官燕鴿蛋、金華玉樹雞、清蒸大紅石斑、揚州炒飯、上湯伊麵。

甜品：杏仁露，點心：蓮蓉芝麻餅、五仁脆皮角。

英京大酒家紙袋。上面寫着「國際宴會，中西酒菜，冷氣設備，華麗禮堂，早午美點，肥嫩油雞，燻燒鹵味，歡迎外賣」。紙袋羅列了酒家的優勢，尤其可以承辦接待外國賓客的宴席。

YING KING RESTAURANT
SPECIAL MENU
特 餐
DINNER

PIGEON EGGS & LETTUCE
FRIED CRAB MEAT CAKE
SHARK'S FIN WITH CHICKEN
SWEAT & SOUR PORK
FRIED CHICKEN CANTONESE STYLE
PIGEON & MUSHROOM SOUP
FRIED FOO YUNG HA
STEAMED SLICED GAROUPA & HAM
FRIED DUCK CUTLET
STEWED NOODLES WITH CHICKEN
YEUNG CHOW CHOW FAN
ALMOND CREAM
REFRESHMENTS
TEA

13rd, March, 1953.

接待國際賓客自然有英語菜單，試試還原是什麼菜式：生菜鴿蛋、百花釀蟹鉗、滑雞絲魚翅、咕嚕肉、脆皮雞、冬菰鴿湯、芙蓉蝦球、洋腿麒麟斑、片皮鴨、雞　燴麵、揚州炒飯、杏仁糊、茶點。查第一道菜 pigeon egg with lettuce，生菜鴿蛋的配搭不常見，著名以鴿蛋作菜的有龍華酒店的椒鹽鴿蛋，或稱為「紅梅竹影」的蟹黃蟹肉菜遠扒鴿蛋，所以反而覺得是源自順德，鴿鬆配以冬菇、冬筍、馬蹄、香芹、膶腸，撒上炸米粉碎，包上生菜的「鴿鬆生菜包」。

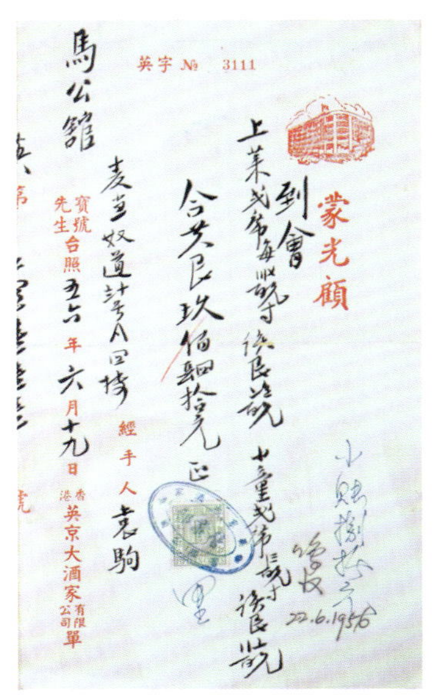
英字 № 3111

馬公館

蒙光顧

到會

寶號 先生台照

五六 年 六 月 十九 日

經手人

香港英京大酒家有限公司單

到會宴席付款收據（1956 年）。英京大酒家提供到會服務，直送麥當勞道馬公館，上菜兩席，每席 340 元；小童兩席，每席 130 元，共銀 940 元，另小賬 80 元。

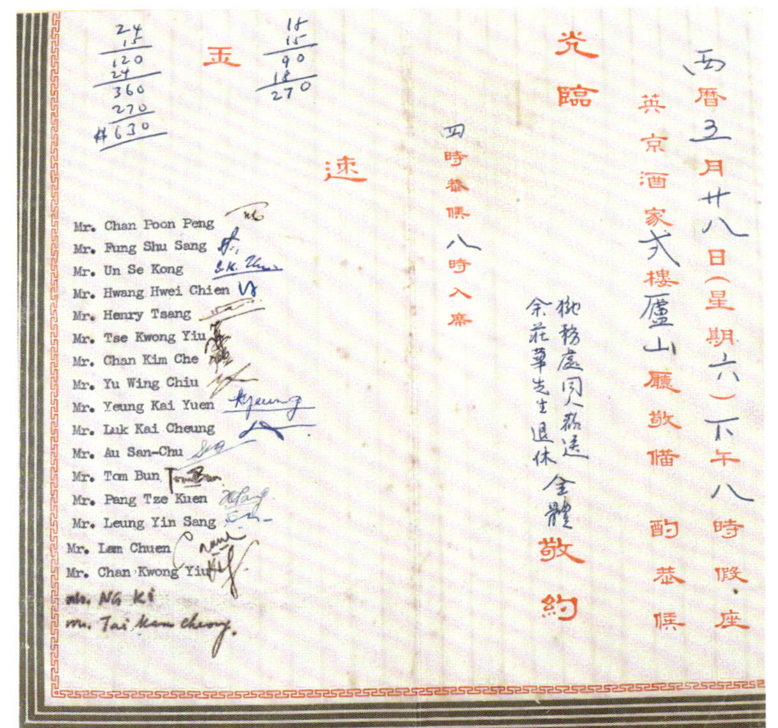

西曆五月廿八日(星期六)下午八時假座

英京酒家弍樓廬山廳敬備酌恭候

光臨

獄務處同人歡送

余莊華先生退休 全體敬約

四時恭候 八時入席

玉

速

Mr. Chan Poon Peng

Mr. Fung Shu Sang

Mr. Un Se Kong

Mr. Hwang Hwei Chien

Mr. Henry Tsang

Mr. Tse Kwong Yiu

Mr. Chan Kim Che

Mr. Yu Wing Chiu

Mr. Yeung Kai Yuen

Mr. Luk Kai Cheung

Mr. Au San-Chu

Mr. Tom Bun

Mr. Pang Tze Kuen

Mr. Leung Yin Sang

Mr. Lam Chuen

Mr. Chan Kwong Yiu

Mr. Ng Ki

Mr. Tai Kam Cheong

英京大酒家請柬。送呈監獄署總部，域多利監獄台啟，事由獄務處同人歡送余莊華先生退休，全體十八人敬約。席設西曆 5 月 28 日（星期六）於英京酒家二樓廬山廳，4 時恭候，8 時入席。

查出現西曆 5 月 28 日（星期六）的年份，1949、1955、1960、1966 年……不確定是哪一年。查何仲詩著《風雲背後：香港監獄私人檔案》，訪談前監獄署督導員鄭永培提到，日佔時期與余莊華情同兄弟，一齊留在赤柱監獄共事。

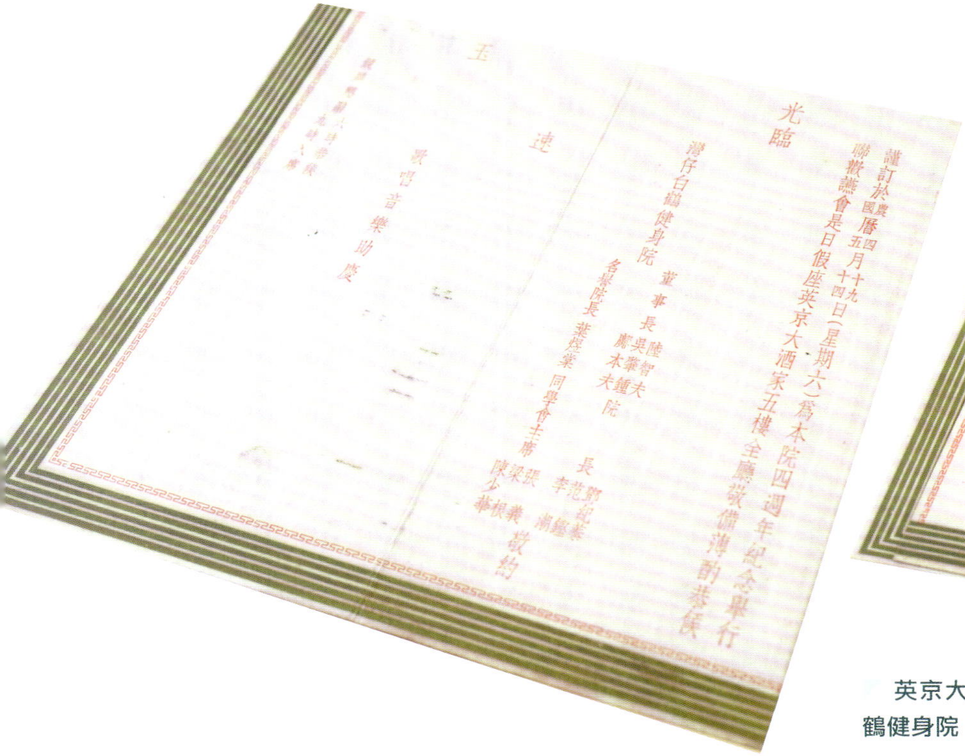

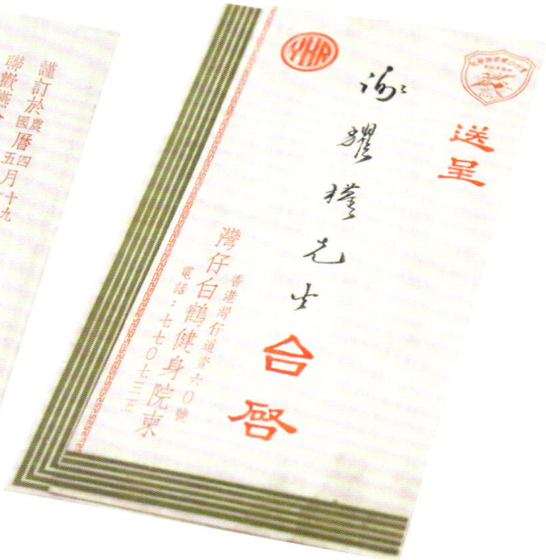

英京大酒家請柬。同時印有灣仔白鶴健身院，院址為灣仔道 160 號。

英京大酒家張掛中英國旗。1956 年 10 月 1 日，港九各業工人慶祝中華人民共和國第七屆國慶節，席設英京大酒家，門外懸掛了四層樓高的慶賀條幅。次日報章報道，與會者二千人，宴席中有演出游藝節目助慶，包括粵劇《搜書院》、秦劇《將相和》、大合唱（《歌唱祖國》，《遠方的客人請你留下來》、《淮河兩岸鮮花開》、《送郎一條花手巾》、《手挽手》）、舞蹈（《採茶撲蝶》、《阿細跳月》）、手風琴合奏、牧童笛合奏。

此外，港九印務業、石印業、中華書局、商務印書館職工會在前一天下午 1 時亦於英京四樓舉行雞尾酒會慶祝國慶，與會者千餘人，有抽獎及燈謎助慶。海軍船塢工會則前一晚亦於英京筵開四層舉行國慶宴會。

英京大酒樓兩花牌。成立於 1946 年的糖麵西化協進總工會，1948 年改名港九糖果餅業工會，亦即三周年，設宴於英京大酒家作為三周年誌慶暨第四屆職員就職典禮，工會現稱麵包糖菓餅業食品職工會。花牌頂部設計是中華人民共和國國徽五角星。

英京大酒家位置。左邊莊士敦道，右邊菲林明道。轉角位置外牆兩側分別寫有：英京酒家國際宴會中西酒菜，廣州四大酒家廚師世界知名。

莊士敦道上，一輛電車路過晚上的英京大酒家。

晚上菲林明道，霓虹光管招牌燈火通明。

高陞茶樓禮貨和月餅價目表

高陞茶樓禮貨

男大當婚，女大當嫁，共諧連理是人生大事，男家女家辦喜事喜氣洋洋，傳統的「過大禮」便是婚嫁儀式的開始，婚禮前男家擇吉日攜禮品到女家提親，禮餅便是其一，稱之為喜餅或嫁女餅，再由女家將禮餅派給親友，藉此表達女兒出嫁的喜訊，分享喜悅，禮餅愈多，亦愈見辦喜事的體面。

看看本節一份豐富的禮貨表，提供了什麼男家過大禮食品及女家回禮茶盒。

1. 禮餅

禮餅價目以擔作單位。一擔有一百斤，一斤約四件喜餅重量，唐餅界便以一擔表示四百件喜餅。價目表羅列禮餅三十八款，種類之多絕對是香港傳統餅點（唐餅）的總目錄。當中酥餅、酥點類最多，可口的酥餅有着酥而不散、酥而不黏、酥而不乾的口感，以美食作喜餅，喻意祝福，更增添喜慶。

時至今日，傳統的綾酥仍有很多人喜歡的。綾指綾羅綢緞類的名貴布料，喻意富貴。傳統有四色，荳沙紅綾酥寓意鴻運當頭、荳蓉黃綾酥寓金銀滿屋、五仁白綾酥寓白頭偕老、橙綾或是蓮蓉或是椰絲酥寓生活燦爛。還有雞蛋糕蘊含步步高陞的意思，欖仁合桃酥則寄託夫妻和合、恩愛的願望。

2. 中國糖果

糖漿煮熬成糖粉製成的糖蓮子、糖蓮藕、糖椰角等等，還有果仁製成的糖果，寓意甜甜蜜蜜。

3. 京果

傳統的八京果包括：荔枝乾、龍眼乾、合桃、百合、蓮子、紅豆、綠豆、紅棗，用於安床儀式。較特別的如加積（海南島鎮名）檳榔，吉日辟邪祈福用。寫上「囍」字的椰子一對，寓意有爺有子，兒孫滿堂。

4. 回禮茶盒

各類糕點、餅、糖，甚至糭子，選擇很多。今天喜用的是大發糕、鬆糕、煎堆等。

5. 名茶

備有錫罐或鐵罐盛載所需茶葉品種，如傳統的普洱、鐵觀音等。

借此送上誠摯的祝願，計劃拉埋天窗的愛侶、剛結婚的新人，有着美好家庭的夫婦，陪伴一輩子的老夫老妻，甜蜜溫馨，百年好合，永結同心。

▸ 高陞老餅家月餅價目表及翌年月餅會說明（1979 年）

高陞老餅家除了自家銷售月餅，當年還設多個分銷處，一在大道中的金城酒家，另外兩處在莊士敦道的英京酒家和堅拿道西的分店，可見店家十分重視香港島另一個華人聚居地的市場——灣仔。

月餅禮盒包裝一般每盒四個月餅，有鐵盒、紙盒兩種選擇。

餅家銷售的是廣式月餅，餡料以蓮蓉或荳沙加鹹蛋黃為主，帶肉的有燒雞、鹹肉、叉燒、金華火腿，較為特別的雞油月，其實是綠荳蓉，製作時用雞油而不用豬油故名。素荳蓉月也是綠荳蓉，製作時用洋蔥、蔥頭製的蔥油，所以是素食月餅。價錢最貴是七星伴月，每盒 88 元。賣招牌的步步高陞月，鐵盒每盒 33 元 6 角，其餘最貴的以鐵盒裝每盒價作標準，四黃蓮蓉月，46 元 8 角；精品燒雞月，37 元 6 角；三黃蓮蓉月，36 元 8 角；雙黃蓮蓉月，32 元 8 角。最平是欖仁荳蓉月，素荳蓉月，每盒均為 19 元 6 角。

臨近中秋，按習俗和心意，都會送月餅給親友和長輩。從前家庭一般不太富裕，購買月餅有一定負擔，於是餅家想出「供月餅會」方法，客人每月預供少少金額，供滿十二個月可取月餅若干盒，價錢比現買亦化算許多，家家戶戶供月餅會在 1970 年代十分普遍。

高陞的月餅會分甲乙兩種，每月供款 16 元或 10 元，供滿便取得步步高陞月、雙黃蓮蓉月、單黃蓮蓉月，七彩豬籠餅若干，多供一些，月餅也多些。

小時候隨母親上街買菜時，母親會去餅店交月餅會月費，繳完後在月餅會會摺上蓋個日期印，那時就會盼望中秋節快點到，盼的是那個中秋節才有的豬籠餅。

豬籠餅其實是用麵糰加糖、油，烘焗不包餡而豬仔形的餅，早期放在竹篾做的小籠，取「豬籠入水」的意頭。後來竹籠改為七彩塑膠，加上配飾，變成花籃似的十分討喜，哪個小孩子會不喜歡。

廣式月餅在每年中秋總有傳統顧客，尋老餅家找舊時的月餅味道，感受老派中秋情懷，而推陳出新的港式月餅，如冰皮月餅和流心蛋黃月餅，款式和口味愈來愈多，也很受年輕一輩喜愛。下一個中秋買月餅自奉送禮，你又會作哪種選擇呢？

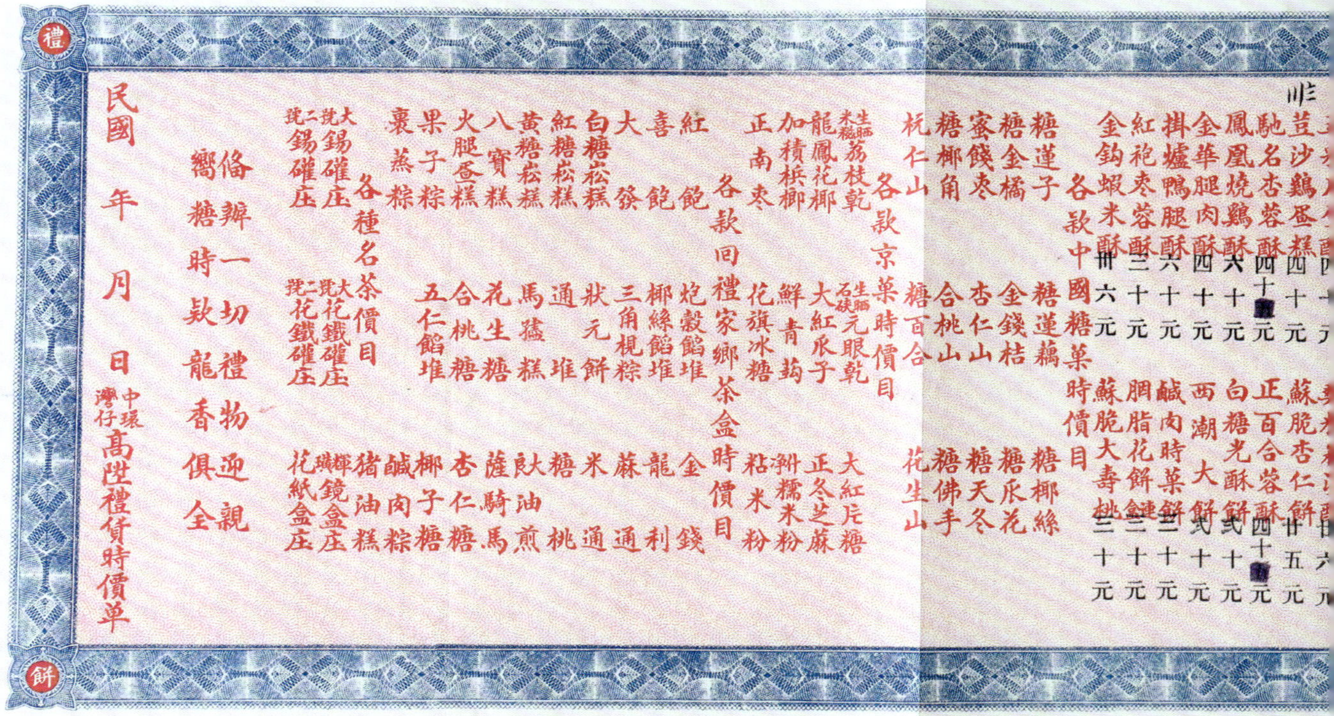

各款中國餅食（右側部分被裁切）

荳沙鷄蛋糕 四十…元
馳名杏蓉酥 四十元
鳳凰燒鷄酥 六十元
金華腿肉酥 四十元
掛爐鴨腿酥 六十元
紅袍棗蓉酥 三十元
金鈎蝦米酥 卅六元
蘇脆杏仁餅 廿五元
正百合蓉酥 四十元
白糖光酥餅 式十元
西潮大餅 式十元
鹹肉時菓餅 三十元
胭脂花餅 三十元
蘇脆大壽桃 三十元

各款中國糖菓時價目
糖蓮子　糖金橘　蜜餞棗　糖椰角　杭仁山
糖蓮藕　金錢桔　杏仁山　合桃山　糖百合
糖椰絲　糖爪花　糖天冬　糖佛手　花生山

各款京菓時價目
生曬荔枝乾　龍鳳花椰　加積梹榔　正南棗
生曬元眼乾　大紅爪子　鮮青荳　花旗冰糖
大紅片糖　正冬芝麻　泮糯米粉　粘米粉

各款回禮家鄉茶盒時價目
紅飽　喜飽　大發　白糖松糕　紅糖松糕　黃糖松糕　八寶糕　火腿蛋糕　果子粽　裹蒸粽
炮穀餡堆　椰絲餡堆　三角梘粽　狀元餅　通堆　馬蹄糕　花生糖　合桃糖　五仁餡堆
金錢　龍利　蘇通　米通　糖桃　䭾油煎　薩騎馬　杏仁糖　椰子糖　鹹肉粽　豬油糕

各種名茶價目
大號錫礶庄　二號錫礶庄
大號花鐵礶庄　二號花鐵礶庄
輝璜鏡盒庄　花紙盒庄

備辦一切禮物迎親
囍糖時款龍香俱全

民國　年　月　日
中環
灣仔
高陞禮貨時價單

高陞茶樓在 1920 年代開業，茶樓一直在中環、上環華人聚居地經營。茶樓傳統除重視水滾茶靚、一盅兩件精美點心外，售賣婚嫁禮餅和中秋月餅也是重要業務。

圖為高陞酒樓禮貨（禮餅茶盒）價目表（1950 年代）。這年代高陞酒樓的總店設在皇后大道中 126 號、分店在灣仔莊士敦道 279 號。這份禮貨價目表有趣的是封面設計，一對新人穿着西式禮服和婚紗，內頁卻介紹中式婚嫁禮餅茶盒，見證西方文化逐漸融入中國傳統禮儀習俗。當時禮餅茶盒種類繁多，可知華人重視傳統婚嫁禮儀習俗的程度。

高陞老餅家月餅價目表。

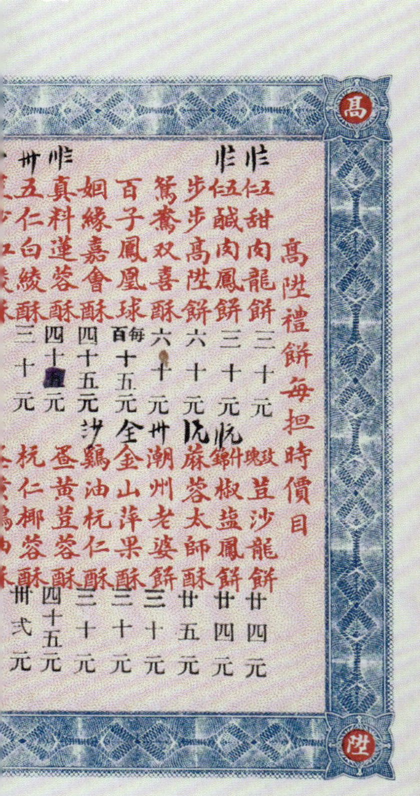

高陞禮餅每担時價目

品名	價目
仁五甜肉龍餅	三十元
仁五伍鹹肉鳳餅	三十元
步步高陞餅	六十元
鴛鴦双喜酥	六十元
百子鳳凰球	每百十五元
姻緣嘉會酥	四十五元
真料蓮蓉酥	四十[illegible]元
五仁白綾酥	三十元
玫瑰荳沙龍餅	廿四元
什錦椒塩鳳餅	廿四元
蔴蓉太師酥	廿五元
潮州老婆餅	三十元
全金山萍果酥	三十元
鷄油杭仁酥	三十元
蛋黃荳蓉酥	四十五元
杭仁椰蓉酥	卅式元

香港 高陞老餅家月餅價目臚列

品名	鐵盒	紙盒
步步高陞月	卅叁元六	卅式元八
真料棗蓉月	廿四元八	廿四元正
雙黃紅荳沙月	廿九元六	廿八元八
精品燒鷄月	卅七元六	卅六元八
三黃蓮蓉月	卅六元八	叁拾六元
著名雙黃蓮蓉月	卅式元八	卅式元正
金華腿肉月	叁拾元正	廿九元式
五仁义燒月	廿九元二	廿八元四
鷄油雙黃月	廿九元六	廿八元八
蛋黃椰絲月	廿八元八	廿八元正
單黃蓮蓉月	廿八元八	廿八元正
蛋黃鷄油月	廿五元六	廿四元八
華貴鏡盒七星伴月	每盒八拾八元正	
廿四兩庄四黃蓮蓉月	四拾六元八	四拾六元
單黃紅荳沙月	廿五元六	廿四元八
玫瑰五仁甜肉月	廿四元八	廿四元正
五仁鹹肉月	廿四元八	廿四元正
椰絲蓮子月	廿四元八	廿四元正
欖仁蓮蓉月	廿四元八	廿四元正
纯净蓮蓉月	廿四元八	廿四元正
玫瑰紅荳沙月	廿壹元六	式拾元零八
素紅荳沙月	廿壹元六	式拾元零八
欖仁荳蓉月	式拾元零四	拾九元六
素荳蓉月	式拾元零四	拾九元六

月餅會（即日開收）

茲将庚申年月餅會會餅款式列後：

甲種（每月供銀十六元）

步步高陞月	壹盒
雙黃蓮蓉月	四盒
單黃蓮蓉月	叁盒
七彩豬籠餅	式個

乙種（每月供銀拾元正）

步步高陞月	壹盒
雙黃蓮蓉月	式盒
單黃蓮蓉月	式盒
七彩豬籠餅	式個

甲乙種月餅會供滿十式個月可得上列之餅・

（分銷處）

英京酒家 香港莊士敦道179號 電話：㊄七二〇三壹一

第一市場 香港堅拿道西式十六號至三十號 電話：㊄七二七六八四 ㊄七四九三五一 ㊄七四九三五二

金城酒家 香港大道中壹佰式拾式號

公元一九七九年歲次己未謹訂

東方小祇園

小祇園，1905 年在半山堅道 71 號開業的素食館。祇園是佛陀釋迦牟尼在印度北部一處宣揚佛法場所。素食館創辦人歐陽先生篤信佛學，在亞洲東方之珠這個小島，藉着素食種因、長壽結果，開設素食店，取名小祇園寓意深遠。1956 年在灣仔軒鯉詩道 203 號開設東方小祇園分店，後轉至軒尼詩道 241 號繼續營業至今，堅道總店在 1970 末結業。

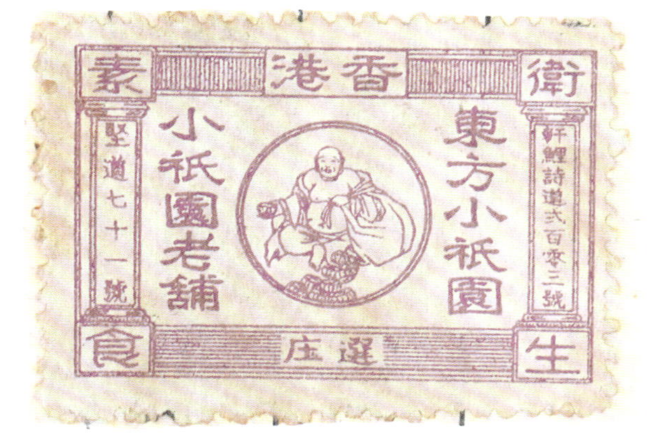

1950 年代東方小祇園廣告紙，老舖在堅道，分店在軒鯉詩道。素食店以佛像標記，宣揚戒殺放生、皆大歡喜。

東方小祇園 1960 年代月餅禮盒欖仁蓮蓉月紅紙，這間素食店也入鄉隨俗，包辦齋筵、售賣龍鳳禮餅、回禮茶盒、佛教用品。

龍門大酒樓懷舊風味

▸ 寶雲道上寶雲亭

寶雲道與灣仔峽道交界處，有一片休憩地，小橋流水，綠蔭涼亭。其中有一座灣坊亭。

亭內一塊碑刻，記有「本亭全座荷蒙龍門酒樓、龍圖酒家謝舜良君捐建」。此亭原名寶雲亭，當年誠徵楹聯，冠軍為金文泰中學校長羅嗣超所擬：

寶地閒亭，風景四時留屐齒
雲山滄海，波光三面入詩囊

聯句刻字亭柱仍在，亭旁《寶雲亭記》碑，由敦梅中學莫儉溥校長撰文，黃維琩曹全碑筆意所書，篆印泰斗馮康侯篆額，俱為當時文化界名人，由灣仔街坊福利會立石，時為1966年。

寶雲亭幾經風雨，1991年灣仔區街坊福利會重建，刻字楹柱保留，易名灣坊亭，亭旁另立《灣坊亭記》碑。

▸ 龍門大酒樓一甲子

灣仔曾經有三條飛龍在天，龍行龘龘（「龘」粵音踏，形容龍騰飛的樣子），意氣高揚：

龍門大酒樓：莊士敦道130－136號；
龍團大酒樓：莊士敦道338號；
龍圖大酒樓：軒尼詩道338號。

祖籍高明的謝舜良於1949年夥拍其他股東，於莊士敦道130號開設龍門大茶樓。1950年代以前，飲早茶配以數件點心，形成了「茶樓」文化。茶樓跟茶室、茶居一樣，通常只經營早午市。「酒樓」則敬洋酒開啤酒，專辦筵席，晚市小菜。1950年代之後，飲食界兼營早午晚，都稱為「大酒樓」。

1960年代，龍鳳易名龍門大茶樓，逐步轉為謝氏家族獨資，1973年才改為龍門大酒樓。期間於軒尼詩道開設龍圖大酒樓，1965年又於龍門對面開設龍團大酒樓，謝氏白手興家，亦樂善好施，酒樓夜總會業務遍及港九，亦參與眾多社團事務。

老字號龍門大酒樓單幢四層唐樓，1970年代至1980年代是全盛時期，八方來客，客似雲來，中外賓客，名流商賈，紅伶影星都是座上客。你記得的歡樂時光，總包括父母長輩帶你飲早茶，出席婚禮壽宴飲喜酒。冷氣雅座涼風陣陣，侍應拿着水煲密密斟，客人會在報攤買本馬經度「孖Q」，今朝有酒今朝醉。

我記得的懷舊味道，就有雞球大包、叉燒餐包、欖仁馬拉糕、炭爐叉燒、八寶鴨……

到了1990年代後，面對飲食業的競爭，建築物老化，裝修陳舊，舊區重建，舊式酒樓日漸式微。龍圖、龍團相繼結業。龍門承載了六十年香港人的記憶，尤其是在灣仔生活、上班的普羅大眾，但也終於到了光榮結業的日子。

2009 年 11 月 30 日，龍門大酒樓舉辦最後一晚「龍門夜宴」，有幸當晚出席一登龍門，只見門外銅鑄騰龍，門內牆上銅鑄篆字「龍門」，傳聞是開店時的風水格局。紅燈籠大宮燈高高掛，大幅木浮雕「三英戰呂布」，古老的樓梯，古老的裝璜，古老的收銀機，當晚舊友新知濟濟一堂相見歡，沒有傷感，緬懷過去，談笑風生。

當年龍門大酒樓廳堂龍柱已移至稻鄉飲食文化博物館保存展出。

在龍門告別的日子，紅色的外牆懸垂着紅底黃字一副長聯，臨別依依，老時光總是好時光。

六十餘載經營，於今勇退急流，故知世道靡常，天下無不散筵席。

億萬常臨貴客，至感隆情高誼，此後相逢話舊，永懷風雨故人來。

這樣想着寫着，原來已是十多年前的事。

> 思往事，記惺松，看燈人異，去年容，可恨鶯兒頻喚夢。

龍門大酒樓座上客王心帆撰曲《痴雲》，小明星主唱。

莊士敦道上的招牌彩色繽紛，有醉瓊樓的黃色、龍鳳臘味家的綠色、龍門大茶樓的紅色、大三元臘味家的藍色，七彩奪目。龍門大酒樓的前身是龍鳳大茶樓，與左面大成酒家、敏如茶室、英京大酒家並存。

龍門大酒樓月餅會簿，紅色喜慶，金色輝煌。

龍門大茶樓、龍圖大酒樓月餅鐵罐。

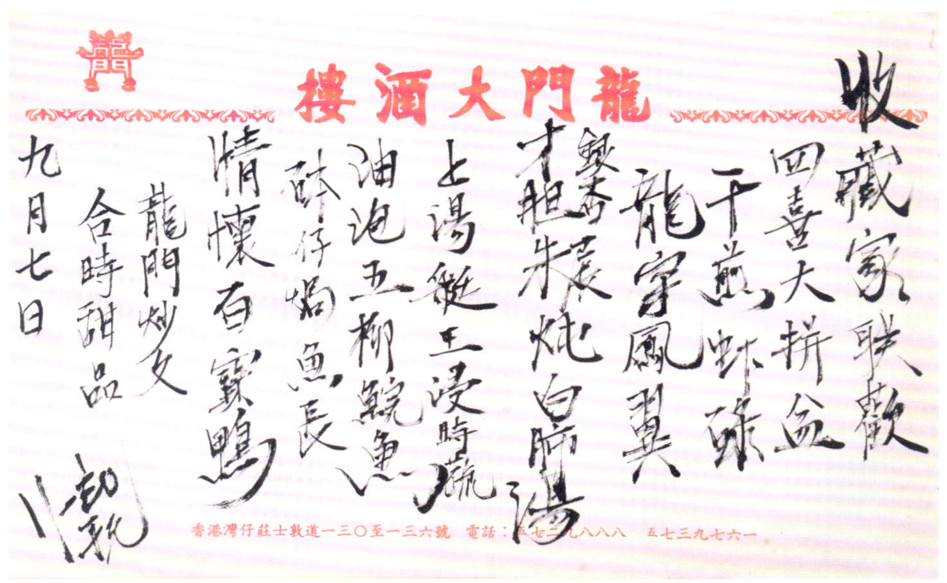

龍門大酒樓

收藏家聚歡
四喜大拼盆
干煎虾碌
龍穿鳳翼
銀杏菜膽炖白肺湯
上湯艇王浸時蔬
油泡五柳鯇魚
砵仔焗魚長
情懷百寶鴨
龍門炒飯
合時甜品
九月七日

香港灣仔莊士敦道一三〇至一三六號　電話：五七二九八八八　五七三九七六一

龍門大酒樓菜單。香港收藏家聚餐，少不了香港懷舊菜式，「龍穿鳳翼」是其中一道，即金華火腿、西芹、甘荀、冬菇切絲釀入去骨雞翼，煎至八成熟，再用蠔汁燴之。銀杏菜膽燉白肺湯，砵仔焗魚腸等都是令人回味的傳統味道。

「艇王」指香港特有蜑家菜風味，例如避風塘炒蟹便是其一。蜑家人是水上人家，喜將漁獲海產，連同生曬蝦乾魚乾、醃菜脯、薑蔥蒜烹調菜式。

龍門大酒樓火柴盒。

龍團酒家茶盅，上有青龍帶火圖案。青龍守護東方，青色五行屬木，木生火，有「木火通明」之意，寓意酒家生意興隆。

龍門大酒樓茶盅。「龍門」以雙鈎筆法寫成空心字，龍字變成屋頂，兩重翹角飛檐，甚至簷頂的小神獸都有，下面門字大門敞開，整體牌坊造型，有「一登龍門，聲價百倍」的喻意，茶客富貴自然來。

雙喜樓

「雙喜樓」，成為 2023 年香港音樂女子組合 Twins 成軍出道二十二周年的主題曲名稱。

「全部有請……雙重的邂逅，坊間獨有發售；雙重的意頭，繽紛大眾接受。」

2001 年，Twins 出道那一年，位於莊士敦道 112 號的雙喜樓入伙，為樓高二十七層私人住宅，它正正新建在原址雙喜大茶樓的位置。老街坊都記得，莊士敦道和太原街交界路口的雙喜樓，有早午茶市，可買份報紙上樓飲早茶，水滾茶靚，一盅兩件，「先嚟一籠鵪鶉蛋燒賣食住先」。但原來雙喜大茶樓不知不覺也拆了廿幾年，剩下的只有回憶。

電車路過雙喜大茶樓。

燈火通明的莊士敦道，右邊可見雙喜大茶樓招牌。

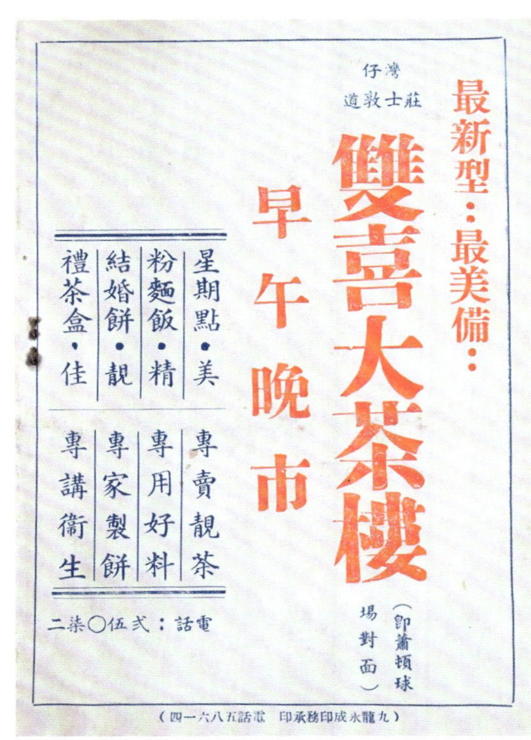

廣告上寫着雙喜大茶樓位於蕭（修）頓球場對面，有早午晚市，而且「專賣靚茶」、「專用好料」、「專家製餅」和「專講衛生」。

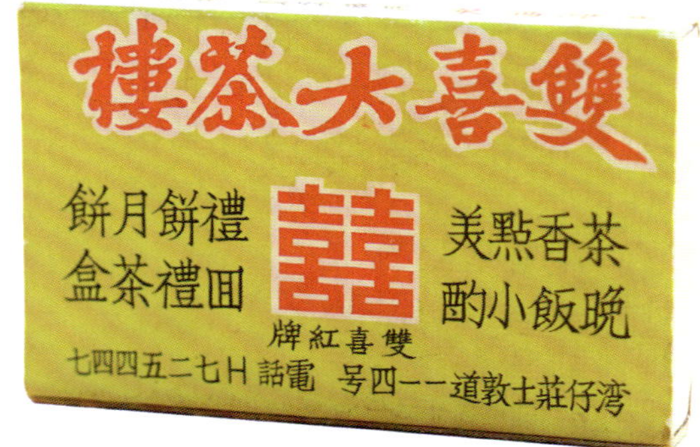

雙喜樓火柴盒。上面寫着雙喜茶樓位於莊士敦道 114 號。

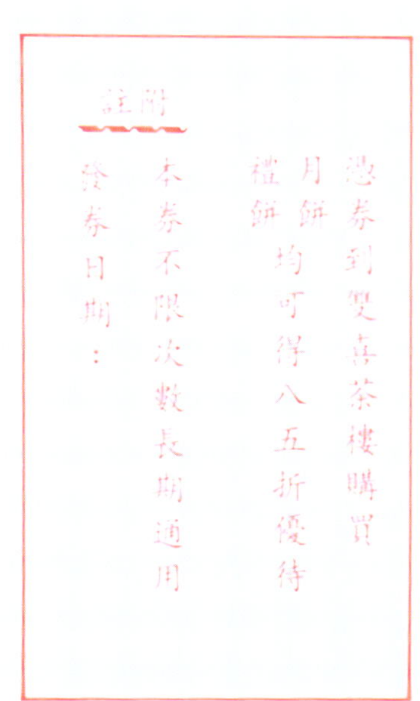

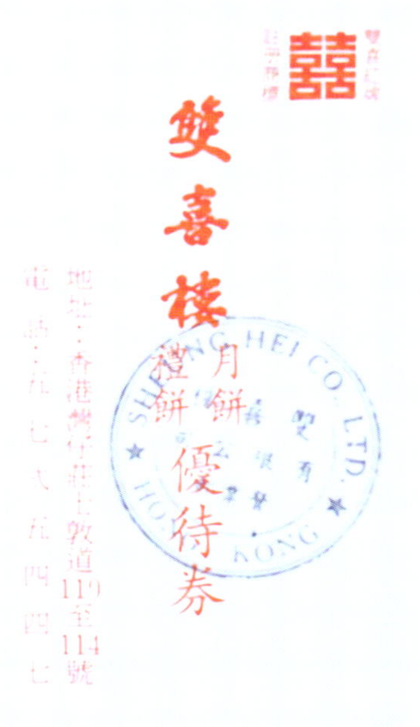

雙喜樓名片。從店舖招牌、禮品包裝上的商號、名片單據，出現過各種各樣的寫法：雙喜樓、雙喜樓有限公司、雙喜茶樓、雙喜大茶樓、雙喜茶樓有限公司、雙喜大餅家、Sheung Hei Co., Ltd……但指的都是雙喜樓。

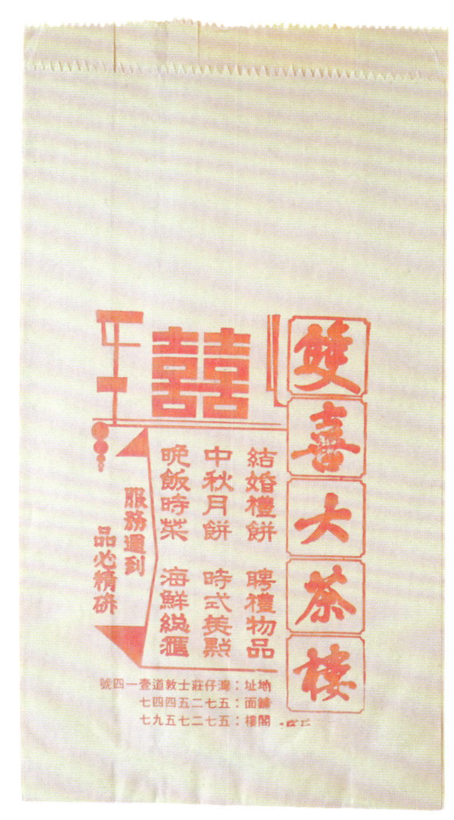

雙喜大茶樓紙袋。

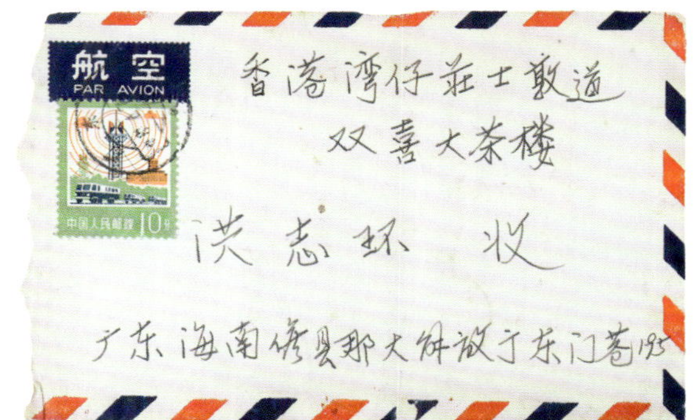

從當時仍屬廣東省的海南島、貴州省貴陽市寄往雙喜樓的信封。不需註明莊士敦道門牌號碼，郵差都能送到。

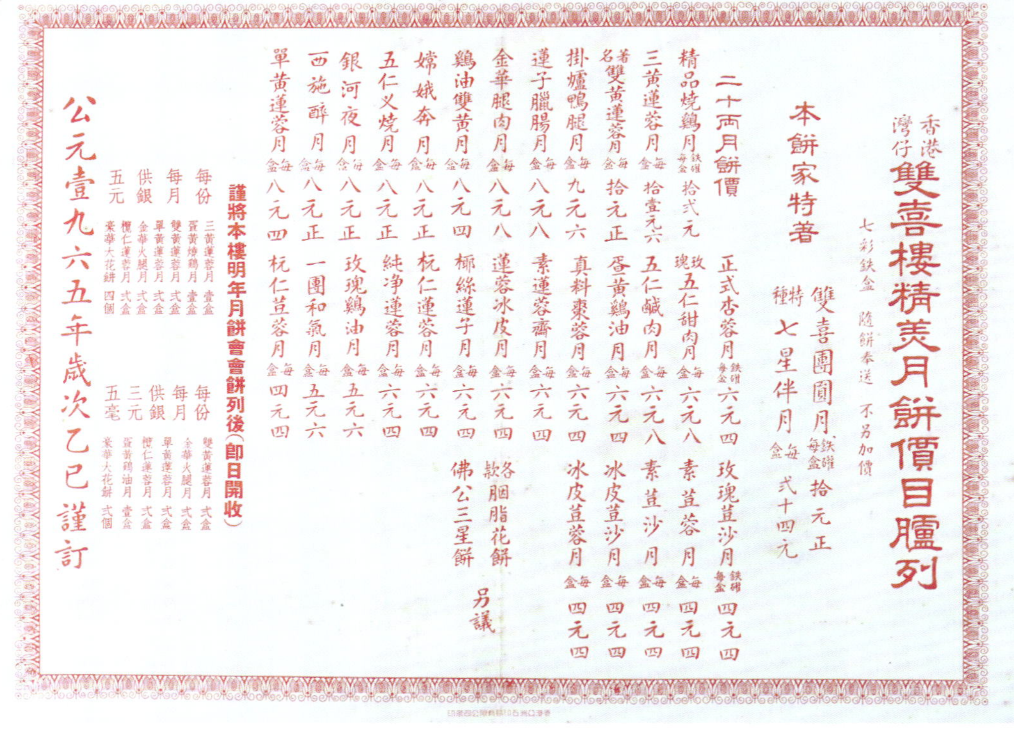

香港灣仔 雙喜樓精美月餅價目臚列

七彩鉄盒　隨餅奉送　不另加價

本餅家特著

雙喜團圓月 鉄罐每盒 拾元正

特種 七星伴月 每盒 式十四元

二十両月餅價

精品燒鷄月 鉄罐每盒 拾弍元　正式杏蓉月 鉄罐每盒 六元四　玫瑰荳沙月 鉄罐每盒 四元四

三黃蓮蓉月 每盒 拾壹元六　玫瑰五仁甜肉月 每盒 六元八　素荳蓉月 每盒 四元四

著名雙黃蓮蓉月 每盒 拾元正　五仁鹹肉月 每盒 六元八　素荳沙月 每盒 四元四

掛爐鴨腿月 每盒 九元六　蛋黃鷄油月 每盒 六元四　冰皮荳沙月 每盒 四元四

蓮子臘腸月 每盒 八元八　真料棗蓉月 每盒 六元四　冰皮荳蓉月 每盒 四元四

金華腿肉月 每盒 八元八　素蓮蓉齋月 每盒 六元四

鷄油雙黃月 每盒 八元八　蓮蓉冰皮月 每盒 六元四　各款胭脂花餅

嫦娥奔月 每盒 八元四　椰絲蓮子月 每盒 六元四　佛公三星餅　另議

五仁叉燒月 每盒 八元正　杬仁蓮蓉月 每盒 六元四

銀河夜月 每盒 八元正　純淨蓮蓉月 每盒 六元四

西施醉月 每盒 八元正　玫瑰鷄油月 每盒 五元六

單黃蓮蓉月 每盒 八元四　一團和氣月 每盒 五元六

杬仁荳蓉月 每盒 四元四

謹將本樓明年月餅會會餅列後（即日開收）

每份每月供銀五元：三黃蓮蓉月 壹盒　蛋黃燒鷄月 壹盒　雙黃蓮蓉月 弍盒　單黃蓮蓉月 弍盒　金華火腿月 弍盒　欖仁蓮蓉月 弍盒　豪華大花餅 四個

每份每月供銀三元五毫：雙黃蓮蓉月 弍盒　金華火腿月 弍盒　單黃蓮蓉月 弍盒　欖仁蓮蓉月 弍盒　蛋黃鷄油月 壹盒　豪華大花餅 弍個

公元壹九六五年歲次乙巳謹訂

雙喜樓月餅價目表。

雙喜樓禮餅盒，人手製造。

雙喜樓月餅鐵罐

雙喜樓家藏舊普洱茶罐。

肥仔記燒味和燒臘

1960 年代街坊小館肥仔記，在皇后大道東 88 至 90 號地舖，專賣燒味，位置貼近民居，大部分食客應是附近坊眾，店名親民，走大眾化路線，只要食品有水準，自然客似雲來，生意興隆。

香港燒臘店通常都有這三味，任君選擇。燒味，是粵菜中的燒烤食品，一般用烤爐烘烤肉類，如燒豬燒鵝燒鴨、燒腩仔燒排骨、吊燒雞琵琶鴨、燒紅腸，此外還有白切雞、豉油雞，海蜇、醺蹄都有。

此外，燒味店通常會同時製作滷味，一般用潮汕風味的滷汁文火滷製食品，如滷水鵝鴨、豬頭肉豬耳豬腳仔、雞肝雞腎⋯⋯還有滷水墨魚、生腸。

至於臘味，「秋冬起，食臘味」，加推臘味益街坊。將肉類用鹽或鹽漬風乾而成，農曆十二月為臘月故名臘味。臘鴨、臘肉、臘腸潤腸、臘鴨腎（煲西洋菜湯），還有「金銀潤」，把酒醃過的肥豬肉包在豬潤內，油潤甘香，你怕不怕肥？

香港人過年過節，拜神拜祖先，大排筵席，開張開戲，都少不了燒豬燒肉。香港人特別喜愛燒味，打工仔「食晏」，叉雞飯一碟跟碗西洋菜例湯，下午茶一碗燒鵝瀨粉，晚飯就斬料加餸，斬大嚿叉燒，要半肥瘦⋯⋯

這是肥仔記手挽紙袋，繪有垂髫（頭髮下垂）的肥仔圖案，跟前有隻燒乳豬。肥仔記宣傳售賣燒味外，還有臘味，所以說「巧製燒臘」，甚至有早午市點心供應，亦可以安排壽筵喜酌，弄撚手小菜一碟，一席冷盤熱葷也無問題。所以肥仔記自稱是燒味酒家。

灣仔三雞回憶

▸ 頤園大酒家太爺雞

香港人喜歡吃雞，白切雞、豉油雞、當紅炸子雞、油淋雞、菜膽雞、花雕雞、口水雞、客家鹽焗雞、客家霸王雞、南乳吊燒雞、砂鍋雲吞雞、潮式川椒雞、台式三杯雞、台式鹽酥雞等等……昔日灣仔區有「三龍」一說，指龍門、龍圖及龍團三家大酒樓，可有聽過灣仔有「三雞」？

名店名廚炮製美味的灣仔「三雞」，包括太爺雞、香妃雞、童子雞，可惜已經成為記憶的味道，細想其美味的竅門，是以自家的滷汁先將雞肉滷至入味，再巧用煙燻、油炸等加工，令口感更豐富。然而，記憶的味道，又如外婆炆豬肉，童年時母親的菜心炒肉片，還是最令人懷念。

軒尼詩道與莊士敦道交界向東望。1950 年代灣仔，六條行車線的軒尼詩道，中間兩線是泊車專用，右邊電車行駛線是莊士敦道。交匯處是加德士加油站，附近商店招牌林立，商業活動頻繁。左邊路口是史釗域道，左邊招牌是頤園大酒家。

頤園大酒家，招牌菜為「著名太爺雞」。傳説太爺雞始創自清末江蘇舉人周桂生，曾在廣東花縣、新會當過知縣，晚年在廣州謀生養老並開設「周生記」，以江蘇傳統煙燻的烹調方法，製作粵式豉油雞。因廣東人叫縣官為縣太爺，取名「太爺雞」，特點是皮脆肉嫩，兼有煙燻茶葉香，從此譽滿省城。戰後香港頤園大酒家開業，曾延聘周氏後人主理太爺雞，頤園大酒家結業後，便再沒有祖傳的太爺雞了。改革開放後，周桂生曾外孫於廣州越秀區文明路開設「姑蘇周生記始創太爺雞」一店，用秘製鹵水和燻料，延續具有獨特吳粵風味的太爺雞。

至於太爺雞的做法，簡單來説，將雞先滷後燻，所以食肆也會用「茶香雞」名之。秘方滷汁求之不得，姑且用自製豉油雞汁，即生抽、老抽、冰糖、芝蔴油、玫瑰露酒等調製而成，將雞用中火在滷汁中浸泡，浸熟後晾乾，最後用茶葉（相傳用水仙茶葉）煙燻即成，咬一啖後令人回味無窮。

▸ 悅香大飯店的香妃雞

悅香大飯店曾位於譚臣道 105 至 107 號，可惜的是，2020 年，估計受新冠疫情影響，悅香飯店在大門貼出了告示：

> 悅香本店，榮休結業
> 多謝閣下，惠顧多年
> 六十歲悅，香溢八方
> 回憶無盡，回味無窮
> 闊別於此，謹祝安康
> 悅香飯店仝人 2020 年 3 月 1 日
> （英文版還有一句：有緣再會）

昔日譚臣道，大大的招牌寫着「悅香海鮮飯店，晚飯宵夜，金牌香妃雞」，招牌正中還有一碟一隻雞的圖樣。悅香飯店招牌菜：本地農場活雞，馳名金牌香妃雞，半隻 199 元、例牌 110 元、例腿 130 元。隨碟伴有薑絲葱段，雞皮爽滑，雞肉細嫩，確實齒頰留香。

香妃雞的做法，簡單來說便是白滷水浸雞。秘方難求，自製白滷水可參考以下香料，八角、花椒、桂皮、老薑、沙薑、香葉、甘草、陳皮、冰糖，加適量清水先煮，後加調味，鹽、紹酒、玫瑰露酒，略煮而成。

如想提升白滷水浸雞味湯的味道，可加入豬骨瘦肉、金華火腿、瑤柱蝦米同熬，味道更可口。浸雞方法可參考以下一式：白滷水味湯分兩份，一份冷凍，一份加熱煮沸，將光雞放入，微火浸煮 10 分鐘，熄火浸煮 10 分鐘，再微火浸煮 5 分鐘至剛熟，立即將雞放入冷凍白滷水味湯約 15 分鐘，取出搽勻熟油麻油即成。

香妃雞，也有稱貴妃雞，取名源於「貴妃出浴」，顯示用熱的冷的白滷水，浸泡光雞的過程。

▸ 美利堅京菜的童子雞

有云以 American Restaurant 為店名的餐廳，提供美式西餐，最早於 1939 年在灣仔道開業。戰後餐廳在區內重開並歷經搬遷，1970 年代，由山東廚師主理烹製魯菜和京菜，改變餐單，轉型為中菜館，反而更受外國人及本地食客歡迎。餐廳於 1978 年遷往駱克道 20 至 26 號金星大廈，店名亦早已增加中文名字「美利堅京菜」。直至 2017 年 9 月，店外突然貼了一張告示，「本店因內部裝修，暫停營業，不便之處，敬請原諒」，宣告這家在灣仔經營多年的餐館停業。

京燒羊肉、北京填鴨、葱爆牛肉、川燒蝦球，包括其中一味童子雞，皮脆肉嫩，成為不少人記憶中的味道。

童子雞選用飼養幼小、剛成熟的雞，稱童子雞，炮製方法大抵先滷後炸。滷汁由香料（八角花椒、茴香丁香、白芷良姜、白蔻香葉等組成）和調味料（鹽糖、薑葱、生抽老抽組成）調配而成。大火將滷汁煮開，以小火將雞仔煮半小時，浸泡又約三小時，醃製入味，掛起風乾，滾油炸熟。

童子雞料理有多種，如果最後工序經滾油淋澆或油炸，也稱燒童子雞或稱燒春雞。

娛樂設施

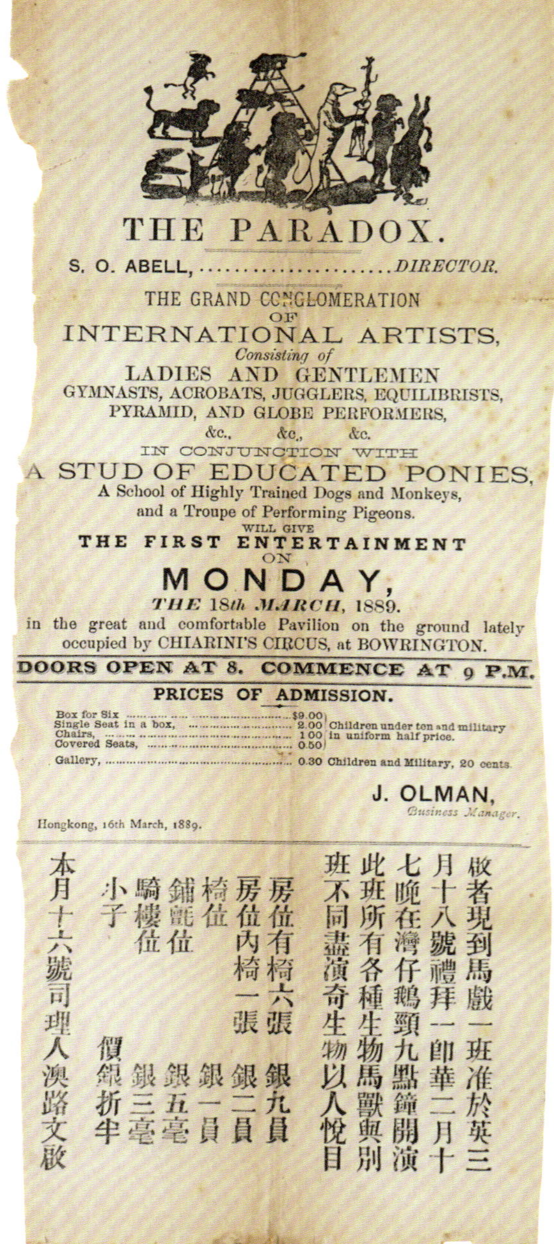

這則廣告的華文版，在日期上兼有中西曆，顯示當時許多華人仍沿用舊曆。當時會用「英」字表示新曆或西曆，用「華」字表示舊曆或農曆。圖中可見馬戲團票價分多種：六人座椅包廂 9 元，包廂單座椅 2 元，普通座椅 1 元，鋪氈座位 5 角，十歲以下兒童及軍裝軍人半價。另有騎樓位（一般觀眾席）3 角，兒童及軍人 2 角。

Chiarini's 馬戲團香港演出

1889 年 3 月 16 日一則廣告，宣佈享負盛名的 Chiarini's Circus 馬戲團兩日後——即 3 月 18 日晚上 9 時，在灣仔鵝頸（Bowrington）盛大演出，由國際知名表演藝術家組成的精英團隊，表演體操、雜技、雜耍、走鋼線和疊羅漢等，還有受過訓練的馬匹、猴子、狗隻和鴿子的精彩表演。

Giuseppe Chiarini（1823－1897）可能是 19 世紀最具影響力的馬戲團企業家，他在意大利羅馬出生，年青時已是馴馬師和馬術運動員，在五十八年的職業生涯，他曾領導的 Chiarini's Circus，持續進行國際巡演，從歐洲、美洲、印度、亞洲到澳洲，在各國領袖御前表演，例如明治天皇，更讓許多當地人首次觀賞到神奇的馬戲團表演。

1889 年 2 月 2 日，*The Graphic* 刊登了專題「巡迴演出的馬戲團」，撰文表示世界上少有這麼進取的馬戲團班主，帶領團隊中的小丑、表演藝術家、馬夫、運動員和各種動物，以色彩繽紛的標語牌，大膽高超的馬戲技藝，遊走在世界的偏僻角落演出。插圖顯示在香港有一家馬戲團正在為觀眾表演，反映西方文明已到達遠東。

文中並無指出該馬戲團是哪一家，但能夠自 1882 年首次訪港，1886 年、1889 年多次重臨的資訊，知道這樣大型的馬戲團，尤其是具備精湛馬術的，必定是 Chiarini's Circus。

插圖來自曾經遠赴遠東中國站服役的英國皇帝海軍巡洋艦 HMS Leander 上 A. S. Wildey 先生的一張草圖，再經由法國一位以繪畫人物肖象畫知名的畫家 Marie Felix Hippolyte-Lucas 重新描繪細節，以蝕刻金屬版畫印刷而成。插圖中描繪馬術表演最緊張刺激的一刻，女表演者本站在奔跑的馬背上，凌空跳穿小丑手執的一個以紙張密封的藤圈。觀眾大都是富裕人家，婦人穿着華貴的衣服，搖着扇子，旁邊站着留辮子的男士，因為那時代是清末光緒年間。插圖説明文字：歐洲文明在中國的進程——香港巡迴馬戲團。

香港大舞台

▸ 皇后大道東 183 號的歷史變遷

翻看歷史，皇后大道東 183 號一直都閃耀着電影的光影。

1. Eastern Theatre（1910－1922）似乎是灣仔最早的電影院。

2. 香港大戲院（Grand Theatre）（1923－1956），原址重建新的電影院，電影主要迎合華人觀眾。

3. 香港大舞台（Hong Kong Grand Theatre）（1958－1976）原址重建後，是一座多層多用途大樓，分辦公室樓層和電影院兩部分，初期專門放映英語西片。似乎因為觀影人數不如理想，漸轉為放映二輪西片及粵語電影，租予劇團演出粵劇及其他舞台表演，甚至短暫停業。

1975 年，香港大舞台曾轉型放映藝術電影，8 月 1 日開幕，上映黑澤明《紅鬍子》足本，之後有花生漫畫卡通片《聰明狗走天涯》、大島渚《儀式》、杜魯福《偷吻》、《婚姻生活》，及專題電影展。最後兩部電影是奧遜・威爾斯《大國民》和彼得・博格丹諾維奇《最後一場電影》，然後於 1976 年 9 月 19 日，香港大舞台正式關閉。原址大廈隨後拆卸改建，1980 年建成現址的合和中心。

我記得小時候想看電影，大人會買份報紙先看廣告，查看不同戲院、不同電影的場次，然後到戲院排隊買票。有時輪候至售票處劃位，已沒有座位可選，只能坐前座第一行，真的看到頭暈暈。

我還記得那時趕到戲院，看到大堂上掛了一面旗寫着「全面滿座」時的失望。

合和中心、合和城大酒樓火柴盒。

《華僑日報》在 1958 年 9 月 22 日刊登一則戲院開幕廣告，香港大舞台位於皇后大道東 183 號，現址合和中心位置。看看當年這家新戲院宣傳什麼新設備？

1. 全港最大弧形銀幕。
2. 採用新藝綜合體（CinemaScope）。這是 1950 年代初由二十世紀霍士電影公司發明的橫向壓縮鏡頭，使用自 2.66：1 至 1.66：1 的銀幕寬高比來播放影像。
3. 西電（Western Electric）聲機，聲響配合光線俱佳。
4. 華納（Warner Bros.）七彩，應該指華納電影公司電影拍攝，採用柯達公司於 1950 年推出的彩色電影菲林處理技術：伊士曼彩色（Eastmancolor）。
5. 有中文字幕。
6. 約克（York）冷暖氣調節機，戲院內空氣保持適度清新。
7. 鄧祿普（Dunlopillo）乳膠座椅，觀影舒適無比。

廣告底下特別寫：「開張日隨票贈飲屈臣氏代理之百寶汽水。」另外還有關於《越州霸王》的重點介紹、放映時間、座位票價等等。一套戲院電影廣告，所有資料散亂排版在廣告篇幅內，是那個時代的特色，也反映出民眾找娛樂、愛看電影的熱鬧氣氛。

東方戲院

東方戲院（1932－1981），屹立灣仔半個世紀，位處菲林明道與譚臣道交界，隔壁是英京大酒家，這路段日間人來人往，入夜燈火通明，是灣仔著名地標。

東方戲院於 1932 年 7 月 1 日開幕，報章宣傳形容戲院摩登華貴，裝置最新式西電聲機，選映美國派拉蒙及霍士名片，座位超過一千。1940 年代耗資安裝冷氣，曾經是香港專放首輪西片的戲院，輪候買戲票的人大排長龍，也曾作過粵劇舞台，慢慢設備跟不上新戲院，放映二輪電影，東方戲院於 1981 年 4 月 1 日結業。

東方戲院和英京大酒家拆卸後，合併於原址建成樓高二十四層商廈的大有大廈，1985 年落成，樓下五層是大有商場，2006 年裝修後，改稱大有廣場。噢，大有到現在，轉眼又四十年了。

東方戲院正門是菲林明道，曾經設置直立式燈牌，中文寫上「東方戲院」，之後換上英文「ORIENTAL」。

東方戲院正門直立式燈牌已拆除，以便架設大幅電影宣傳美術廣告畫。

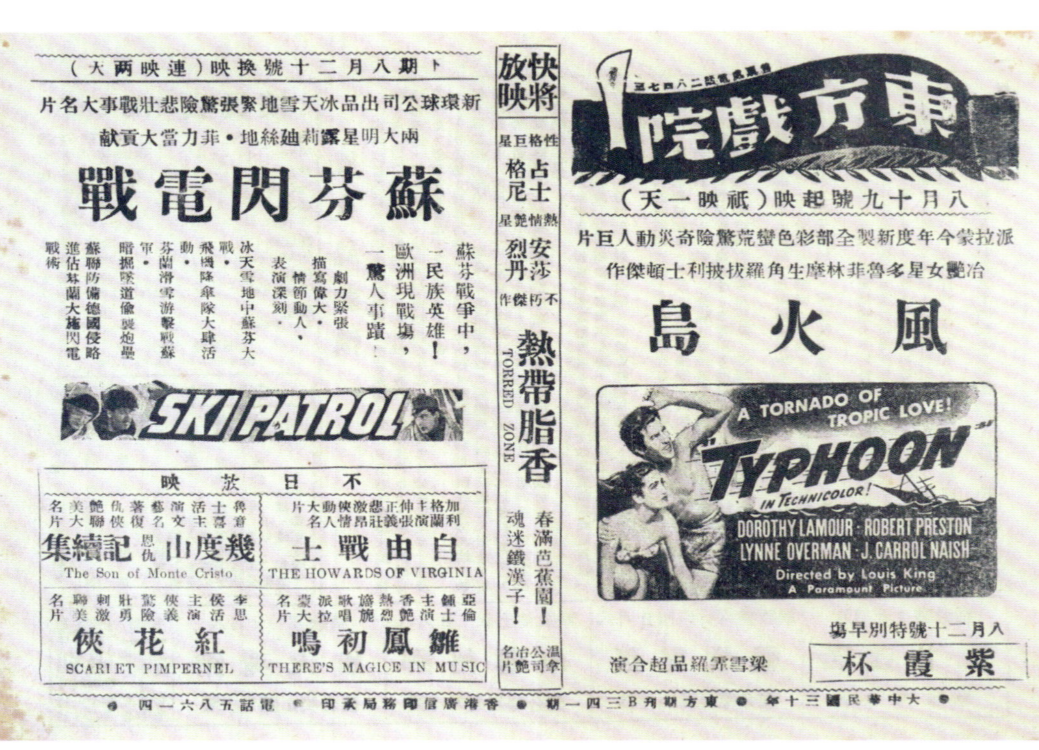

下期八月二十號換映（連映兩天）

新環球公司出品冰天雪地緊張驚險悲壯戰事大名片

兩大明星露莉廸絲地・菲力當大貢獻

蘇芬閃電戰

蘇芬戰爭中，一民族英雄！
歐洲現戰場，一驚人事蹟！

劇力緊張
描寫偉大・情節動人、表演深刻・

冰天雪地中蘇芬大戰・飛機降傘隊大肆活動・芬蘭滑雪游擊戰蘇軍・暗掘隧道偷襲炮壘
蘇聯防備德國侵略
進佔芬蘭大施閃電戰術

SKI PATROL

不日於映

自由戰士 THE HOWARDS OF VIRGINIA 加利格蘭主演 仲張正義 悲壯激昂 俠情動人大名片	幾度山恩仇記續集 The Son of Monte Cristo 魯意士蕾活主演 文藝名著 復仇俠艷 聯美大名片
雛鳳初鳴 THERE'S MAGICE IN MUSIC 亞倫鍾士主演 香艷熱烈 嬉旋歌唱 派拉蒙大名片	紅花俠 SCARIET PIMPERNEL 李思侯活主演 俠義驚險 壯勇刺激 聯美名片

快將放映

性格巨星 占士格尼
熱情艷星 安莎烈丹
不朽傑作 熱帶脂香 TORRED ZONE
春滿芭蕉園！魂迷鐵漢子！
溫拿公司治艷名片

東方戲院

八月十九號起映（祇映一天）

派拉蒙今年度新製全部色彩蠻荒驚險奇災動人巨片

治艷女星多魯菲林摩生角羅拔利士頓傑作

風火島

八月二十號特別早場
紫霞杯
梁雪霏羅品超合演

大中華民國三十年 ● 東方期刊B三一四一期 ● 香港廣信印務局承印 ● 電話五八六一四

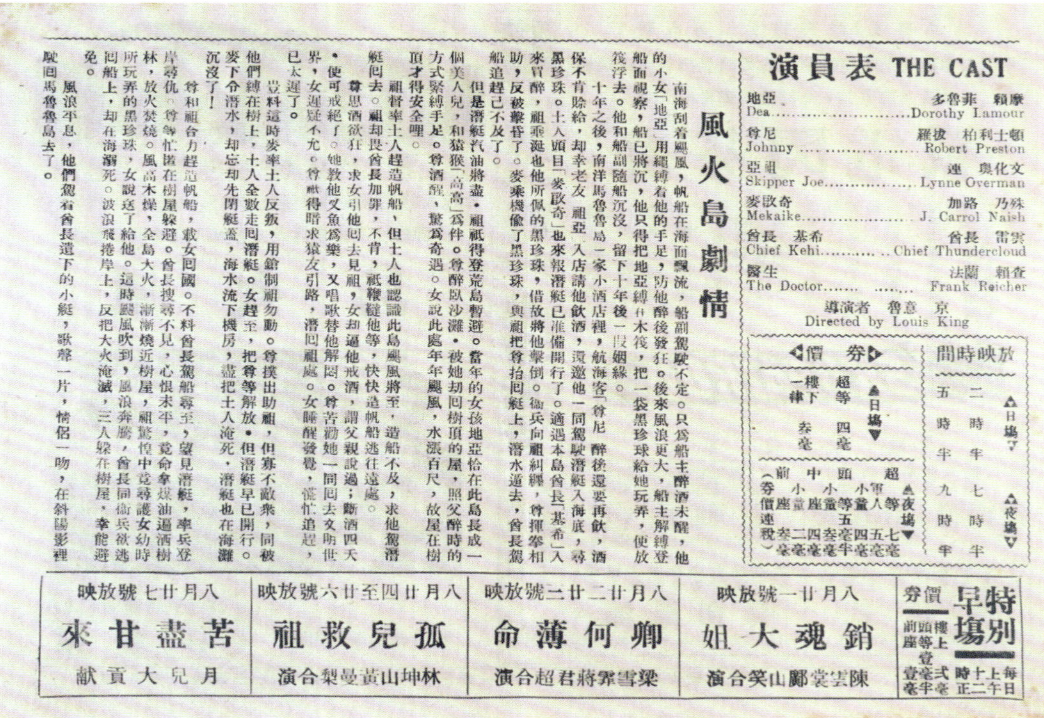

演員表 THE CAST

地亞 Dea	多魯菲 賴摩 Dorothy Lamour
尊尼 Johnny	羅拔 利士頓 Robert Preston
亞祖 Skipper Joe	連 奧化文 Lynne Overman
麥歐奇 Mekaike	加路 乃殊 J. Carrol Naish
酋長 基希 Chief Kehi	酋長 雷雲 Chief Thundercloud
醫生 The Doctor	法蘭 賴查 Frank Reicher

導演者 魯意 京
Directed by Louis King

券價

日場：超等四毫；樓下一律叁毫
夜場：超等七毫；軍人五毫；小童四毫；頭等五毫半；小童叁毫；中座四毫；小童二毫；前座叁毫（連稅）

放映時間

日場：二時半；五時半
夜場：七時半；九時半

風火島劇情

南海刮着颶風，帆船在海面飄流，船副駕駛不定。只爲船主醉酒未醒，他的小女「地亞」用繩縛着他的手足，防他醉後發狂。後來風浪更大，船主解縛登船面視察，船已將沉，他只得把地亞縛什木筏，把一袋黑珍球給她玩弄，便放筏浮去。他和船副隨船沉沒，留下十年後一段姻緣。

十年之後，南洋馬魯魯島一家小酒店裡，航海客「尊尼」醉後還要再飲，酒保不肯賒給，却幸老友「祖亞」入店請他飲酒，還邀他一同駕駛潛艇入海底，尋黑珍珠。土人頭目「麥歐奇」也來報潛艇已準備開行了。適遇本島酋長「基希」入來買醉，祖垂涎也他所佩的黑珍珠，借故將他擊倒。衞兵向祖糾纏，尊揮拳相助，反被轟昏了。麥乘機偷了黑珍珠，與祖把尊抬回艇上，潛水遁去，酋長駕船追趕已不及了。

但是潛艇汽油將盡，祖祇得登荒島暫避。當年的女孩地亞恰在此島長成一個美人兒，和猿猴「高高」爲伴。尊醉臥沙灘，被她刼回樹頂的屋，照父醉時的方式緊縛手足。尊酒醒，驚爲奇遇。女說此處年年颶風，水漲百尺，故屋在樹頂才得安全哩。

祖督率土人趕造帆船，但土人也認識此島颶風將至，造船不及，求他駕潛艇回去。祖却畏酋長加罪，不肯，祇鞭韃他等，快快造帆船逃往遠處。

尊思酒欲狂，求女引他回去見祖，女却逼他戒酒，謂父親說過；斷酒四天，便可戒絕了。她教他叉魚爲樂，又唱歌替他解悶。尊苦勸她一同回去文明世界，女遲疑不允。尊祇得暗求猿友引路，潛回祖處。女睡醒發覺，慌忙追趕，已太遲了。

豈料這時麥率土人反叛，用鎗制祖勿動。尊撲出助祖，但寡不敵衆，同被他們縛在樹上，土人全數走回潛艇。女趕至，把尊等解放。但潛艇早已開行。麥下令潛水，却忘却先閉艇蓋，海水流下機房，盡把土人淹死，潛艇也在海灘沉沒了！

尊和祖合力趕造帆船，載女回國。不料酋長駕船尋至，望見潛艇，率兵登岸尋仇。尊等忙躲在樹屋躲避。酋長搜尋不見，心恨未平，竟命拿煤油遍洒樹林，放火焚燒。風高木燥，全島大火，漸漸燒近樹屋，祖驚惶中竟尋護女幼時所玩弄的黑珍珠，女說送了給他。這時颶風吹到，風浪奔騰，酋長同衞兵欲逃回船上，却在海溺死。波浪飛捲岸上，反把大火淹滅，三人躲在樹屋，幸能避免。

風浪平息，他們駕着酋長遺下的小艇，歌聲一片，情侶一吻，在斜陽影裡駛回馬魯魯島去了。

特別早場 每日上午十二時 券價：樓上頭等前座 壹毫 貳毫半 壹毫	八月廿一號放映 銷魂大姐 陳雲裳鄺山笑合演	八月廿二號放映 卿何薄命 梁雪霏蔣君超合演	八月廿四至廿六號放映 孤兒救祖 林坤山黃曼梨合演	八月廿七號放映 苦盡甘來 月兒大貢獻

東方戲院說明單張（戲橋），可見單張上有關《風火島》的劇情簡介。

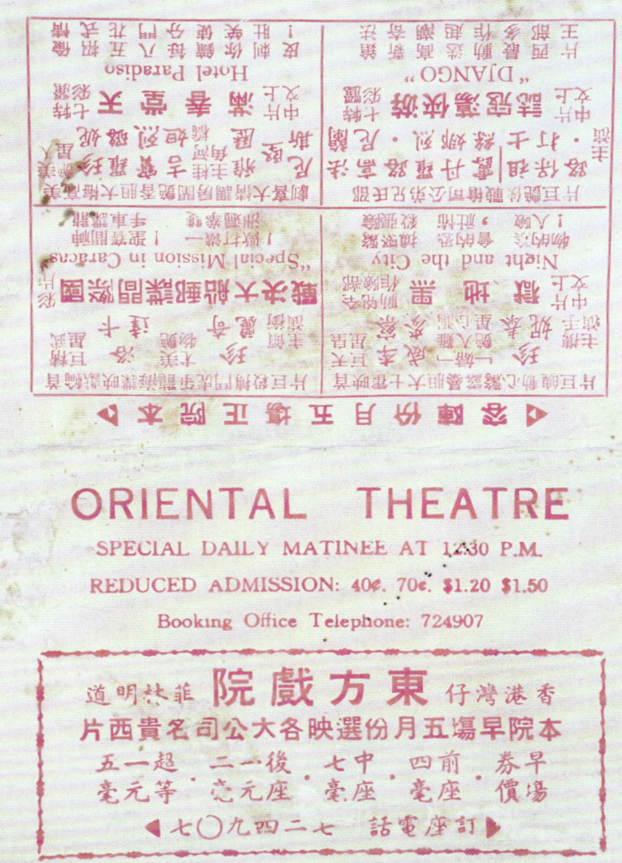

東方戲院五月份廉價早場表 MAY 12:30 P.M.

DATE		TITLES		STARS	片名	主演
1	M	FISTFUL OF DOLLARS	CX	CLINT EASTWOOD	獨行俠連環奪命槍	奇連伊士活
2	T	MAN'S FAVOURITE SPORT? 12.20 p.m.	CX	ROCK HUDSON	漁郎入桃源	洛克遜
3	W	ARABESQUE	C	SOPHIA LOREN GREGORY PECK	諜海密碼戰	蘇菲亞羅蘭 格力哥利柏
4	Th	THE SECRET OF MY SUCCESS	CX	SHIRLEY JONES	偷天換日	莎莉鍾絲
5	F	BEHOLD A PALE HORSE		GREGORY PECK ANTHONY QUINN	烈士忠魂	格力哥利柏 安東尼昆
6	S	THE SILENCERS	CX	DEAN MARTIN	風流特務	甸馬田
7	Sun	FISTFUL OF DOLLARS	CX	CLINT EASTWOOD	獨行俠連環奪命槍	奇連伊士活
8	M	BATTLE OF MONTE CASSINGS		JOACHIM FOCHSBERGER	意大利浴血戰	佛士保加
9	T	OUR MAN FLINT	CX	JAMES COBURN	特務飛龍	占士高賓
10	W	THAT FUNNY FEELING	C	SANDRA DEE	真假意中人	仙杜拉蒂
11	Th	THE SECRET OF PARIS	C	DOCUMENTARY	花都金粉獄	彩色紀錄片
12	F	CODE 7 VICTIMS	CX	LEX PARKER	第七號情報員	力士柏加
13	S	THE FRIGHTENED CITY		SEAN CONNERY	黑煞星勇戰恐怖黨	辛康納利
14	Sun	BACKFIRE!		JEAN PAUL BELMONDO JEAN SEBERG	走私客勇戰金手指	尚保羅貝蒙多 珍西寶
15	M	STRANGE BEDFELLOWS	CX	ROCK HUDSON GINA LOLLOBRIGIDA	繡榻風雲	洛克遜 珍娜羅露寶烈吉妲
16	T	A COFFIN FROM HONG KONG	C	ELGA ANDERSON	神探血戰毒龍黨	愛加安得遜
17	W	MY BLOOD RUNS COLD 12.20 p.m		TROY DONAHUE	孽海痴郎	杜禮納許
18	Th	BLACK ZOO	C	MICHAEL GOUTH	獸國魔王	米高哥富
19	F	MASQUERADE	C	CLIFF ROBERTSON	皇家特務龍虎鬥	奇利夫羅拔遜
20	S	WHAT'S NEW PUSSYCAT?	XC	PETER O'TOOLE PETER SELLERS	貓兒叫春	彼得奧圖 彼得斯拉
21	Sun	OUR MAN FLINT	CX	JAMES COBURN	特務飛龍	占士高賓
22	M	GENGHIS KHAN 12.20 p.m.	CX	STEPHEN BOYD JAMES MASON	成吉思汗	史蒂芬保華 占士美臣
23	T	WHERE THE SPIES ARE	CX	DAVID NIVEN	諜海龍蛇生死鬥	大衛尼雲
24	W	HELP!	CX	THE BEATLES	救命	四狂人樂隊
25	Th	ANNIE GET YOUR GUN	CX	BETTY HUTTON	飛燕金槍	比提克頓
26	F	CARRY ON COWBOY	C	SIDNEY JAMES	烏龍城殲霸戰	薛尼占士
27	S	THE SECRET INVASION	CX	STEWART GRANGER	特務六虎將	史超域格蘭加
28	Sun	FANNY	CX	HORST BUCHHOLZ LESLIE CARON	春江花月夜	賀斯保赫茲 李絲麗嘉儂
29	M	FLIGHT TO TANGIER	C	JACK PALANCE	諜網龍虎鬥	積皮連斯
30	T	STORY OF LITTLE HUCK	C	STORY FILM	金杖神鞋	神話故事片
31	W	FISTFUL OF DOLLARS	CX	CLINT EASTWOOD	獨行俠連環奪命槍	奇連伊士活

片期若有臨時更改，恕不另行奉告 SUBJECT TO ALTERATION WITHOUT NOTIFICATION.

票價：四毫．七毫．一元二毫．一元五毫 Admission: 40¢ 70¢ $1.20 $1.50 C = Color 彩色 X = Cinemascope 新藝綜合體

東方戲院每月早場電影卡。可見廉價早場的放映時間是中午 12 時半，券價（票價）如下：前座 4 角，中座 7 角，後座 1 元 2 角，超等 1 元 5 角。卡上還強調：「西片日日不同，任君選擇。」「本月正場四套特麗七彩西片，亦萬勿錯過。」

東方戲院電影宣傳書刊。《魔宮寶盒》（*The Pirate*）是美高梅（Metro-Goldwyn-Mayer Pictures，MGM）電影公司出品，1948 年上映，由擅長歌舞片的 Vincente Minnelli 執導的一部愛情冒險歌舞劇，由 Judy Garland 、Gene Kelly、Walter Slezak 主演。

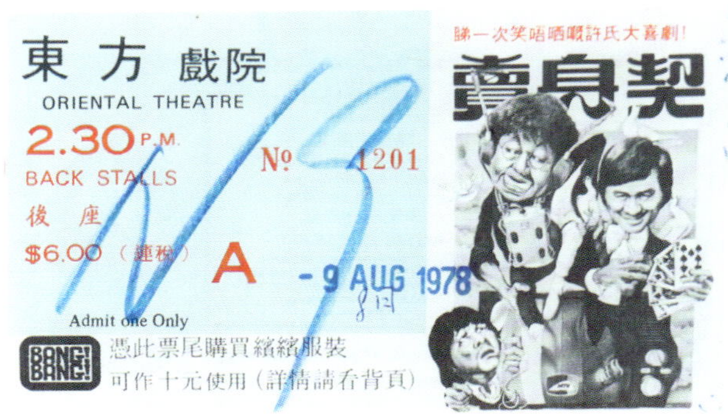

東方戲院戲票。日場時間有 2 時半、5 時半，戲票只分樓下堂座、超等兩種；夜場時間有 7 時半、9 時半，戲票分前中後座及超等。有時憑票尾購物還有優惠。

駱克道的三間戲院：東城戲院、國民戲院、環球戲院

戰後社會復興，電影事業成為投資項目，各區紛紛興建戲院，提供大眾娛樂。當時戲院放映三大片種，即西片、國語片和粵語片，個別戲院會夥拍放映相同電影而組成院線。

▸ 東城戲院（East Town Theatre）

位於芬域街 14 號（駱克道交界）。1964 年 2 月 9 日開幕，至 1974 年停止營運。東城戲院前身是萬國殯儀館，一直盛傳鬧鬼事件，也許因而影響生意額，戲院只營業十年便關閉，現址為東城大廈（1976 年底入伙）。

東城鬼故中，有說買票入場人少，戲院裏卻全院滿座，有關傳言曾被電視台製成電視劇《全院滿座》，於 1999 年播出。

駱克道向東望，中間可以看見東城戲院招牌，附近酒吧林立。

東城戲院戲票。12 時半前座票價 6 角。

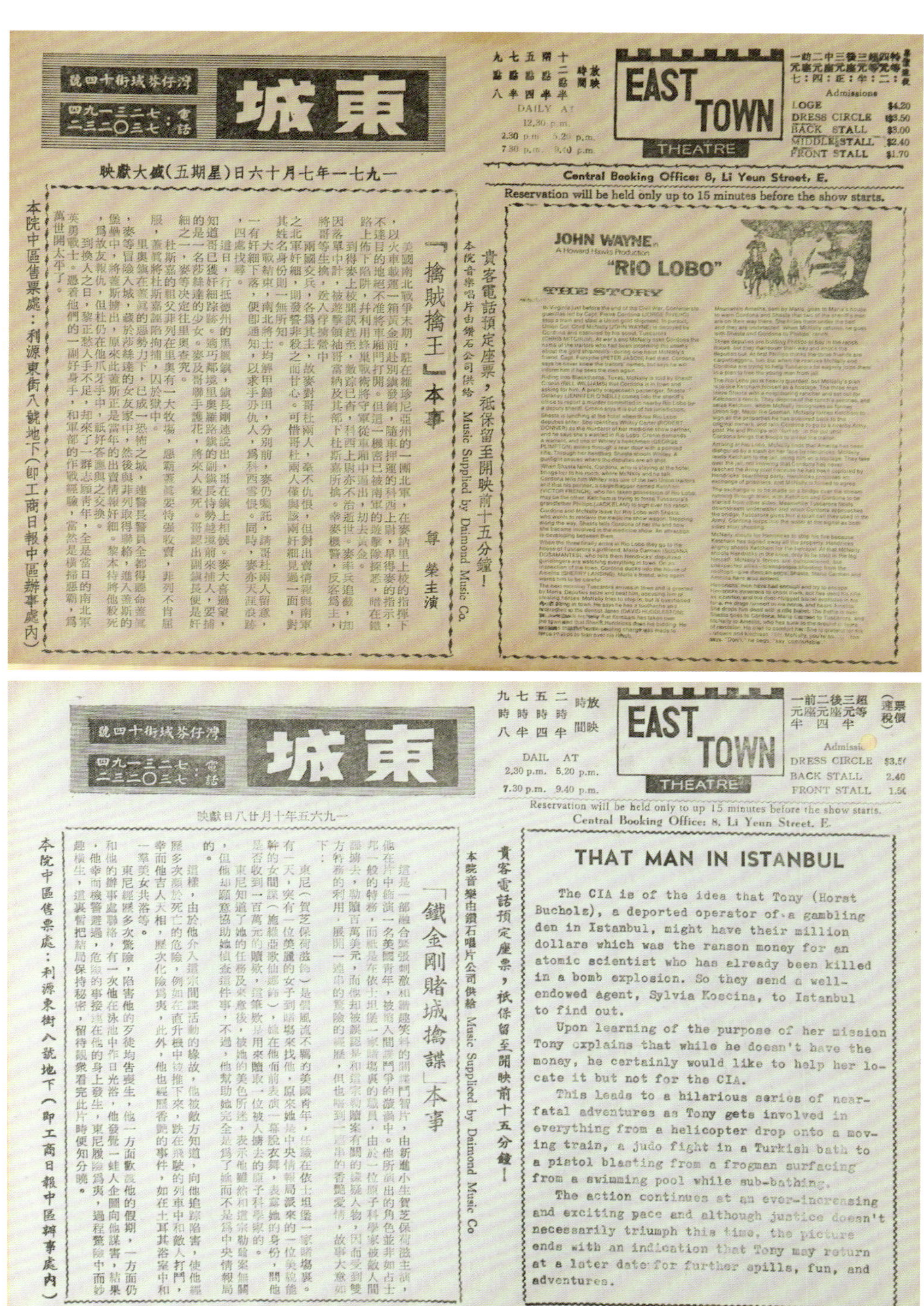

東城

灣仔芬域街十四號

電話：七二三一九四、七三〇二三二

放映時間：十二點半、兩點半、五點四、七點半、九點八

DAILY AT 12.30 p.m. 2.30 p.m. 5.20 p.m. 7.30 p.m. 9.40 p.m.

EAST TOWN THEATRE

票價包括娛樂稅：超等四元二、三樓三元半、後座三元正、中座二元四、前座一元七

Admissions	
LOGE	$4.20
DRESS CIRCLE	$3.50
BACK STALL	$3.00
MIDDLE STALL	$2.40
FRONT STALL	$1.70

一九七一年七月十六日（星期五）戲大獻映

Central Booking Office: 8, Li Yeun Street, E.

Reservation will be held only up to 15 minutes before the show starts.

貴客電話預定座票，祇保留至開映前十五分鐘！

本院音樂唱片由鑽石公司供給 Music Supplied by Daimond Music Co.

「擒賊擒王」本事

尊榮主演

美國南北戰爭末期，駐在維珍尼亞州的一團北軍，在麥納里上校的指揮下，以火車載運一箱黃金前赴別鎮發餉，隨車押運的科西上尉，早得麥的指示，不達目的地絕不准將車廂門打開。但這一機密已被南軍的遊擊隊探悉，暗在鐵路上佈下陷阱，并利用烽巢戰術將守軍從車廂中逼出，劫去黃金。

到得麥上校聞訊趕至，敵踪已杳，科西上尉亦不治逝世。麥率兵追截，卻因落單中計，被遊擊領袖哥富納及其部下杜斯嘉所擒。幸麥機警，反客為主，將哥等生擒，迨入俘擄營中，

兩國交兵，各為其主，故麥對哥杜兩人，毫不仇恨，但對出賣情報與南軍之北軍奸細，則發誓非殺之而甘心。可惜哥杜兩人僅與該兩奸細見過一面，對其姓名身份則一無所知。

大戰結束，南北將士均解甲歸田，分別前，麥仍囑託哥杜兩人留意，一有奸細下落，便即通知，以求手刃仇人，為科西雪恨。同時，麥亦天涯浪跡，四處找尋。

這日，行抵德州的黑風鎮，鎮長剛述說出，哥在鎮上相候。麥大喜過望，知道哥已獲奸細踪跡。適巧鄰境里奧羅路鎮的副鎮長恃勢越境前來捕人，要捕的是一名莎絲達的少女。麥及哥聯手護花，將來人殺死。哥認出副鎮長便是奸細之一，麥等決定往里奧查究。

杜斯嘉的祖父非列在里奧有一大牧場，惡霸蓋貫要恃強收買，非列不肯屈服，蓋貫將杜斯嘉誣陷拘捕，囚於獄中。

里奧鎮在蓋貫的惡勢力下，已成一恐怖之城，連警長警員全都得聽命蓋貫，麥等冒險入城，藏於莎絲達的女友家中，然後與非列取得聯絡，進入蓋斯的堡壘中，將蓋斯擄出，原來此蓋斯正是當年的出賣情報奸細。黎本待將他殺死，為故友報仇，但杜仍在他爪牙手中，祇好答應與之交換。

到換人之日，黎正愁人手不足，卻來了一群志願青年，全是當日的南北軍英勇戰士。憑着他們的一副好身手，和軍部的作戰經驗，當然是橫掃惡霸，為萬世開太平了。

本院中區售票處：利源東街八號地下（即工商日報中區辦事處內）

JOHN WAYNE in A Howard Hawks Production "RIO LOBO"

THE STORY

東城

灣仔芬域街十四號

電話：七二三一九四、七三〇二三二

放映時間：二時半、五時四、七時半、九時八

DAIL AT 2.30 p.m. 5.20 p.m. 7.30 p.m. 9.40 p.m.

EAST TOWN THEATRE

票價連稅：三樓三元半、後座二元四、前座一元半

Admission	
DRESS CIRCLE	$3.50
BACK STALL	2.40
FRONT STALL	1.50

一九六五年十月廿八日獻映

Reservation will be held only up to 15 minutes before the show starts.

Central Booking Office: 8, Li Yeun Street, E.

貴客電話預定座票，祇保留至開映前十五分鐘！

本院音樂由鑽石唱片公司供給 Music Supplied by Daimond Music Co

「鐵金剛賭城擒諜」本事

這是一部融合緊張刺激和諧趣笑料的間諜鬥智片，由新進小生賀芝保荷滋主演，他在片中飾演一名美國青年，被捲入間諜鬥爭的漩渦中。他所演出的角色並非如占士邦一般的特務，而祇是在依士坦堡一家賭場裏的職員，由於一位原子科學家被敵人間諜擄去，勒贖百萬美元，而他卻被誤認是和這宗勒贖案有關的嫌疑人物，因而受到雙方特務的利用，展開一連串的驚險的經歷，但也贏到一連串的香艷愛情，故事大意如下：

東尼（賀芝保荷滋飾）是個風流不羈的美國青年，任職在依士坦堡一家賭場裏。有一天，突有一位美麗的女子到賭場來找他，原來她是中央情報局派來的一位美貌能幹的女間諜（施維亞歌仙娜飾），她在他面前表演一幕脫衣舞，表露她的身份，問他是否收到一百萬元的贖款，這筆欵是用來贖取一位被人擄去的原子科學家的。

東尼知道了她的任務及來意後，被她的美色所迷，表示他雖然和這宗勒贖案無關，但他卻願意協助她偵查這件事，不過，他幫助她完全是為了她而不是為中央情報局的。

這樣，由於他介入這宗間諜活動的緣故，他被敵方知道，向他追踪陷害，使他經歷多次瀕於死亡的危險，例如在直升機中被推下來，跌在飛駛的列車中和敵人打鬥，幸而他吉人天相，屢次化險為夷，此外，他也經歷香艷的事件，如在土耳其浴室中和一羣美女共浴等。

東尼經歷多次驚險，陷害他的歹徒均告喪生，他一方面歡渡他的假期，一方面仍和他的辦事處聯絡，有一次他在泳池中作日光浴，他發覺一蛙人企圖向他謀害，結果，他幸而機警避過，危險的事接連在他的身上發生，東尼履險為夷，過程驚險中而妙趣橫生，這裏暫把結局保持秘密，留待觀衆看完此片時便知分曉。

本院中區售票處：利源東街八號地下（即工商日報中區辦事處內）

THAT MAN IN ISTANBUL

The CIA is of the idea that Tony (Horst Bucholz), a deported operator of a gambling den in Istanbul, might have their million dollars which was the ranson money for an atomic scientist who has already been killed in a bomb explosion. So they send a well-endowed agent, Sylvia Koscina, to Istanbul to find out.

Upon learning of the purpose of her mission Tony explains that while he doesn't have the money, he certainly would like to help her locate it but not for the CIA.

This leads to a hilarious series of near-fatal adventures as Tony gets involved in everything from a helicopter drop onto a moving train, a judo fight in a Turkish bath to a pistol blasting from a frogman surfacing from a swimming pool while sub-bathing.

The action continues at an ever-increasing and exciting pace and although justice doesn't necessarily triumph this time, the picture ends with an indication that Tony may return at a later date for further spills, fun, and adventures.

東城戲院戲橋（1971 年 7 月 16 日），介紹 1970 年首映的《擒賊擒王》。另也預告了《劫後英雄傳》、《小歌王流浪記》。圖中可見戲院提供電話訂座及中區設有售票處。

▸ 國民戲院（National Theatre）

國民戲院位於駱克道 365 至 371 號（369 號）（馬師道交界）。1940 年 2 月 2 日開幕至 1973 年 3 月 6 日後結業。

駱克道上的國民戲院。1954 年，芳艷芬、任劍輝主演《漢武帝夢會衛夫人》，戲院門口人山人海。

國民戲院戲票。9 時半中座票價 1 元 5 角；12 時半後座票價 7 角。

日期	星期	片名	主演
1	日	硬漢鉄拳 七彩	焦姣・王戎
7	六	小姐不在家 七彩	李司棋・鄧光榮
8	日	大魔神 七彩	日本怪獸特技片
14	六	五虎推花 七彩	恬妮・柯俊雄
15	日	一代劍王 七彩	上官靈鳳
16	一	長江一號 七彩	伍秀芳・楊群
21	六	寇三娘 七彩	歸亞蕾・岳陽
22	日	你送老爺車 七彩	譚炳文・狄娜
28	六	看你風流不風流	恬妮・岳陽
29	日	最短的婚禮 七彩	甄珍・岳陽

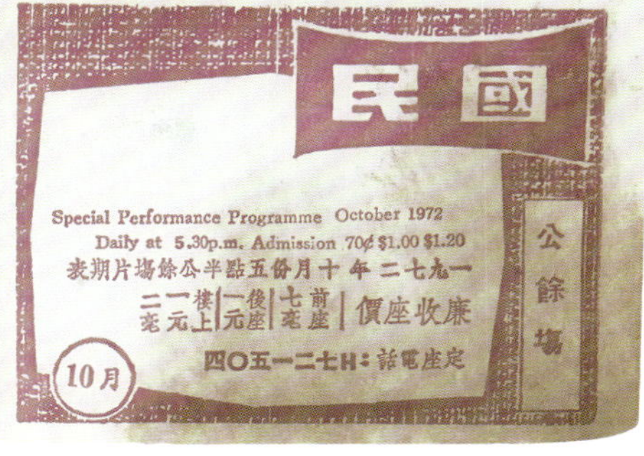

日期	星期	片名	主演
3	六	浪子與修女 七彩	鄧光榮
4	日	樊梨花移山倒海	岳陽・白蘭
10	六	飛俠神刀 七彩	田野・范凌
11	日	發達之人 七彩	甄珍・柯俊雄
15	四	朱洪武 七彩	游龍・楊羣
17	六	男人女人 七彩	胡燕妮・秦祥林
18	日	心酸酸 七彩	李湘・紀寶如
24	六	吉屋招租 七彩	恬妮・岳陽
25	日	萬里雄風 七彩	上官靈鳳

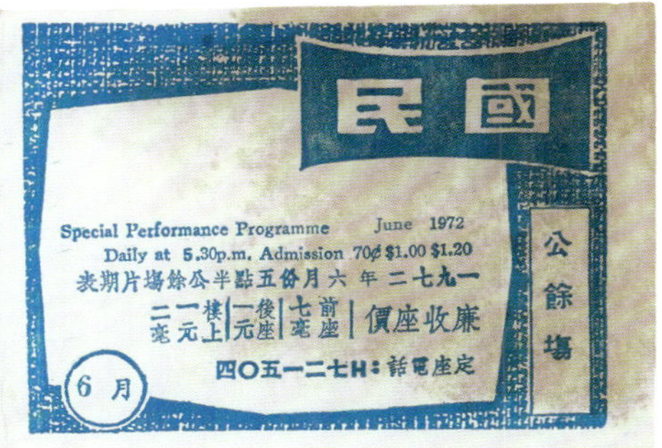

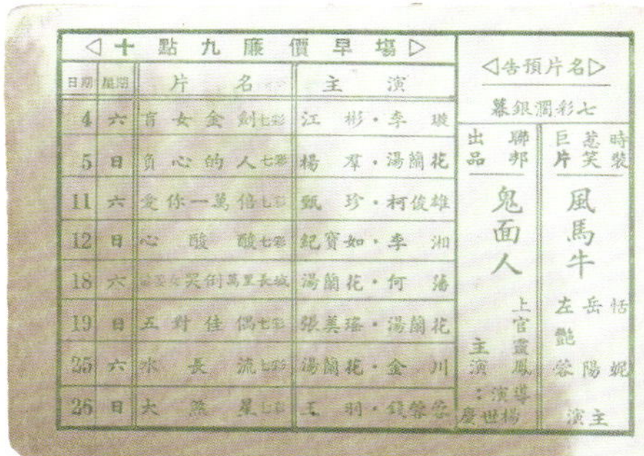

日期	星期	片名	主演
4	六	盲女金劍 七彩	江彬・李璇
5	日	負心的人 七彩	楊羣・湯蘭花
11	六	愛你一萬倍 七彩	甄珍・柯俊雄
12	日	心酸酸 七彩	紀寶如・李湘
18	六	[illegible]哭倒萬里長城	湯蘭花・何璠
19	日	五對佳偶 七彩	張美瑤・湯蘭花
25	六	水長流 七彩	湯蘭花・金川
26	日	大煞星 七彩	王羽・[illegible]

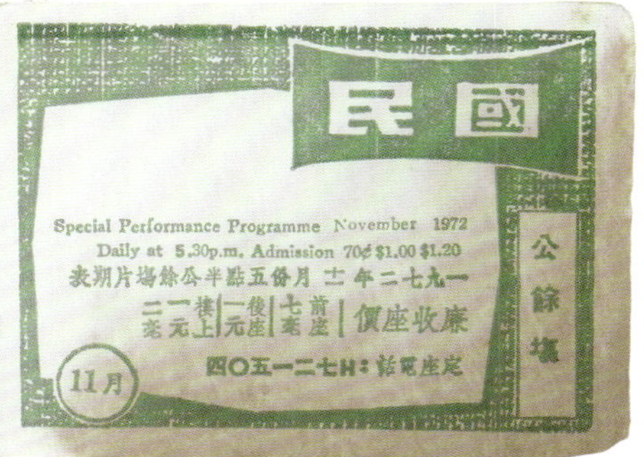

日期	星期	片名	主演
1	六	姑娘十八一朵花	陳寶珠・呂奇
2	日	海陸怪獸大決鬥	日本特技神怪片
3	一	龍虎風雲 七彩	張琦玉・馬驤
8	六	火網梵宮十四年	芳艷芬・任劍輝
9	日	梅蘭菊竹 七彩	陳寶珠・呂奇
15	六	莫忘今宵	陳寶珠・呂奇
16	日	小金剛 七彩	馮寶寶・曾江
22	六	玉女心	陳寶珠・呂奇
23	日	蔓莉蔓莉我愛你	陳寶珠・呂奇
29	六	天劍絕刀 七彩	陳寶珠・呂奇
30	日	獨掌震龍門 七彩	蕭芳芳・曾江
31	一	八仙過海 七彩	祝菁・陳駿

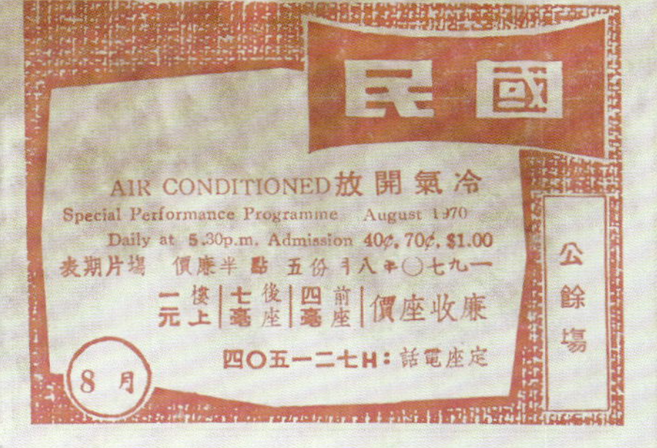

國民戲院早場及公餘場片期表。早場（10 時 45 分）通常在周六、周日才放映。1970 年放映粵語片；1972 年：放映國語片。至於公餘場（5 時半）放映西片，廉收座價。1970 年：前座 4 角，後座 7 角，樓上 1 元；1972 年：前座 7 角，後座 1 元，樓上 1 元 2 角。

▸ 環球戲院（Globe Theatre）

1950 年代初，環球和金陵兩間大型戲院啟業，各自連結地區戲院組成院線，其中有：

1. 太環線

太平戲院及環球戲院，放映光藝、中聯、華僑、新聯四家建基於 1950 年代的粵語片製作公司的電影，為寫實的文藝電影。

2. 金國線

金陵戲院及國民戲院，放映如大成影片公司製作的粵劇、戲曲和武俠神怪電影。

灣仔駱克道附近差不多同時間容納三間電影院，可以想像昔日市民娛樂離不開觀賞電影。進入 1970 年代，三間電影院不約而同都在 1970 年代結業，原址改建商業大廈，可以看見地產市道開始蓬勃。

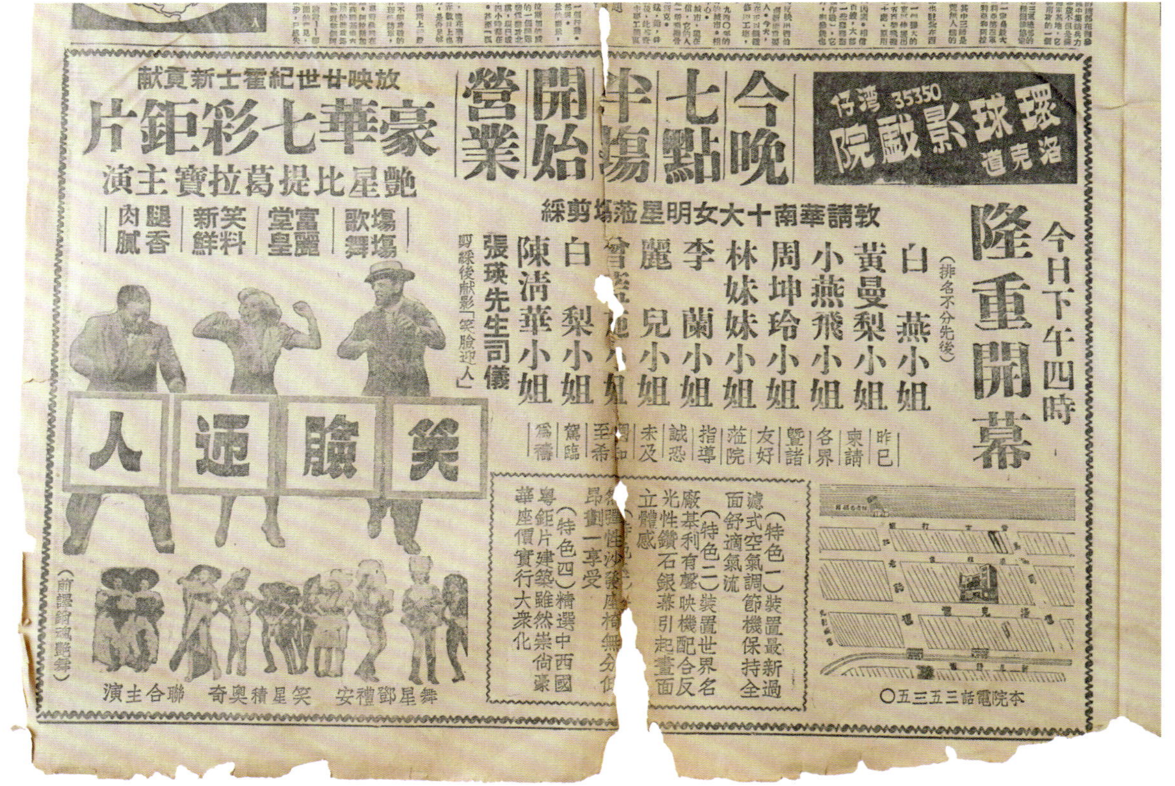

環球戲院開幕報章廣告。1950 年 12 月 24 日的《華僑日報》報道，環球戲院在當日下午 4 時開幕，華南十大女明星蒞臨剪綵（白燕、黃曼梨、小燕飛、周坤玲、林妹妹、李蘭、麗兒、曾藍施、白梨、陳清華），張瑛擔任司儀。
當晚 7 時半開始營業，放映電影《笑臉迎人》（*When My Baby Smiles at Me*），1948 年美國首映，艷星比提葛拉寶（Betty Grable）、舞星鄧禮安（Dan Dailey）、笑星積奧奇（Jack Oakie）聯合主演，「場場歌舞，富麗堂皇，笑料新鮮，腿香肉膩」。

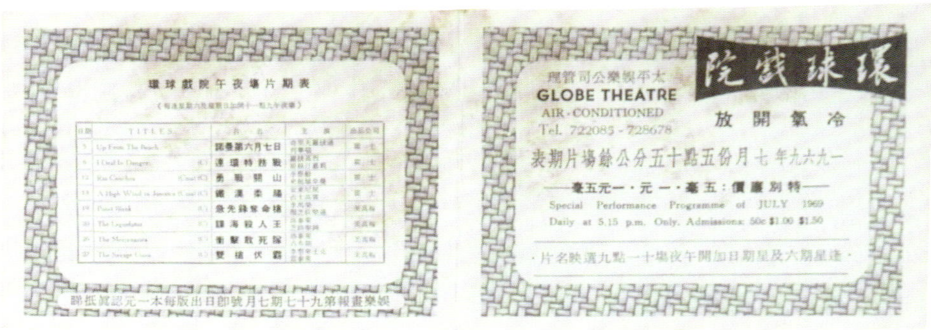

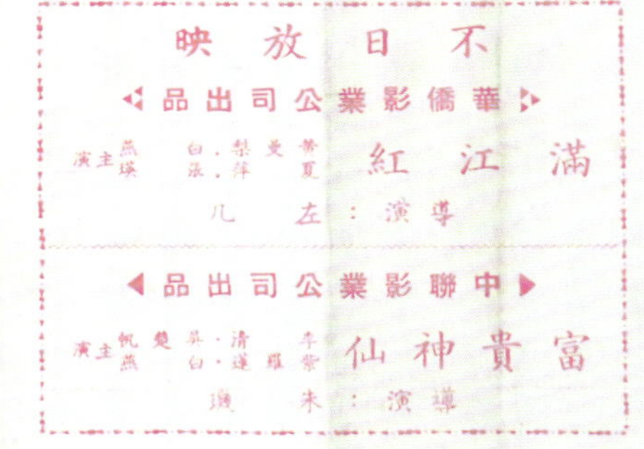

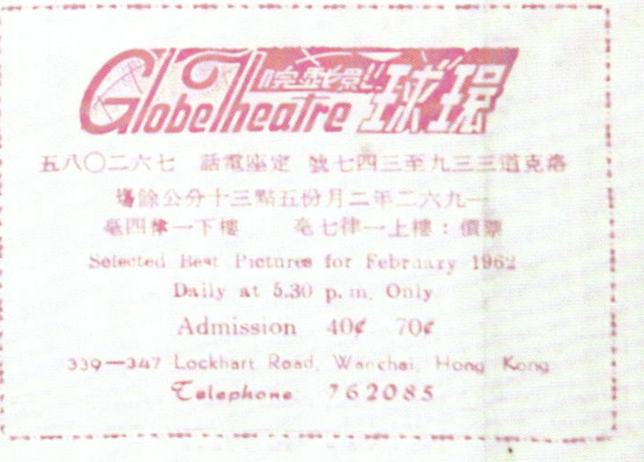

環球戲院公餘場片期表。
1962 年 2 月：放映西片；
1969 年 7 月：放映西片；
1969 年 12 月：放映西片。

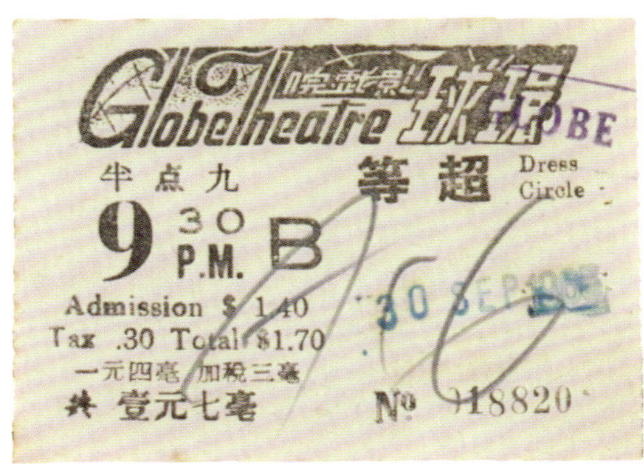

環球戲院戲票。9 時半超等票價 1 元 7 角。

▸ 戲院今昔

座位

1980 年以前，戲院座位都在八百個以上，戲票票價以座位位置區分，票價由前座至特等遞增，堂座裏分成前座、中座、後座（Front Stall、Middle Stall、Back Stall，「Stall」的意思是一排排固定座位），樓上的超等（「Dress Circle」，源自英國歌劇院的用語，樓上坐的都是上流階層，看歌劇要按照着裝要求 Dress Code 的，樓上座位前方設計通常為半圓 ，故稱特等為 Dress Circle），特等（「Loge」，原意為獨立廂座，但戲院沒有，借用為樓上最佳位置）。

場次

正場一般為 12 時半、2 時半、7 時半、9 時半。

早場一般為 10 時半，公餘場為 5 時半，放映二輪、三輪或更舊的中西電影。票價便宜，所以亦有人捧場。

片種

華語片有國語片，片源來自內地及台灣，粵語片是香港本地製作，劇情片及戲曲片均有地方色彩，一度很受歡迎。外語片以美國荷里活製作為主流，包括西部牛仔片、二戰戰爭片、歐洲宮廷劍客片，也有各國的經典愛情片或藝術片等。

戲橋（電影說明書）

戲橋是專門介紹電影故事及情節的宣傳印刷紙品，也有劇照及明星照片，快將上映的電影預告。

院線

早期電影只有戲院獨家放映某部影片，後來電影觀眾增多，電影業蓬勃，影片拷貝數亦較多，可以多間戲院聯映，因此聯結成「院線」。除了因片種形成粵語片、國語片、西片院線，也因為南來（上海）北往（南洋）的電影人匯聚香港，建立不同的院線，粵語片如太環線、金國線；國語片如邵氏、國泰、嘉禾、珠普（珠江、普慶）各線。

興衰

1950 年代：戰後社會復甦，電影人才與資本進入香港，推動電影業發展。

1960 年代：「買飛睇戲」成為平民娛樂，戲院開遍港九各區。

1970 年代：粵語片漸式微，年輕人潮流看西片，電視機開始出現在各家各戶。

1980 年代：迷你戲院出現，各大屋苑或商場開有設立多個影廳的戲院，座位也比以前減少。

1990 年代：香港盜版影片盛行，令買票入戲院的人數減少，傳統大戲院沒落。

二千年後，網上影片、串流平台普及，到戲院看電影的人愈見減少。戲院成為商場娛樂消費的選擇而已。

香港戲院商會

香港戲院商會成立於 1950 年，成員為香港戲院商。據統計，截至 2025 年 4 月，由於 3 月份北角新光戲院、旺角新寶戲院關閉，現存戲院只有五十二間，但銀幕有二百五十九張。大部分為集團式經營，分佈在港九新界，座位 36,973 個，與 1960 年代至 1970 年代全盛期戲院超過一百間，座位約有十二萬個，確實有天淵之別。

蘇絲黃的世界

《蘇絲黃的世界》（*The World of Suzie Wong*）是英國作家 Richard Mason 於 1957 年創作的小說。作者以他於 1956 年曾下榻的香港六國飯店為靈感寫成。

美國劇作家 Paul Osborn 改編為同名舞台劇，分別於紐約、倫敦公演，均引起哄動。倫敦演出飾演蘇絲黃是 Tsai Chin（周采芹）。

1960 年荷李活趁着熱潮隨即籌拍電影，由 Ray Stark 監製，Richard Quine 執導，William Holden 、Nancy Kwan（關南施）主演同名電影。電影講述發生在香港的愛情故事，一位上班族到香港尋找繪畫靈感和夢想，邂逅了自稱生活無憂的蘇絲黃。她實際是陪客的吧女，但無礙作為繪畫模特兒，二人經歷了誤解與波折，彼此培養出情愫，最後冰釋前嫌，走在一起。電影面世後在社會上引起一定的迴響。

什麼是蘇絲黃的世界？

1. 電影大量在香港取景，重現 1960 年香港的社會面貌。男主角從尖沙咀登上天星小輪駛向中環、抵達灣仔，隨故事發展出現香港仔避風塘、熱鬧的市街、半山的木屋等，構成一組「香港風情畫」，同時捕捉了香港這個東方城市的活力和情調。

2. 1960 年代荷李活塑造了一個東方女性形象蘇絲黃，也間接令「香港」以灣仔吧女亮相，蘇絲黃成為香港符號。蘇絲黃在不同年代，不同的藝術形式，如文學、舞蹈、戲劇，被重新解讀和重新塑造。

3. 故事裏的人物，凸顯了西方階層的專業和瀟灑，東方女性則貧窮而卑微。當東西方相遇，香港處於中西方夾縫，雖文化有所差異，演員關南施（原名關家蒨）本身亦是歐亞混血兒，但雙方通過溝通、諒解和情真意切，是可和解並和諧共處。

4. 電影呈現中西新舊文化混雜的香港和東方女性的神秘感，無疑引起西方人士的獵奇心理和「香港熱」。

5. 或許被中國人社會詬病最多的，是蘇絲黃的職業。其職業在從前稱為妓女，今日稱為性工作者，減低貶意意味。她的身份背景暴露了灣仔紅燈區齷齪的存在，實在有損香港城市的形象。

《蘇絲黃的世界》從一本書、一場舞台劇、一齣電影，頃刻引起了世界對香港的注意。電影演員關南施俏麗的臉孔和佻皮的形象，引起荷李活對東方演員的關注。

1956 年在香港，姚敏作曲、易文填詞的《第二春》，原唱為董佩佩。1959 年英國上映舞台劇《蘇絲黃的世界》時，《第二春》由 Lionel Bart 配上英語，成為 *The Ding Dong Song*，由周采芹唱錄唱片，風靡一時，不少港台歌星之後翻唱。

香港於 1960 年代初，在這些影音的光影與旋律中，瞬間登上了國際舞台，光彩總會被人記住。

明明是冷冷清清的長夜
為甚麼還有叮叮噹噹的聲音
聽不出是遠還是近
分不出是夢還是真
好像是一串鈴　打亂了我的心
I hear the bell go Ding Dong
deep down inside my heart
Each time you say kiss me
Then I know it's time for Ding Dong to start
Each time you say hug me
Ding Dong Ding Dong
Each time you say love me
Ding Dong Ding Dong
I hope I don't wait too long
To hear my bell go Ding Dong

《蘇絲黃的世界》電影海報。「You are the first man I ever loved and the world has only just begun」。

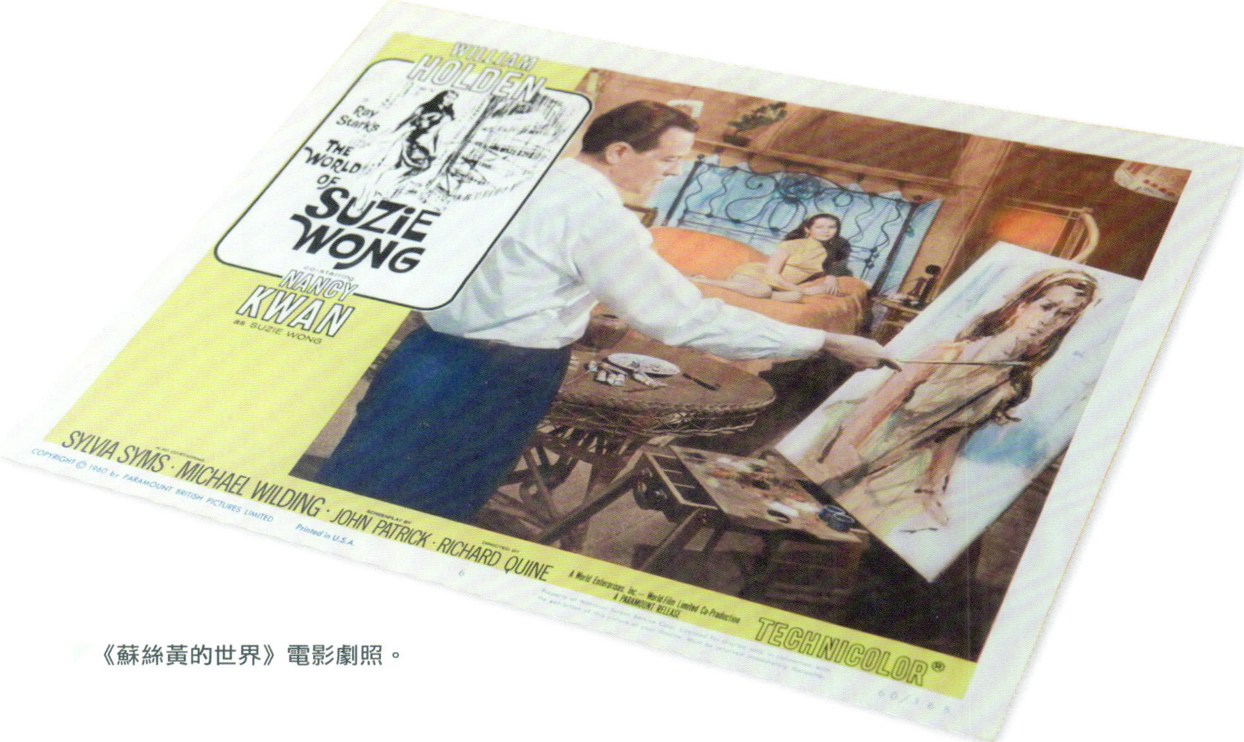

《蘇絲黃的世界》電影劇照。

《蘇絲黃的世界》電影原聲音樂唱片。當中可分為兩部分，一部分主要發生在南國酒店周邊，採用爵士樂風格。音樂傳達了男主角那種為理想而瘋狂的唐吉訶德式精神，以及女主角的感性，同時展現她悲慘的困境。另一部分體現了故事中的愛情主題和蘇絲黃的哀傷命運。旋律中巧妙加入中國五聲音階的元素，傳達出了東方韻味，也捕捉了當時香港社會熱鬧的氣氛。

Suzie Wong Bar & Night Club。因《蘇絲黃的世界》從書籍到電影的熱潮，灣仔出現以蘇絲黃為名的酒吧。

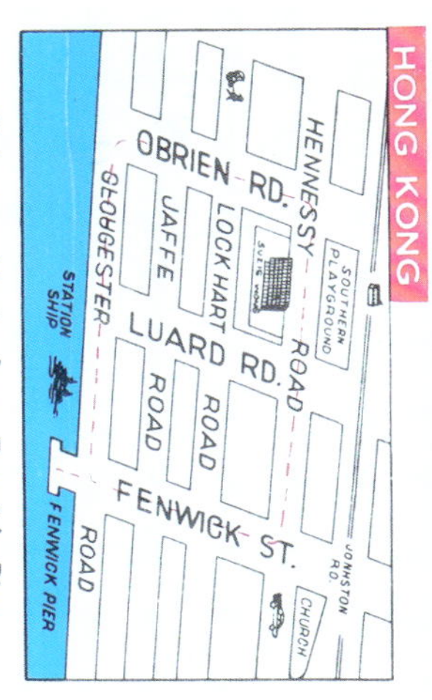

Suzie Wong Bar & Night Club 名片。

Suzie Wong Bar & Night Club 位於軒尼詩道 101 至 105 號，此為優惠名片。

▸ 駱克道上的酒吧／夜總會

New York Bar、Neptune Bar。照片左面停泊車輛有「壽」字及萬國殯儀館標誌，欄杆前也堆滿出殯用的花牌支架，表示殯儀館仍未搬遷（1962 年）。似乎來酒吧消遣的也不介意忌諱。

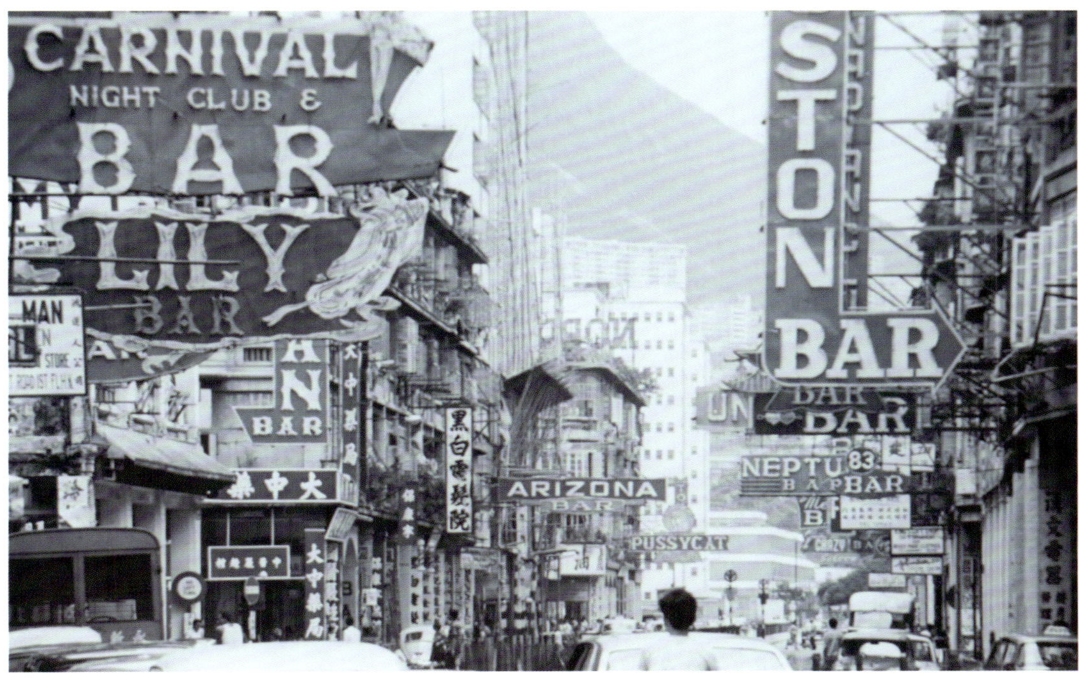

駱克道上的酒吧。

灣仔區酒吧、夜總會的名片：Bunny Club、King's Bar、Apollo II Club、Winner Horse Club、United Bar、San Francisco Night Club & Bar、Golden Eagle Restaurant & Night Club Bar、Little Club、Rainbow Night Club & Bar、New York Bar、Windsor Bar & Restaurant、Blue Sky Bar、Washington Bar、PussyCat Bar & Night Club、The Cave Bar & Night Club、Neptune Bar & Night Club、Hong Kong Lady Night Club & Bar、AA Hall Restaurant。這些酒吧、夜總會大多位於駱克道。

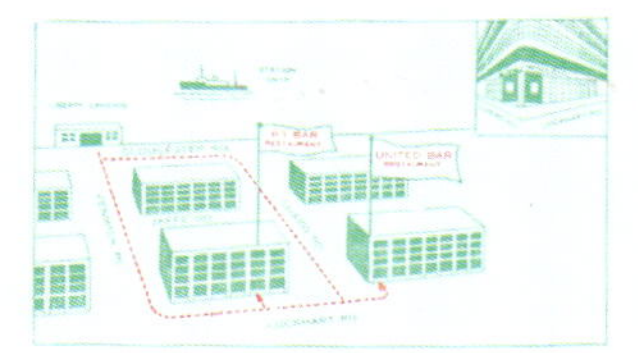

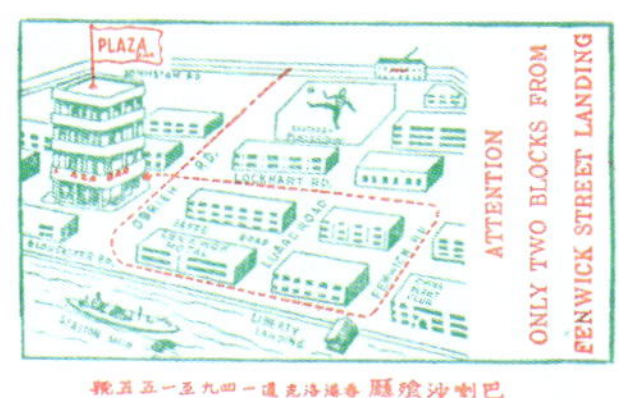

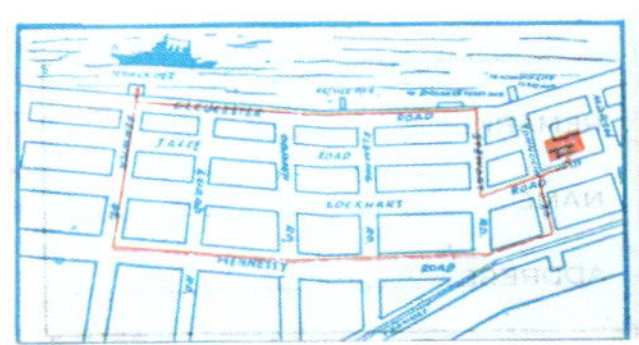

APOLLO II
BAR & NIGHT CLUB
54-56, LOCKHART ROAD, HONG KONG
TEL. H-740556

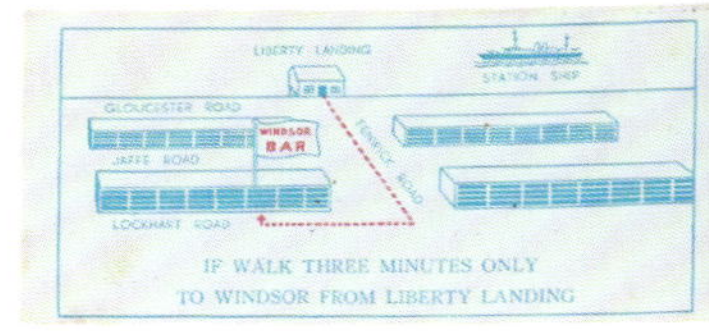
IF WALK THREE MINUTES ONLY
TO WINDSOR FROM LIBERTY LANDING

DINE DANCE & BAR
Day and Night Service
Windsor Bar & Restaurant
35, LOCKHART ROAD, WANCHAI, H.K.

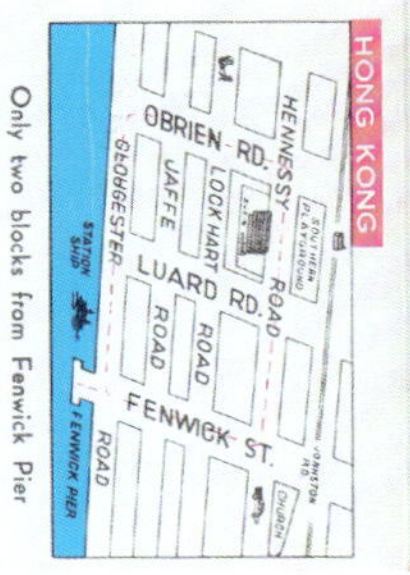
Only two blocks from Fenwick Pier
HONG KONG
OBRIEN RD.
HENNESSY ROAD
LOCKHART
JAFFE
GLOUCESTER
LUARD RD.
ROAD
ROAD
FENWICK ST.

SUZIE WONG
BAR
Night Club
101-105 HENNESSY RD.
H.K. TEL. 720819 724180

WE CORDIALLY Welcome YOU TO
CHAMPION RESTAURANT
BEST FOOD & WINES
IN BOUNDS TO ALLIED FORCES
AIR CONDITIONED
Nº 6 TONNOCHY ROAD
WANCHAI HONGKONG
TEL. 72301 TO 72305

Dollar
RESTAURANT
BAR & NIGHT CLUB
AIR CONDITIONED,
DELICIOUS FOOD
FINE MUSIC
GOOD DRINKS AND
EXCELLENT SERVICE
OPEN FOR ALL
WELCOME TO ALL
ALLIED PERSONNEL
大來酒吧
洛克道一四四號
144, LOCKHART ROAD
TEL. 71939

HONG KONG LADY
NIGHT CLUB & BAR
HIGH CLASS
Most-Enjoy-Able

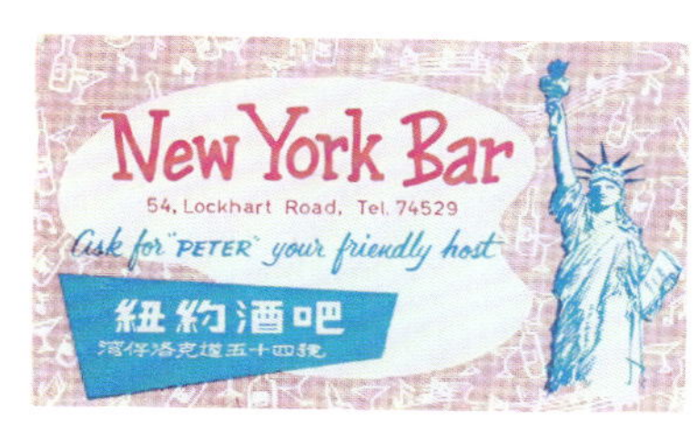
New York Bar
54, Lockhart Road, Tel. 74529
Ask for "PETER" your friendly host
紐約酒吧

Mama Wong
Winner
Horse
BAR
125, Lockhart Road Wanchai Hong Kong
TEL. 737621

SAN FRANCISCO
NIGHT CLUB & BAR
HIGH CLASS
MOST-JIOY-ABLE
NO. 129-131, LOCKHART RD., H.K.

Rainbow
NIGHT CLUB
BAR
DINE · DANCE · WINE
Air Conditioned
23-25, LOCKHART RD., H.K.
TEL. 727087

Neptune
BAR & NIGHT CLUB
56-60 LOCKHART RD.
HONG KONG
TEL. 766954

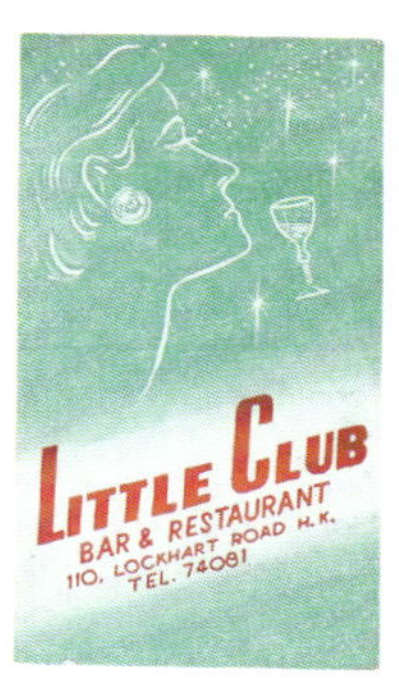
LITTLE CLUB
BAR & RESTAURANT
110, LOCKHART ROAD H.K.
TEL. 74081

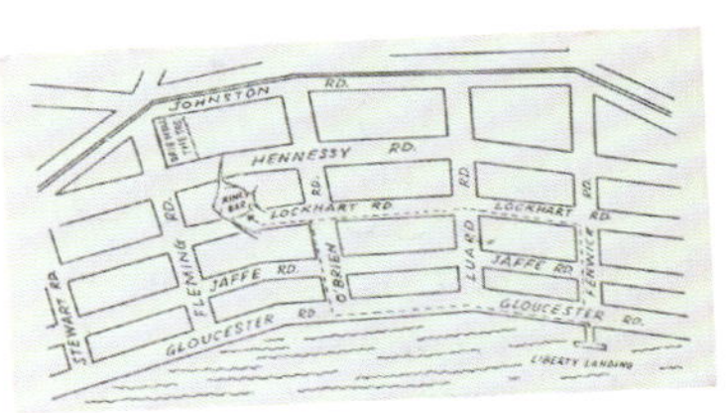
JOHNSTON RD.
HENNESSY RD.
LOCKHART RD.
JAFFE RD.
GLOUCESTER RD.
FLEMING RD.
LUARD RD.

杏花邨酒家
Golden Eagle
GOLDEN EAGLE
RESTAURANT
VICTORY PARK
GLOUCESTER
FLEET LANDING

ON YOUR SECOND ORDER PLEASE SHOW THIS TICKET
FOR A FREE DRINK
HAPPY HOURS
H.K.$1.50
From: 16—18
ANY KIND PER DRINK
APOLLO 11 BAR
必發酒吧
洛克道54-56號
LOCKHART RD.
JAFFEE RD.
GLOCESTER RD.
FENWICK ST.
54-56, LOCKHART RD.
HONG KONG
TEL. 740556

SPECIAL FOR OUR PATRON
GLOUCESTER ROAD
WAN CHAI
FERRY BOAT
Only 5 Blocks From Fleet Landing Pier

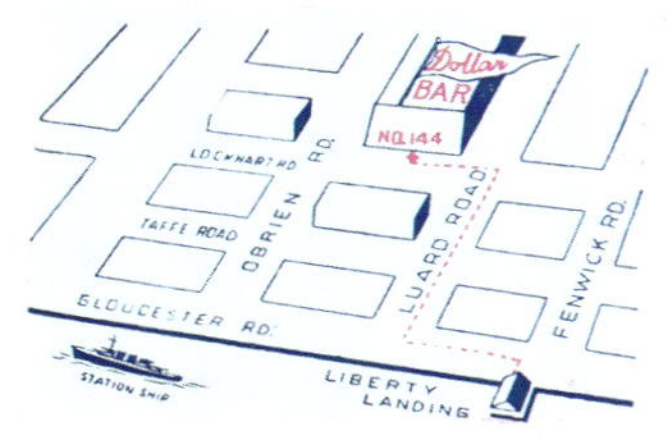
Dollar BAR
NO. 144
LOCKHART RD.
JAFFE ROAD
OBRIEN RD.
LUARD ROAD
FENWICK RD.
GLOUCESTER RD.
STATION SHIP
LIBERTY LANDING

Little Club
小總會飯店
Wine
Dine
Music
Dance
Business Hour: 10 a.m. to 2 a.m.
110 Lockhart Road
香港灣仔洛克道一一〇號
Tel. 74081

Do you like a drink?
Then you are welcome to
NEW YORK BAR
(Established 20 years)
Genuine Drinks—Plain Food—
"50,000 satisfied sailors can't be wrong"
Not a flash joint — for drinking men only

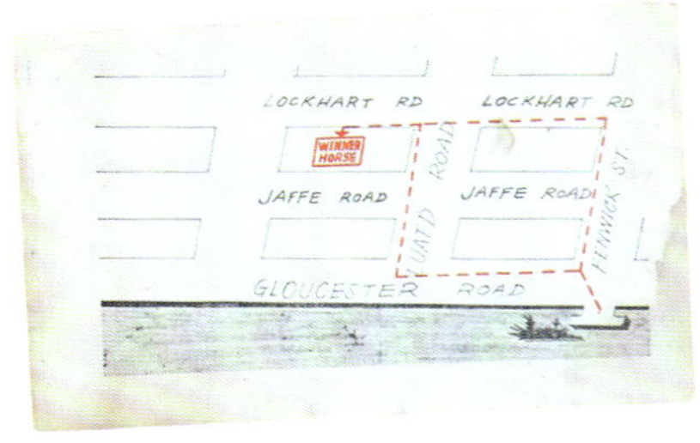
LOCKHART RD
LOCKHART RD
JAFFE ROAD
JAFFE ROAD
LUARD ROAD
FENWICK ST.
GLOUCESTER ROAD

PLEASE SHOW THIS TICKET
FOR
FREE DRINKS
FIRST & SECOND
LOCKHART RD.

"DRINKING PARTY"
ALL YOU CAN DRINK
FROM 12:00 - 24:00
$20.-HK PER PERSON
ON YOUR SECOND ORDER PLEASE SHOW THIS TICKET
FOR A FREE DRINK
RAINBOW
NIGHT CLUB BAR
LOCKHART RD.
JAFFE ROAD
GLOCESTER ROAD
CHINA FLEET CLUB
23-25
ONLY ONE MINUTE WALK
FROM FENWICK STREET PIER
(JUST TWO BLOCKS AWAY)

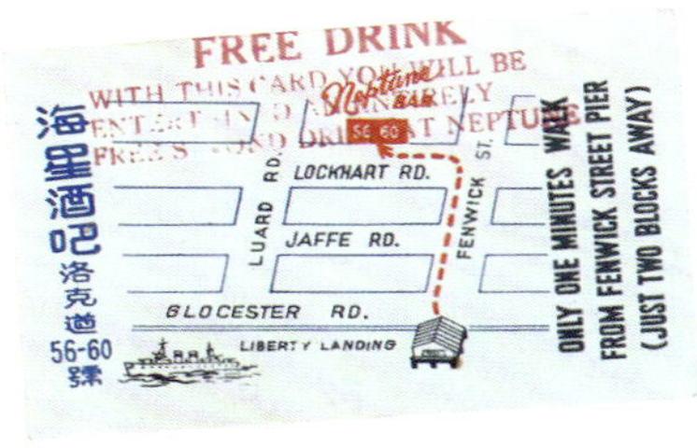
FREE DRINK
海星酒吧
洛克道
56-60號
LOCKHART RD.
JAFFE RD.
GLOCESTER RD.
LIBERTY LANDING
ONLY ONE MINUTES WALK
FROM FENWICK STREET PIER
(JUST TWO BLOCKS AWAY)

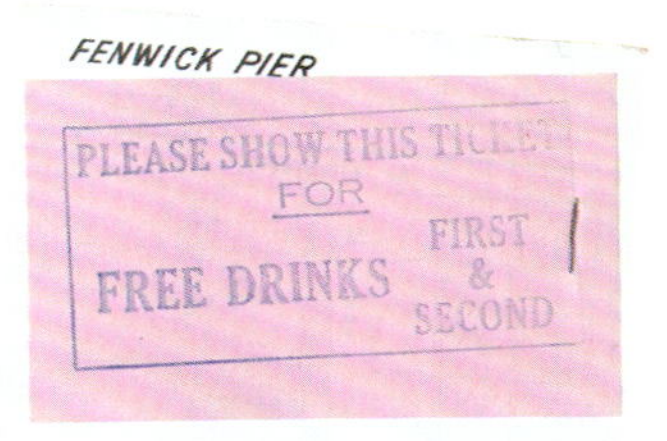
FENWICK PIER
PLEASE SHOW THIS TICKET
FOR
FREE DRINKS
FIRST & SECOND

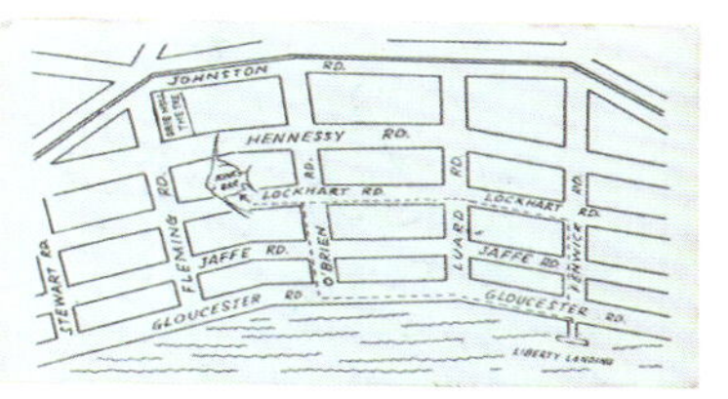
JOHNSTON RD.
HENNESSY RD.
LOCKHART RD.
JAFFE RD.
GLOUCESTER RD.
FLEMING RD.
LUARD RD.
STEWART RD.

杏花邨酒家
Golden Eagle
GOLDEN EAGLE RESTAURANT
VICTORY PARK
HENNESSY
GLOUCESTER
FLEET LANDING
ROYAL SEAMEN CLUB

第四章

異國風情在灣仔

西方宗教的傳入

循道衛理會國際禮拜堂

循道衛理會國際禮拜堂（Methodist International Church）位於皇后大道東 271 號。原址是 1893 年於皇后大道東與堅尼地道交界建立的一座隸屬於英國循道公會的會堂，大抵由於山丘在 1873 年建立了皇家海軍醫院，信眾多為英國軍人家庭或外籍教徒，崇拜亦採用英語，所以會址標示為 English Methodist Church，華人則稱之為英語循道會或英語堂。

英語堂在 1960 年代曾重建，外牆全為花崗岩，除十字架標誌外，還寫有「Methodist Church-English speaking」字樣。1988 年加入香港循道衛理聯合教會，已改稱國際禮拜堂。

由於 1990 年代衛理公會海陸軍人之家、循道公會香港堂與發展商合作的經驗，英語堂於 2014 年拆卸重建，2018 年落成，定名衛斯理大樓（Wesleyan House），名字是記念衛理宗的創始人約翰衛斯理（John Wesley），教會則重新名為循道衛理聯合教會國際禮拜堂（Methodist International Church），面向任何國籍語言人士。

大樓包含多功能設施，下層作宗教用途，有主聖堂、小禮堂和活動空間，在二十二樓更設置空中小禮堂。其他還有多層辦公室、社會服務樓層及神職人員住所。

從頁 159 的相片可見，右方單層巴士位置是堅尼地道口與皇后大道東交界，青年站立的位置是今華仁書院西面山坡的小路，他的背景看到三組有着悠久歷史的建築：

1. 堅尼地道口的 English Methodist Church，英語循道會或英語堂。

2. 有着邊界白色矮牆，正門長有一棵大榕樹的灣仔官立學校。

3. 半山堅尼地道上的利氏家族大宅，可見大屋和利行。

中華循道公會香港堂

循道衛理聯合教會香港堂（Chinese Methodist Church）位於軒尼詩道 36 號一塊三角形地段。

原址是 1935 年落成的中華循道公會香港堂。英國循道會中國華南教區中的香港區，自 1882 年在香港開展循道會，為拓展會務而籌建會堂，一直是中環前往灣仔西入口的地標。屋頂建有一座中式琉璃瓦屋簷涼亭，建築物的西面從上而下，寫着「中華循道公會禮拜堂」，亦十分顯眼。

在教會與發展商協商合作下，舊建築拆卸，重建樓高二十二層新廈，1998 年落成命名為循道衛理大廈（Methodist House），其中地下至九樓仍為教堂及教會辦事處，其餘樓層出租予商戶。建築物的西面從上而下則改為「循道衛理聯合教會香港堂」。

香港基督教循道衛理聯合教會（The Methodist Church, Hong Kong）是香港一個基督教宗派，於 1975 年由同屬英國循道會的香港循道公會及香港衛理公會聯合而成，致力宣教牧養、社會服務及教育服務。

香港循道公會是由 19 世紀英國循道會（Methodist Church）設立的海外大英循道會差會，經前中華循道公會華南教區發展出來的香港分支；香港衛理公會是由美國衛理公會（Wesleyan Methodist Church）於 1950 年代在香港成立的教會。

1930 年代灣仔，照片中央可見興建中的中華循道公會香港堂。

軒尼詩道向東望，右邊是莊士敦道，可見麗都戲院和何培洋服招牌。正中是循道衞理聯合教會香港堂。

衞斯理大樓。

小東京的誕生

大佛口

1920 年代，在今日皇后大道東與軍器廠街分岔口，曾經有一間日資雜貨店大佛洋行，英文「Daibutsu」，即日本漢字「大仏」，是大佛的意思。公司的商標是佛像，傳說大門有一尊大佛或者大佛圖案，又位於路口，市民便稱之為大佛口。店舖從事批發及零售，專門經銷景泰藍、薩摩燒花瓶、漆器、銅器、茗茶用品、瓷器、畫框及日本各類古玩。

右上角有大佛洋行的印章，寫着地址下環大馬路二號。

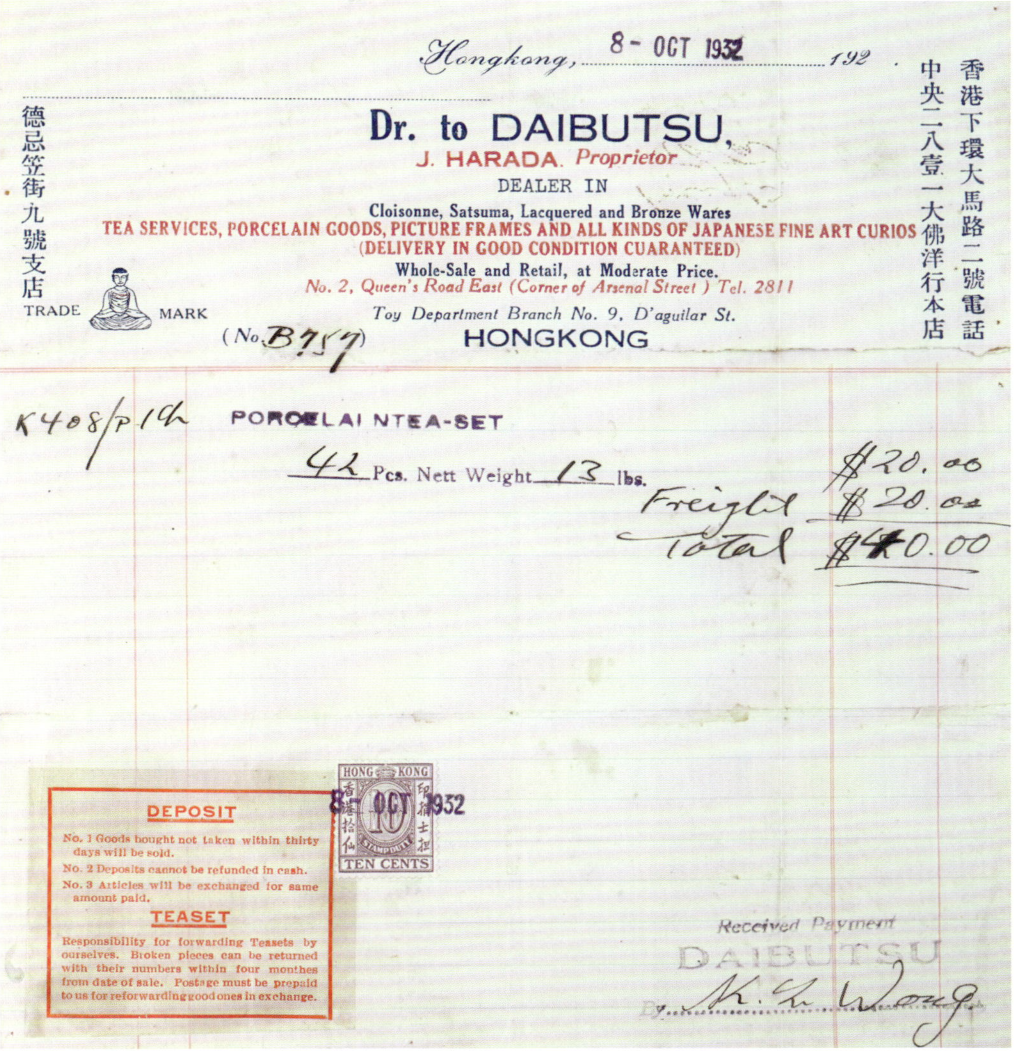

Hongkong, 8 - OCT 1932 192

香港下環大馬路二號電話中央二八壹一大佛洋行本店

德忌笠街九號支店

Dr. to DAIBUTSU,

J. HARADA. Proprietor

DEALER IN

Cloisonne, Satsuma, Lacquered and Bronze Wares

TEA SERVICES, PORCELAIN GOODS, PICTURE FRAMES AND ALL KINDS OF JAPANESE FINE ART CURIOS

(DELIVERY IN GOOD CONDITION CUARANTEED)

Whole-Sale and Retail, at Moderate Price.

No. 2, Queen's Road East (Corner of Arsenal Street) Tel. 2811

Toy Department Branch No. 9, D'aguilar St.

TRADE MARK

(No. B757)

HONGKONG

K408/P 1ch PORCELAI NTEA-SET

42 Pcs. Nett Weight 13 lbs. $20.00

Freight $20.00

Total $40.00

DEPOSIT

No. 1 Goods bought not taken within thirty days will be sold.

No. 2 Deposits cannot be refunded in cash.

No. 3 Articles will be exchanged for same amount paid.

TEASET

Responsibility for forwarding Teasets by ourselves. Broken pieces can be returned with their numbers within four monthes from date of sale. Postage must be prepaid to us for reforwarding good ones in exchange.

HONG KONG 香港印捐拾仙士担 10 STAMP DUTY TEN CENTS 8 OCT 1932

Received Payment

DAIBUTSU

By K. L. Wong

DAIBUTSU

TRADE MARK

M. AOI, Proprietor.

JAPANESE FINE ART CURIOS,

TEA SETS, PORCELAIN GOODS,

Ivory Carvings Satsuma and Cloisonne Wares,

Brass, Bronze & Damascene Wares,

Mother-o-Pearl Inlaid Panels, Screens

LACQUERED WARES, Etc., Etc.,

Silk Embroidered Screens, Etc., Etc.,

WHOLE-SALE & RETAIL.

MODERATE PRICES

No. 2, Queen's Road East. Tel. No. 2811

(Corner of Arsenal Street)

HONGKONG.

香港下環皇后道二號

電話弍八一一

美術雜貨商大佛洋行

電話弍八一一

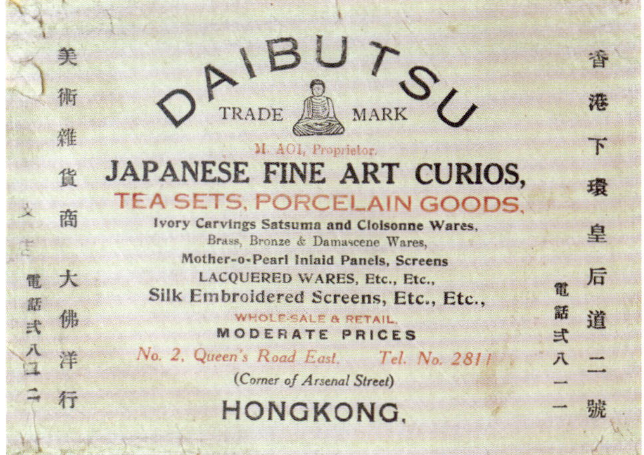

這是一張於 1932 年 10 月 8 日支付或記帳在大佛洋行的票據（Debit to Daibutsu）。票據地址是下環大馬路二號，電話號碼二八一一。灣仔在四環九約中的下環範圍，大馬路即皇后大道，故稱為下環大馬路，票據印有宣傳洋行本店的業務，標榜品質保證，價錢公道。買家買了四十二件陶瓷茶具，連運貨需港幣 40 元，另需繳付 10 仙印捐士担（Stamp Duty），是政府對契約徵收的稅項。

圖中一輛第三代開篷電車停泊處是軍器廠街。大佛洋行旁邊是華興映相（A. Hing Studio），該處鄰近軍營，不少軍人的亞洲之旅來到香港站，喜在影樓拍照留念。

軍器廠街右方建築地下是大佛洋行，樓上是華興映相，石柱和欄杆寫滿了「CURIOS」（古玩）、「AHING」（華興）的招牌大字，可見兩店面積不少。遠方大樹的右方建築是野間傳紋身店所在。

「Curio」和「Antique」有什麼分別呢？

Curio 是獨特的、稀有的，年代久遠，但也有較為近期，通常器物較小，可稱之為古玩；Antique 是古老、具相當價值，有系統分類的名稱，需小心收藏。體積有小的，亦有大型如傢具，可稱之為古董。

野間傳紋身店

野間傳紋身店（D. Noma Tattooer）是一家早期在香港由日本人經營的紋身店。流傳至今的名片上，記錄了其中一店位於下環軍器廠街三號一樓，位置鄰近海軍食堂（Royal Navel Canteen）。總店在皇后大道 60 至 62 號三樓，店舖每天早上 9 時營業。老闆野間傳二郎（Noma Denjiro）自稱投身紋身工作三十二年，累積的經驗、效率和卓越表現是服務質素的保證。紋身圖案設計、顏色，有野間先生自己獨有的配方，色澤迷人，且顏料不傷皮膚。

尊貴的皇室成員如俄羅斯皇帝、英國約克公爵都曾是顧客，他感到十分榮幸，有 3,700 名來自各方消費者的口碑，保證價錢合理和讓客人滿意。

那名片上提到的兩名顯赫的皇室人物究竟是誰呢？

H.R.H. The Duke of York，約克公爵，是英國貴族的爵位，通常授予英國君主的次子。19 世紀時，第六任約克公爵是維多利亞女皇的孫子，即當時威爾斯親王愛德華王子（後來的英皇愛德華七世）的次子佐治王子（Prince George of Wales），由於其兄長亞厘畢域陀王子（Prince Albert Victor of Wales）早逝，佐治王子於 1910 年繼承皇位，成為英皇佐治五世。

這兩位英國王子兄弟，於 1881 年曾作為海軍學員訪問日本。佐治王子在日記中，記錄了在東京招待所花三小時在臂上紋上一條紅藍雙色的巨龍。到了京都，又在另一臂紋了一隻老虎。兄長則紋了一隻舞鶴。

至於是否曾在香港再有另一次的紋身，英國皇室則未有再次披露。

H.I.H. The Emperor of Russia 的 H.I.H.，即 His or Her Imperial Highness，是帝國家族成員的稱號。The Emperor of Russia，俄羅斯帝國皇帝，指尼古拉二世（Nicholas II）。尼古拉二世當皇太子時期已前往東亞，參與中日朝事務，他於 1896 年登基，1917 年二月革命退位，是帝國的末代皇帝。

但沒有其他能印證他在香港紋身的記錄。

▸ 日本的紋身

刺青，這種利用顏料將文字符號圖案刺入皮膚的行為，由過去本來作為階級、刑罰的識別功能，隨時代的演變，已有了不同的發展。19 世紀上半葉的日本，浮世繪題材引入鋤強扶弱的俠客，及描繪歌舞伎的形象，受此影響，日本紋身採用的繪畫風格獨樹一幟，不單在本土流行，更吸引自明治維新後，來自世界各地的訪客和海員，甚至是當時還是海軍一員，後來登基的英皇佐治五世（女王伊利沙白二世的祖父）。

部分紋身師傅會出國前往香港、菲律賓等東南亞地區謀生，在港口附近商業區開展業務，滿足充滿好奇心的顧客，尤其歐美海軍和海員，藉紋身表達勇敢和冒險精神。

野間傳二郎便是其中一位在香港定居的

成功日本紋身師，他善用宣傳甚至在報章登廣告，有一定知名度。他生於長崎縣浦上，1894 年前後在香港開業，1909 年在香港逝世，並葬在跑馬地墳場。

二戰後的世界急劇轉變，日本的黑幫電影使紋身內涵滲入了幫派作風的勇猛和忠誠；歐美的搖滾音樂人，則利用紋身展示對人生醉生夢死，既艷麗又充滿愛欲的態度。

時至今日，紋身不再像過去那樣具有深層意義和帶有禁忌，它是流行文化，是時尚，是玩意，為年青一輩喜愛。人們選擇簡單的圖案，如一些鼓勵文字、小動物、小花草，依然保留神秘，紋在身體的隱蔽部分，作為自我欣賞，或人與人之間的某些聯繫。

你或會疑慮紋身意味它永遠留在身體上過於沉重，考慮再考慮，於是又有了紋身貼紙，題材和風格多樣，防水防汗，維持三至六天，你會試試嗎？

野間傳在香港中環皇后大道六十號至六十二號三樓一在下環軍器局街第三號

D. NOMA,
JAPANESE
PROFESSIONAL TATTOOER
Nos. 60 & 62, Queen's Road, Central,
NEAR THE POST OFFICE.
SECOND FLOOR.

BRANCH SHOP
FIRST FLOOR
No. 3, ARSENAL STREET,
NEAR THE NAVAL CANTEEN.
HONGKONG.

D. NOMA, TATTOOER,
No. 60 & 62, Queen's Road, Central.

THE Public are informed that my Parlours are open from 9 A.M. all day. My 32 years experience in tattooing is a guarantee of good work and prompt execution. My Colours are absolutely fast and perfectly harmless, and produce a charming effect not attained by any other, as their composition is only known to me. H.R.H. The Duke of York, and H.I.H. The Emperor of Russia, both honoured me with their patronage; besides many others of High Rank. Prices Moderate and satisfaction guaranteed as attested by 3700 Recommendations which I have received from all sources.

野間傳紋身店名片

軍器廠街末段右轉便是海傍東街，大樹右方建築一樓，可見「TATTOOER」字樣，便是野間傳紋身店。

千歲館和千歲花壇一瞥

2024 年的秋天晚上，在福島縣會津若松城下七日町的旅籠屋，享用了一客鄉土料理「箱輪飯」，這家店稱自己為「料理旅館 ・ 田事」。在日本稱為料理旅館、料亭旅館，表示旅館除提供住宿外，還擁有出色的菜餚供應。

灣仔曾經有一家日人關伊勢吉於 1917 年開始經營的旅館，名字是千歲館，或稱千歲ホテル、Chitose Hotel。漢字「千歲」，是祝願長壽之意。

千歲館設有割烹部，名為千歲花壇。花壇指栽種花卉作為觀賞的庭園、花圃或者盆栽。從千歲館和千歲花壇的廣告和簡介卡片，能認識較多這家百年前日本人經營的旅館。

▸ 千歲花壇的小故事

故事源自高濱虛子《渡仏日記》(渡法日記，仏是法國)。高濱虛子（1874－1959）是日本明治到昭和時代的「俳人」，即俳句作家，俳句是詩歌，特定格式是由五、七、五共十七音節組成，詩句必須具有反映季節的用語。他在昭和十一年（1936 年）坐日本郵船赴歐洲。其中有章節提到箱根丸號離開上海後，在 2 月 28 日抵達香港時曾短暫停留，遊覽這座美麗的城市，並在千歲花壇享用晚餐後返回登船，次日早晨便離開香港，寫了一首俳句：

春潮や窓一杯のローリング。
二月二十九日。朝，香港出帆。

詩句可譯作：春潮窗滿滾。指船隻搖晃，只見窗戶外填滿海浪。

日記中記錄了千歲花壇一件軼事：章子的中國服飾。在香港的最後行程，高濱虛子一行人在千歲花壇（千歳花壇という日本料理店）吃晚餐。當高濱虛子説女兒章子沒有準備輕便的衣服時，藝伎久千代便拿出薄身的中國服，在女將、久千代和松千代三人的幫助下，為章子打扮，覺得很適合章子。久千代説如果小姐喜歡便送給她。高濱虛子和上野章子日後都記錄了這件事。

高濱虛子在《渡仏日記》寫：「這是薄如蟬翼的絲綢，上面有美麗的玫瑰圖案（蟬の羽衣のように薄い絹の布であって、美しい薔薇の模様），我走到別的房間看到換過衣服的章子，看起來像是度身訂造似的。」上野章子的隨筆集《佐介此頃》寫：「直到如今，這件中國服，連同我童年的東西，仍然留在幾乎一整年都不會拉開的舊抽屜裏。」

千歲花壇的故事聽來或許無趣，世人總愛聽風花雪月故事，像花壇藝妓，綺園春色，想入非非，想像出很多畫像和故事，把千歲館和千歲花壇變成風月場所，或許是後來的事了。再後來，二戰後，在日俘日僑被遣返日本的政策下，千歲館、千歲花壇必然關閉結業，從此消失。千歲館本店建築，在戰後一段時間曾成為同濟中學的校舍。

忽然有入住千歲館的想法，原來千歲館還

在，不過不在香港，在長野縣野澤溫泉，歷史比香港千歲館再早幾年，是大正二年（1913年）創建的木造建築純和式旅館。而千歲花壇是沒有了，稱做「花壇」的旅館在日本倒有兩家，都有會席料理供應。

大正十三年（1924）香港日報社出版的《香港案內》，刊登了一頁廣告，並附一幀千歲館照片。內容主要說，千歲館（旅館）位於城市稍東邊，距離各政府機關約十多分鐘車程，備有純日式和西式客房，視野開闊，風格雅緻，提供兩人份的日式、西式茶點。娛樂活動有桌球、圍棋、象棋、茶道、插花、射箭。
其中的千歲花壇提供兩種料理：「會席料理」是為飲宴準備的餐點，會豐盛一些；「御料理」表示提供誠意烹調的菜餚。

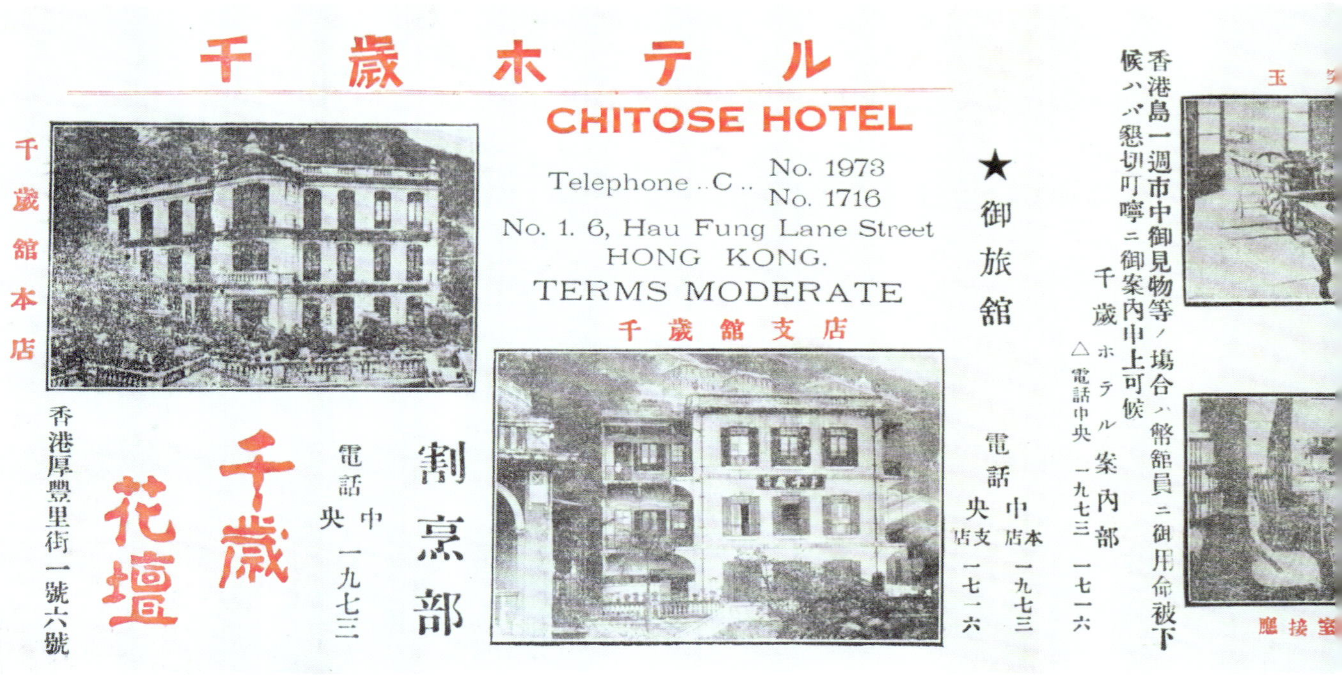

千歳ホテル

千歳舘本店

CHITOSE HOTEL

Telephone ..C.. No. 1973
No. 1716
No. 1. 6, Hau Fung Lane Street
HONG KONG.
TERMS MODERATE

千歳舘支店

★御旅館

電話中央 本店 一九七三 支店 一七一六

香港島一週市中御見物等ノ場合ハ幣舘員ニ御用命被下候ハバ懇切叮嚀ニ御案内申上可候

千歳ホテル案内部

△電話中央 一九七三 一七一六

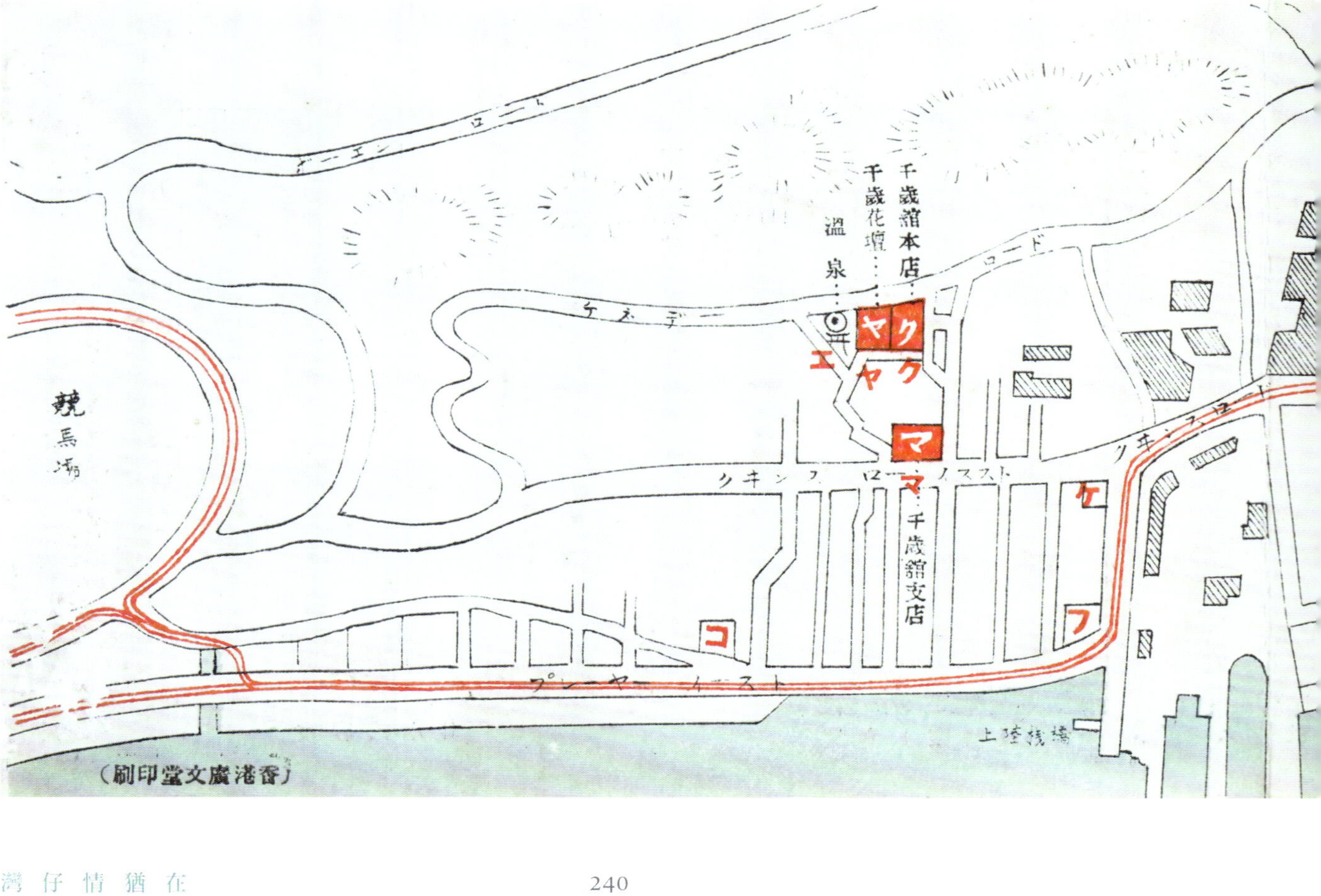

割烹部

電話中央 一九七三

千歳花壇

香港厚豐里街一號六號

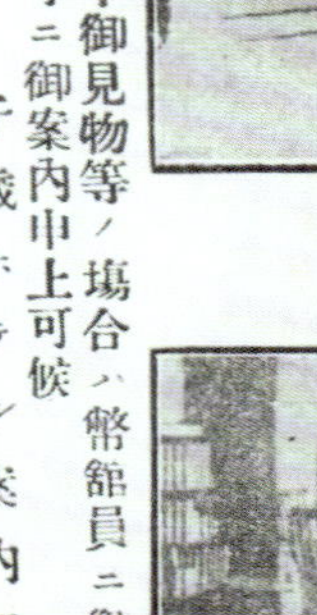

玉

應接室

千歳花壇
千歳舘本店
溫泉
千歳舘支店
競馬場
上陸桟橋

（香港廣文堂印刷）

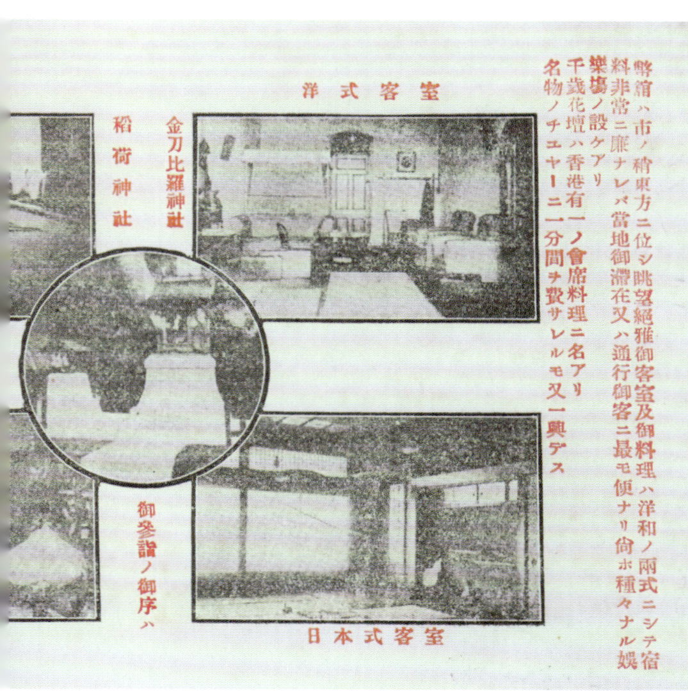

千歲館摺卡名片。正面有千歲館簡介，附照片七幀。

千歲館共有兩幢旅館建築，本店在厚豐里 6 號，後建的分店在厚豐里 1 號。千歲館本店所在平台寬敞，種滿花木，建築物是一幢三層高西式左右對稱樓房，地下正門兩側有圓形立柱，二樓陶瓷花瓶欄杆，左右各層有四扇門窗及相連陽台。分店樓高三層，但每層只有三扇門窗。

旅館房間備有洋式客室或日本式客室選擇，還有接待室、餐廳、桌球室、溫泉。另設金刀比羅神社、稻荷神社可供參拜求願。

稻荷神社匯集了眾多的信仰，被尊崇為保佑五谷豐登、商業興盛、闔家平安、諸願望皆可實現之神。現今京都市伏見區的伏見稻荷大社是各地的總本社。

至於金刀比羅神社，金刀比羅（金毘羅）原是印度恆河鱷神格化的水神，作為海上交通的守護神，廣為漁民、海員、海軍人員所崇拜。現今香川縣琴平町的金刀比羅宮是各地的總本宮。千歲館設有割烹部，即具有開放式廚房，供應高級日本料理，名叫「千歲花壇」。

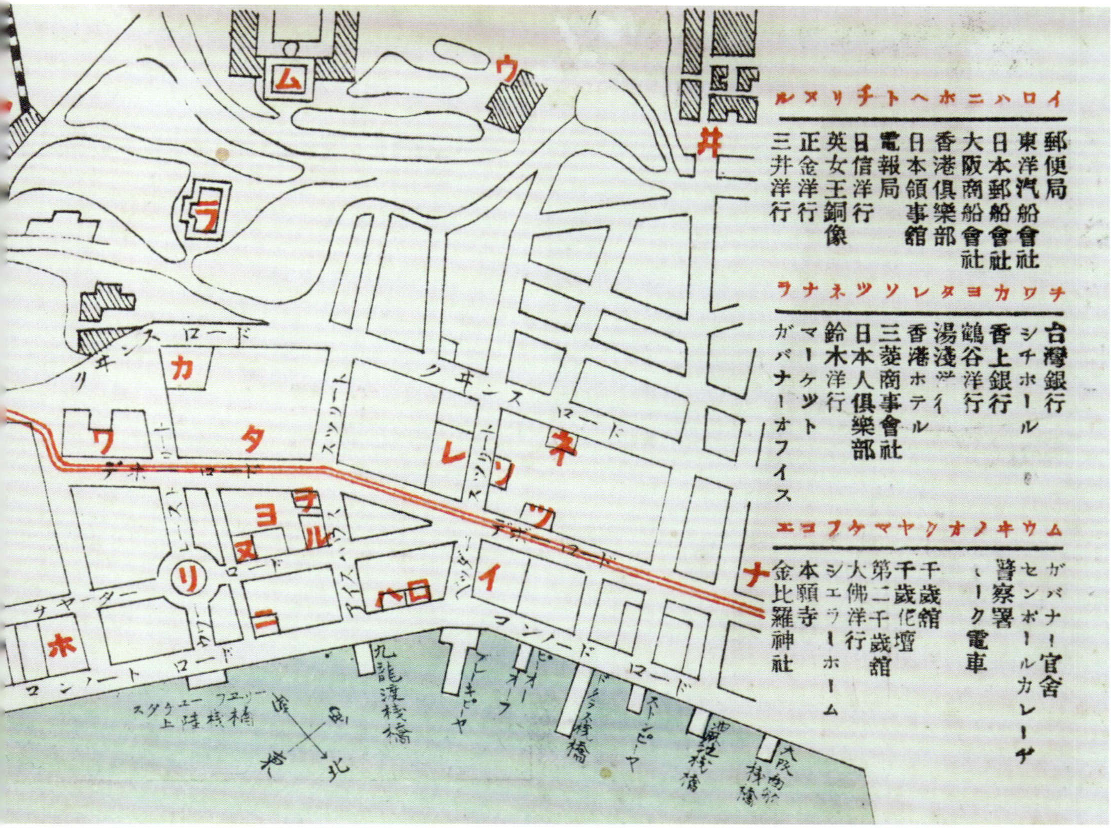

內頁有中環至灣仔地圖。除標示千歲館相關的千歲館本店、千歲館分店、千歲花壇、溫泉、鳥居（表示神社）的位置外，還有二十多處日本企業、會社地點。

大佛洋行明信片。照片中可見第二代天星小輪停靠在中環碼頭，最早連接香港島和九龍的渡輪公司，是 1888 年創立的九龍小輪公司（Kowloon Ferry Company），直到 1898 年才更名為天星小輪公司，照片中可見碼頭出入口處的鐘樓仍在興建中。右方建築物是皇后行 Queen's Building（1899－1960），拆卸後重建為香港文華東方酒店 。

明信片上的印章以漢字寫：千歳館，英領香港。英文字「Chitose Kwan」中，Chitose 即千歳，Kwan 為「館」音譯。印章上方記有英文地址，表示位於堅尼地道 15 號，下方記有電話號碼 1973 和電報掛號。

另一印章「大和俱樂部」，資料不詳。按千歳館名片地圖，只標誌了香港俱樂部、日本人俱樂部兩家位置。

千歳館行李貼紙。S.S. 指 Steamship 蒸汽船，MARU 在日文是「丸」，日本商船、漁船一般稱為「～丸」。

飯田時計店

一封飯田時計店發至廣州的信件。郵戳顯示 1931 年 7 月 25 日由灣仔郵局（Wan Tsai Post Office）寄出，至廣州南堤二馬路博愛會醫院，西脇真澄收。信封背面的郵戳顯示廣州郵政於 7 月 26 日已經收到郵件。飯田時計店的日籍老闆飯田先生，1920 年代在灣仔海傍東街 40 號經營鐘錶珠寶店，同時售賣名貴飾物和唱機唱片。

1921 年開始，灣仔進行一項重大填海工程：海傍東填海計劃，歷時十年完成，使灣仔獲得大片填海用地。昔日的海邊已成為市區內街。飯田時計店的舊地址，香港海傍東街 40 號（No. 40 Praya East, Hong Kong），信封新地址已是莊士敦道 56 號，電話號碼依然維持 23323。

飯田先生和西脇真澄是老主顧，信件除了時針店的發票外，還附上一封尚未能解讀的信件。書信中提到一艘日本海軍的炮艦「嵯峨號」，1910 年代至 1920 年代長期在中國沿海及內河流域從事警備任務，1931 年 6 月曾經自台灣抵達香港執行任務，逗留一年方返回台灣。

飯田時計店售賣些什麼名貴產品？

從發票藍字印上的介紹，店舖除了主要經營鐘錶和珠寶外，還售賣以下名貴貨品，及名牌留聲機和唱片，價錢不菲呢。如ビクター（Victor），是 1927 年在横濱成立的日本ビクター蓄音器株式会社（Victor Company of Japan, Limited），1930 年開始生產留聲機及黑膠唱片，1932 年開始生產收音機，今日香港簡稱 JVC 星牌。又如コロムビア（Columbia），為在 1910 年於今日川崎市成立的日本コロムビア株式会社（Nippon Columbia Co., Ltd.），是日本第一家唱片公司，1927 年與美國 Columbia Records 合作，發售其製作唱片，香港稱為哥倫比亞唱片。

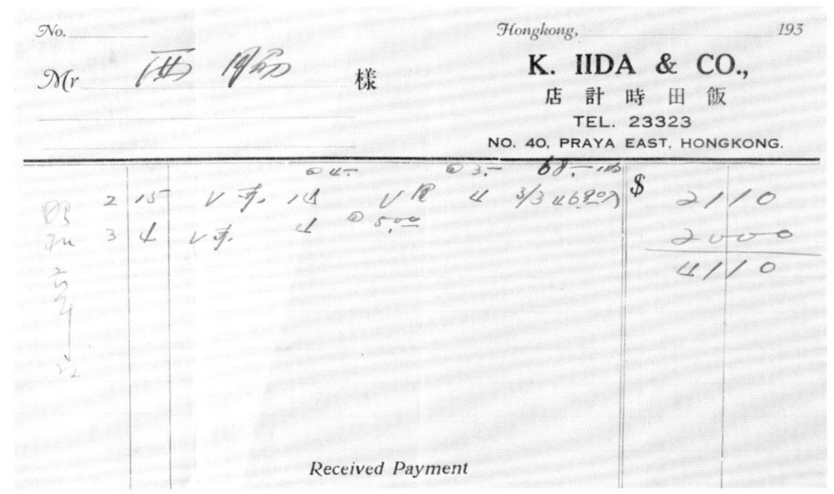

No.

Hongkong, 193

Mr 西脇 樣

K. IIDA & CO.,
飯田時計店
TEL. 23323
NO. 40, PRAYA EAST, HONGKONG.

$ 2110
2000
4110

Received Payment

飯田時針店的收據。

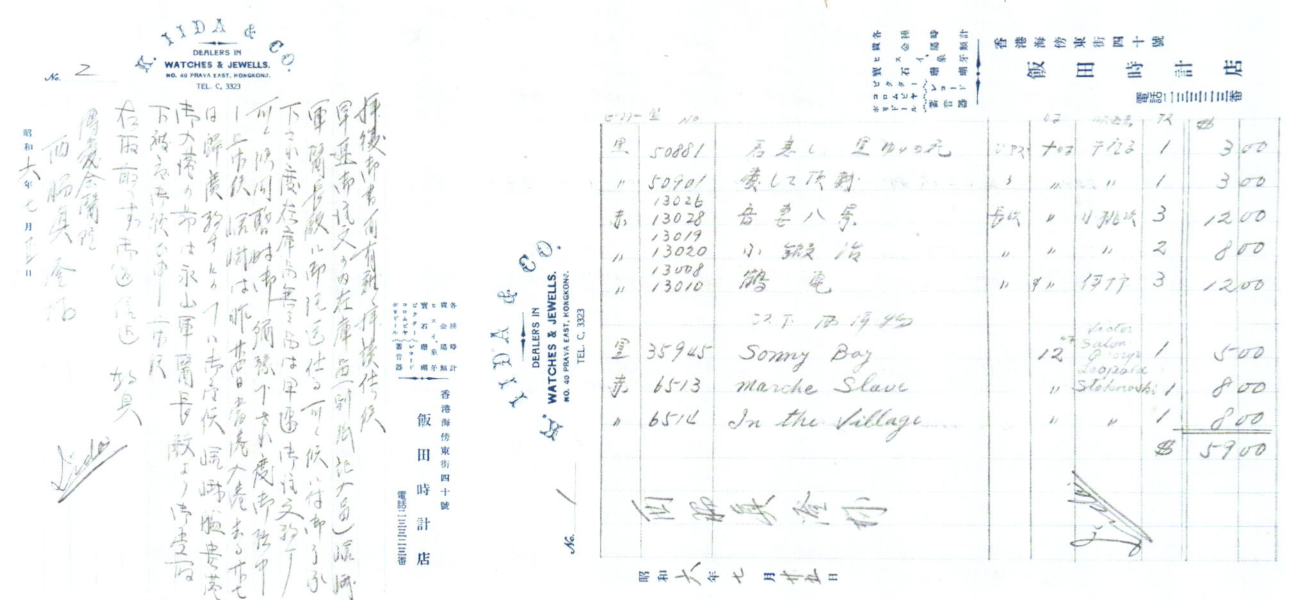

時針店的發票以及一封尚未能解讀的信件。

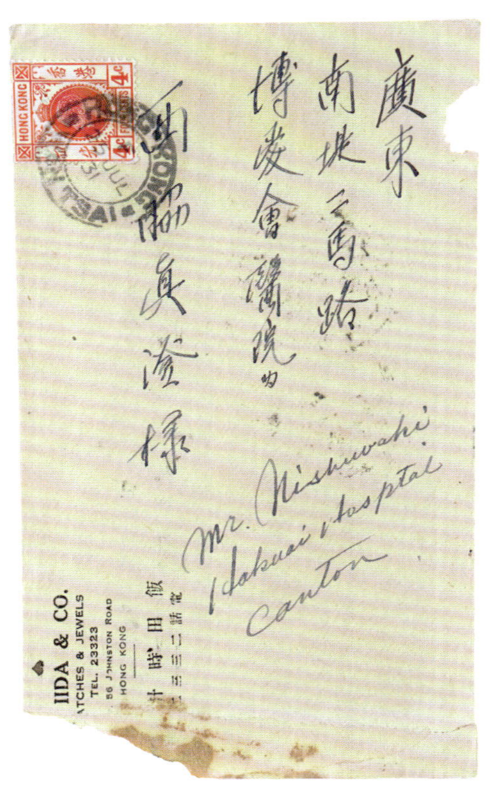

1931 年，一封飯田時計店發至廣州的信件。

加藤洋食店

這是一間位於莊士敦道 57 號的餐館名片，因莊士敦道原稱海傍東，地址也列明是香港舊海傍東。餐館有兩個名字，一是 Asahi Beer Hall（音譯：亞沙熹碑可勞），英文方便歐美人士閱讀和光顧，特別強調有售色澤金黃的日本朝日啤酒，兼售葡萄酒類及烈酒類洋酒，是一間酒館、酒吧。另一名字則採用漢字，稱加藤洋食店，方便日本人，因為昔日日本人喜歡在灣仔居住，在灣仔經營的店舖也不少。作為日本人姓氏 Kato，漢字應寫成「加藤」，但名片上則寫成加籘洋食店，恐怕是製作時失誤。

▸ 謝晨光《加藤洋食店》

創刊於 1926 年上海的文學雜誌《幻洲》，在 1927 年 5 月 1 日的第一卷第十一期中，有一篇謝晨光寫的〈加藤洋食店〉，描述了加藤洋食店當時的模樣，以下是其中三段。

「加藤洋食店是 H 埠的一間日本人開設的咖啡館兼餐館，位置在於 H 埠的東方名叫做 Wanchai 的一塊地方的中部。」「就是 Wanchai 的地方，雖然生意很冷落，地方僻靜，不過日本人是很多的，賣瓷器的賣丸藥的都有，近一二年來還開了一間日本式的咖啡，餐館，離日本妓女的地方不很遠，所以 Wanchai 雖然是中國人佔了多數，但日本色彩卻是很濃厚的。」「光線很強烈地照耀在一間很整潔的商店裏，屋中疏落的擺着四張塗了『巴利士』的板棹，棹上鋪了一方雪白的洋布，桌上都放了一个淡藍色的膽瓶，插了兩三株菊花，膽瓶的旁邊擺了一座小巧的五味架。桌的四旁，放着四張椅。」

日本明治維新以來，學習西方文化以振興日本，推廣尤其肉類的西方菜餚，為配合日本人喜好的口味，調味上加入醬油、味噌，成為日式西餐，稱為洋食，以別於傳統的和食。二戰後更推陳出新，出現蛋包飯、拿坡里意大利麵等各種洋食款式。如果要在加藤洋食店，吃到早在明治大正年代（1920 年代至 1930 年代）的經典洋食，應該是「炸豬排丼」。豬排選用厚身的豬里肌裹上蛋液、麵包糠和炸粉，油炸後切成數塊淋上醬汁，配以高麗菜絲，搭個白飯、味噌湯、醃菜，實在滋味得很。

嗨，再來一支朝日啤酒。

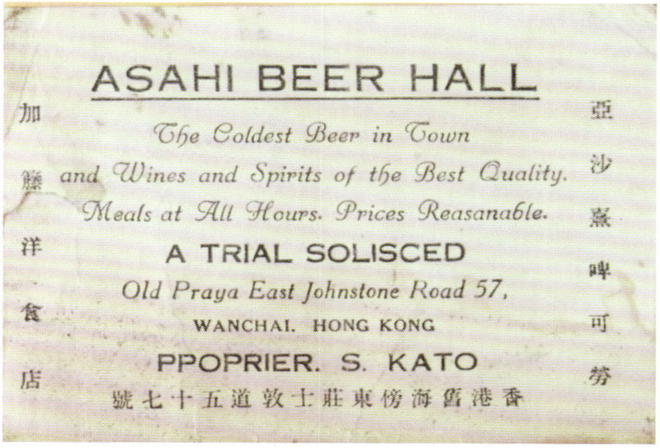

加籘洋食店

ASAHI BEER HALL

The Coldest Beer in Town

and Wines and Spirits of the Best Quality.

Meals at All Hours. Prices Reasanable.

A TRIAL SOLISCED

Old Praya East Johnstone Road 57,

WANCHAI. HONG KONG

PPOPRIER. S. KATO

香港舊海傍東莊士敦道五十七號

亞沙熹啤可勞

加藤洋食店的名片，其英文名是 Asahi Beer Hall。

香港本願寺的轉世重生

路過京都市下京區，你會否看到一組宏大的寺院群落，日本佛教淨土真宗本願寺派的本山（總部）：龍谷山本願寺，又被稱為西本願寺，以別於一街之隔，位於東側同宗大谷派的東本願寺。

在東京築地吃壽司，你可能去過了，可又留意一街之隔有座印度風和日本風融合的西本願寺別院——築地本願寺。

明治維新以來，由於政府「毀佛滅釋」對佛教的排斥，日本佛教各宗派及僧侶為了「興亞揚佛」，復興衰落中的佛教，及為亞洲發展作出貢獻，紛紛前往亞洲各地。根據《香港日報》1924 年出版的《香港案內》記載，早在明治三十三年（1900 年），淨土真宗本願寺派（有說是淨土真宗大谷派）僧侶岸田栖岸隻身來香港傳教。到了明治四十年（1907 年），京都西本願寺總部正式派遣「開教使」。大正十二年（1923 年），在總部的資助及在港僑民「醵金」（即集資），購入灣仔道 117 號一棟四層樓屋宇作為香港及廣東的傳教中心，從此有了「香港本願寺」（有時會稱為「西本願寺」）會址。本部設於上海，由大谷光瑞任總裁的日華佛教會管轄。會址之後成為在港日本僑民活動和訊息中心。

▸ 宇津木二秀

宇津木二秀（1893－1951）是京都西本願寺僧侶，負責寺內翻譯課職務（佛教典籍英譯），經常接觸歐美佛教學者，任教於龍谷大學，戰前赴東南亞考察，是活躍國際舞台的佛教徒，被認為是日傳佛教現代化的一個代表人物。1941 年底香港淪陷，進入日佔時期，1942 年宇津木二秀由翻譯課調至興亞部，旋即赴任香港本願寺住持，除佈傳佛法，主禮宗教儀式外，同年與東蓮覺苑（由何東夫人張蓮覺創建，1935 年落成於跑馬地山光道的佛教道場）僧人成立日華佛教聯合會，又與香港一些（親日）寺院住持共同成立香港佛教聯合會。

日本明治維新富國強兵政策，發展到帝國軍事擴張行動，日本佛教團體的僧侶有所參與，尤其在佔領區，其方式有：

1. 作為在日僑社區和軍方的宗教職務身份；
2. 興建寺院及興辦教育，協助推動皇民化政策；
3. 精神動員支持日軍在遠東地區的軍事行動；
4. 以同為佛教名義，與華人佛教團體融和合作，藉此籠絡華人社會的政治任務；
5. 利用軍政界關係，發揮政治影響力，通過與社會各界接觸，收集地方以至軍事情報。

1945 年 8 月 15 日，日本宣佈無條件投降，宇津木二秀為避免西本願寺的資產會被香港政府以敵產名義充公，將擔任住持的本願寺寺產（灣仔道 117 號）契據，連同已簽署的送贈證書，一併交給林楞真（時任東蓮覺苑苑長）和陳靜濤兩位居士。宇津木二秀被英軍因禁近一年後，在 1946 年以平民身份被遣返日本。

香港佛教聯合會

1945 年，佛門法師一眾接受香港西本願寺物業，由比丘、比丘尼、男居士、女居士等佛教四眾，同心同德，眾緣和合下，重新創立香港佛教聯合會。當時創會者包括：筏可法師、覺光法師、茂峰法師、茂蕊法師、優曇法師、浣青法師、海仁法師、瑞融法師、靄亭法師、宏智法師、慈祥法師、陳靜濤居士、王學仁居士、林楞真居士等人。第一任會長是筏可法師。

創會後隨即在戰後經濟蕭條的環境下，在弘揚佛法的同時，開展各項社會服務，首先是在獲贈物業興辦中華佛教學校，發展至今，佛聯會的教育服務，辦有政府津貼中學十二間、直資中學一間、津貼小學七間及非牟利幼稚園八間。其他慈善服務包括醫療、長者、青少年服務等。1999 年佛誕成為法定公眾假期，更確立了佛教在香港社會的地位。

今天香港佛教聯合會的會址仍在灣仔，位於駱克道 338 號 1 樓。

明信片上可見香港本願寺佛教婦人會的印章。

日本人火葬場

日本宗教以神道教與日本佛教為主，有獨特的殯葬習俗，包括處理遺體、告別式和紀念方式。葬禮會在寺廟、殯儀場所、家中舉行，除土葬外，多為火化，象徵解脱和淨化，告別式則安靜且莊嚴。但早期在港日人社區缺乏這類喪葬服務。

直到京都西本願寺派僧侶來港設立本願寺，才慢慢能夠依循佛教傳統殯儀，有所改善。隨着居港日僑愈來愈多，日本人慈善會在 1910 年初，獲得政府撥批掃桿埔一幅土地作為日本人火葬場，並於 1912 年落成，自此日人社區便有了專屬的殯葬流程，即便火化後的骨灰歸葬日本也來得方便。

時光流逝，日本人火葬場已停運拆除。如果沿着東院道，來到佛教黃鳳翎中學及東華東院接壤的地段，便是昔日火葬場所在，只見兩棵老榕樹依然枝葉繁茂。南無阿彌陀佛。

▸ 日本人墓地

香港日本人墓地位於跑馬地香港墳場內。香港墳場早於 1845 年設立，埋葬多是基督新教信徒和西洋人士，後來開放予任何宗教人士及華人，目前已知日本人墓碑有 470 塊，埋葬年份介於 1878 至 1945 年之間，八成建於明治時代。原先日人墳墓分佈在墳場內各處，曾因日本人掃墓有燒香習慣遭部分西方人士不滿，政府便劃定特定區域給日裔人士，而被稱為日本人墓地。

墓葬主人因種種原因，工作、留學、經商、旅行，在路過香港途中或留港、滯港其間，因疾病、戰爭而去世。有些是日本企業派駐並僑居香港的人員和家屬，也有各行各業的，或是海員，甚至稱為「唐行」的妓女，長眠於此。

香港建埠初期，衛生環境欠佳，霍亂、瘧疾、天花等地方病肆虐，1894 年更爆發了鼠疫，之後成為年年均有案例的風土病，患病去世的人日漸增多，墓地內有許多日本人墳墓，或許因為處理倉促，沒有墓碑，只有墓地號碼而已。

1890 年 2 月（明治二十三年），香港日本人慈善會成立。是香港首個日本人創辦的互助組織，其中提供「施藥救護、埋葬建碑」服務，讓日人在港生活安身立命。往後更成功向政府爭取撥地興建日本人專屬火葬場，1919 年日本人慈善會在掃桿埔火葬場旁邊豎立了一座「萬靈塔」，紀念 1918 年 2 月 26 日跑馬地馬場大火的受難者及在港身故的日僑，方尖碑正面的書法題字是京都西本願寺第二十二任住持大谷光瑞的作品。在 1982 年應政府要求，將萬靈塔遷移到香港墳場內的日本人墓地內。

2004 年 2 月 14 日，日本人俱樂部在日本人墓地種植了十四棵河津櫻，由當時日本駐港總領事橫田淳主持紀念儀式。每年二、三月櫻花綻放季節，且讓花瓣散落土地，撫慰這些遠離故土的靈魂。

2024 年底香港大學出版社《皇家亞洲學會

香港研究叢書》出版了中野嘉子和 Georgina Challen 合著的《跑馬地日本墳墓：明治時期香港日本人的故事》（*Meiji Graves in Happy Valley Stories of Early Japanese Residents in Hong Kong*），作者透過墳墓主人的追查，讓那些曾在香港生活和去世的、具有不同背景的日本人故事重新被認識，重現了曾經存在於這座城市已久，但被遺忘的日本社區。

昔日東院道日本人大葬場。

《香港島圖》　日本名所圖繪社

大正時代到昭和初期，日本旅遊業興盛繁榮，國內外旅遊手冊應運而生。被稱為「大正の広重」（即大正時代的廣重。歌川廣重是江戶時代的浮世繪畫家）的吉田初三郎，將「鳥瞰圖」風格引入地圖繪畫，被稱為「吉田初三郎式」的鳥瞰圖，其最大特點是變形極大，構圖大膽，色彩鮮艷，表現力豐富，信息突出，當時出版了許多這類型旅遊指南。

日本名所圖繪社於昭和十五年（1940 年）初版的《香港島圖》，便是鳥瞰圖風景，以尖沙咀上空為視點，朝南望向香港島的面貌，繪畫者為金子常光。金子常光原本是鳥瞰圖畫師吉田初三郎的弟子，大正十一年（1922 年）參加了小山吉三創立的日本名所圖繪社，成為初三郎最大的對手，也形成了自己更細膩的風格，有人形容吉田初三郎的鳥瞰圖視野如魚眼，金子常光更是超廣角鏡。

從《香港島圖》中看日本人眼中的灣仔，可找到各個與日本人生活有密切關係的地標。此為日本名所圖繪社於昭和十五年（1940）初版的《香港島圖》。

日本人的香港指南《香港案內》

香港日報在大正十三年（1926 年）以日文出版的香港指南《香港案內》，主要讓旅客、來港工幹、居港的日僑認識香港狀況，亦介紹日本人在港的商業活動。

灣仔能稱得上為「小東京」，因為該區有不少日僑開設的店鋪，如紀念品店、理髮店、食品、旅館等，都和日常生活息息相關。

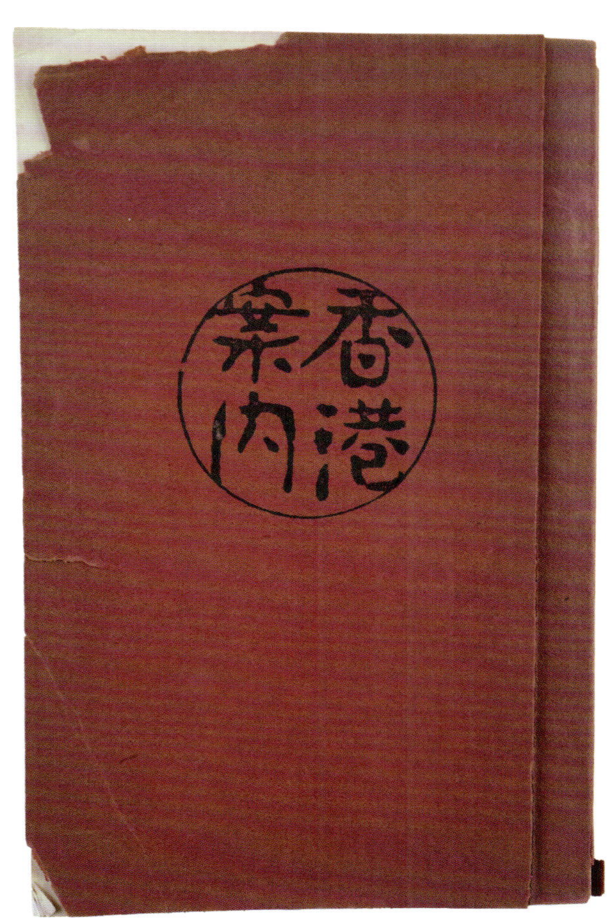

《香港案內》封面。

小東京商店初探

1842 年，香港成為英國殖民管治地。1860 年代，日本明治維新開始變革，從 19 世紀中葉開始，百多年來，日本一直視香港為學習西方文明和觀望中國發展的窗口，一是因為香港與日本的地理位置接近，二是英日同盟（1902－1923）有過一段時間的友好關係，日本人出國航海路過，或移居香港謀生日漸增多，彼此交流密切，日人早期居停集中中環者多，慢慢也移向灣仔聚居，經商開店，混雜在華人社區中，於是戰前灣仔有了「小東京」的感覺。

日本人在灣仔開店，各行各業均有，較多是零售業，對象針對香港過境的旅客。從遺留下來的昔日洋行宣傳品，可窺見當年店舖內林林總總的貨物。

穿着日式和服的日本婦女，手執洋傘在路上走過。

莊士敦道的日本商號：Ito & Co（伊藤商店）、Ishimoto & Co（石木洋行）、Mrs.Saiki（齋木或佐伯女士，店主的名字）。

莊士敦道近盧押道附近。日本商號（右至左）：飯田時計店（鐘錶店）、丹羽商店、洋物洋反物（洋衣服／洋布料）、御料理、おみやげ（土特產）、石本時計。

▸ 大和商店（Yamato）

日本人富永（J. Tominaga）先生開設的店舖，經營藝術珍品，是批發和零售經銷商、包裝承包商。商店位於莊士敦道 10 號，總公司在大阪 Utsubokami-dori，應在今日靱本町一帶，分店在威海衛劉公島。當時英國於 1898 至 1930 年在山東省威海衛建立租借地，期滿後交還，但在附近劉公島續租十年至 1940 年。所以分店設在威海衛劉公島。

大和商店主要商品：

1. 生產經銷薄胎瓷茶具、餐具、薩摩燒（薩摩燒瓷器以華美的彩繪聞名）；

2. 漆器：壁爐隔火屏、工作箱、托盤、桌子、盒子；

3. 大馬士革金屬鑲嵌用品：煙盒、袖扣、胸針、項鍊。Damascene Ware 是紀念古代敘利亞首都大馬士革（Damascus）工匠之嵌刻技術而命名；

4. 玳瑁製品：梳妝套件、珠寶盒等。

其他如皮革抹布、紙傘、絲綢洋傘等，銀器、銅器、象牙製品、家具、飾板、花瓶等。

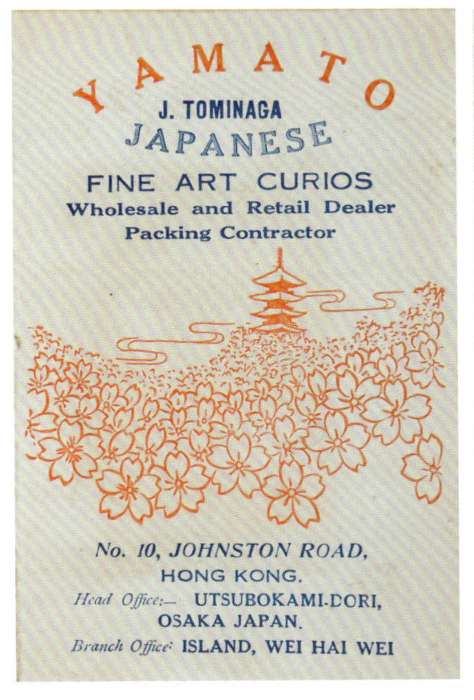

YAMATO
MANUFACTURES
OF
EGG SHELL CHINA TEA SETS
DINNER SETS
SATSUMA, ETC.

DACQUERED WARE:—FIRE SCREENS,
WORK BOXES TRAYS TABLES ALBUMS,
DAMASCENE WARE:—CIGARETTE CASES
CUFFLINKS, BROOCHES, NECKLACES,
TORTOISE SHELL WARE:—TOILET SETS
JEWELLERY BOXES ETC.
LEATHER HAND RAGS, PAIER AND SILK
PARASOLS ETC. ETC.
SILVER AND RRONZE, IVORY WARES,
I UKES, PANELS, FLOWER VASES.

USEFUL NIPPONESE LANGUAGE

A-RI-GA-TO	THANK YOU
I-KU-RA	HOW MUCH
O-JO-SAN	LADY
HI-DA-RI-E	TO LEFT
MI-GI-E	TO RIGHT
O-HA-YO	GOOD MORNING
KU-DA-SA-I	GIVE ME
KA-A-I.	LOVELY
KON-BAN-WA.	GOOD EVENING
SA-YO-NA-RA	GOOD BYE
MATA AHI MASHO	SEE YOU AGAIN
KIREI	BEAUTIFULL
A-NA-TA	YOU
SUKI	LOVE
WATA SHI	I

SPECIAL ORDER will be accepted
Guaranteed to send articles to any part of the World and replace all breakages.

宣傳單張下方註明接受特別訂單，保證貨品寄送世界任何地方，如有破損包換。右頁附錄列有常用日語英文註解十項。

▸ 富士山洋行

根據富士山洋行名片，洋行由（S. Nishibe）西邊女士主理，專營日本藝術珍品、特色陶瓷茶具、金鑲嵌器皿。其他有如銀或銅製煙盒、薩摩燒茶具和花瓶、景泰藍器皿和玳瑁梳妝台套裝、珍珠母貝鑲嵌屏風、背景牆畫及各種漆器。另有刺繡畫、壁爐隔火屏、門紗、和服、絲巾、睡衣套裝及各種絲綢製品、富士絲白襯衫等等。名片上的地址是軒鯉詩道 32、34 號。

HONGKONG 18th Nov 1931

香港灣仔軒鯉詩道卅二及卅四號
富士山洋行

Mr I. Sheahan
H.m.s. Hermes

SHOP SIGN

Bought of

FUJIYAMA
JAPANESE FINE ART CURIOS
TEA SETS, PORCELAIN SPECIALITY
IVORY CARVING'S SATSUMA, CLOISONNE AND TORTOISESHELL WARES, BRASS, MOTHER-OF-PEARL INLAID PANELS, SCREENS, LACQUERED WARES, SILK EMBROIDERED SCREENS, & ALL SORT OF KIMONOS
GOODS ONCE BOUGHT CANNOT BE RETURNED.

GOLD DAMASCENE WARE
Nos. 32 & 34 Hennessy Road HONG KONG.

To One Tortiose shell set	$	28.80
~~One Damascen Bracelate~~	~~$~~	~~4.00~~
Postage	$	4.50
Box	$	.60
Total	$	~~37.90~~ 33.90

HONG KONG 印稅士担 香港拾仙 10 STAMP DUTY TEN CENTS

RECEIVED PAYMENT WITH THANKS

FUJIYAMA
OWNER

FUJIYAMA
OWNER

富士山洋行購物收據（1931 年 11 月）。客戶買了一套玳瑁用品，取消了原先考慮購買的大馬士革鑲嵌手鐲，共銀 $33.90。

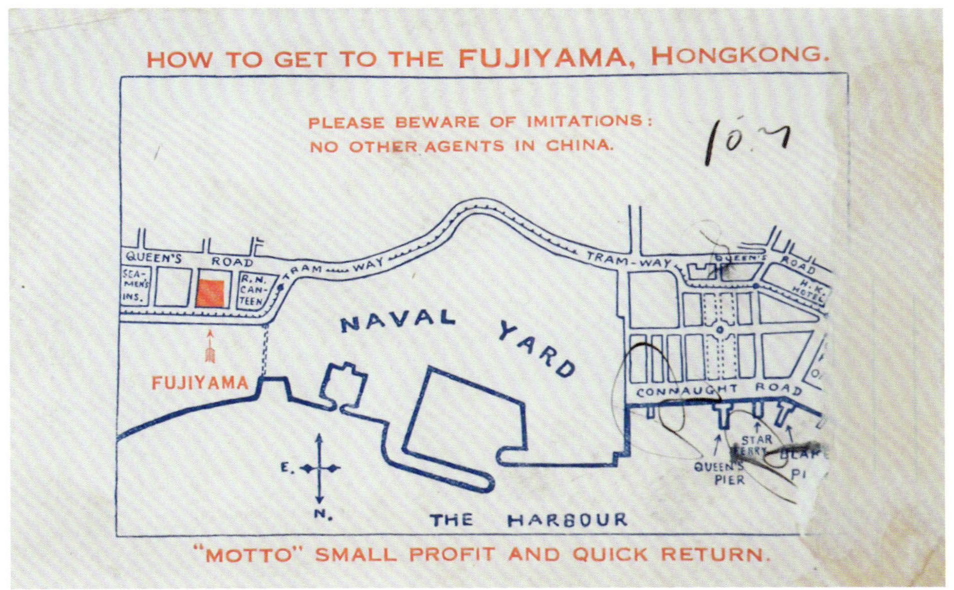

富士山洋行（Fujiyama）名片。名片上的地址是軒鯉詩道 32、34 號，底下寫「誠意邀請參觀。貨品包裝完好並運送到世界各地，保證不會破損。」當中亦提到仕入部（採購部）在神戶市葺合區琴緒町五丁目 259。

▸ 丸山商店

按商品目錄，丸山商場售賣以下各項：

1. 翡翠工藝品：帶止（手鐲）、指輪（戒指）等；
2. 鑽石類：手鐲、戒指等；
3. 寶石類：手鐲、戒指及其他首飾等；
4. 貴金屬類：金、銀、白金等；
5. 金銀工藝品：浮彫、梨地（磨紗）等；
6. 各種鐘錶；
7. 珊瑚工藝品：戒指、カフスボタン（袖扣）等；
8. 象牙工藝品：箸（筷子）、櫛（梳子）、パイプ（煙管／煙咀）、棱（船）等；
9. 玳瑁製品：束髮ピン（束髮鬢用的頭飾）、梳子、莨入（茶具／煙草盒子）等；
10. 爪哇更紗（印花棉布）：帶地（腰帶的布料）、布團地（床墊和被子布料）等；
11. ステッキ（手杖）類：藤、スネリッド（蛇紋木）等；
12. 紫檀工藝品：托盆、花台、硯台、盒子等；
13. 支那緞子：腰帶、寢具；
14. 支那繻子（光滑的絲織物）：腰帶等；
15. 支那骨董；
16. 端溪硯石。

內摺頁還有三個部分：香港市街略圖、本島及租借地略圖、乘物（七種交通工具價目表）。

乘物

登山車	電車	バス	九龍渡シ	タキシー	自動車	モーターボート	チェーヤ 人力車
一等片道	一等片道	一等片道	一等片道	一哩	一時間	各船ニ至ル片道	一時間
三十仙	十仙	十仙	十仙	四十仙	四弗乃至八弗	一弗四十仙	六十仙

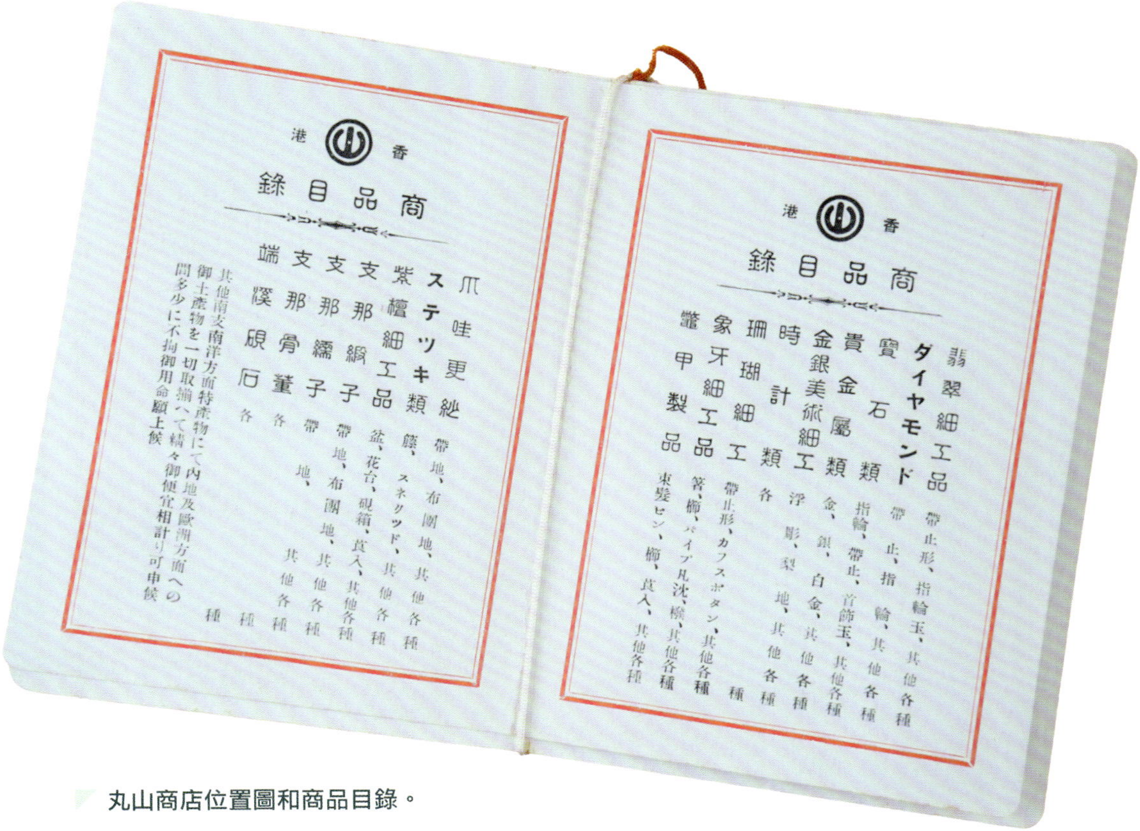

丸山商店位置圖和商品目錄。

▸ 惠良影相館

惠良（H.Yera）影相館位於軍器局街 8 號，分店在台北城內。

在惠良影相館拍的照片正面。分別是單人半身人像照、雙人一站一坐合照。

照片（背面）可見惠良影相館中英文店名和地址，配以照相機、調色板、小天使等圖案及各款美術字體，也表示所有底片會被保存。

▸ 香港名所寫真帖

《香港名所寫真帖》封面。中央圖案是輪船方向盤，內有穿着海員服飾二人使用望遠鏡。

《香港名所寫真帖》封底。上面蓋有兩印，一個印章圖案與封面圖案相同，另一個印有店名和地址，專營「新古洋服、洋反物類、歐米雜貨」。反物的「反」是布匹的長度單位，一反約寬 34 厘米，長 10 米，相當於成人一套和服的布，現指和服用的紡織品。

▸ 香港日報社

香港日報社位於摩禮信山路 56 號，由日本人於 1909 年創辦，除日文版外，還有中文版和英文版，戰後停辦。

香港日報社領收証

No. 9640

香港日報社

香港摩禮信山路五十六號

56, Morrison Hill Road.

M 喜多洋行 殿

Hongkong, 23/12 1926

月	日	摘要	銀額	
		十二月分廣告料 船舶	18	00
		〃 〃 新聞料		

RECEIVED PAYMENT.

THE HONGKONG NIPPO

合計 $ 18.00

此為廣告費收據，1926 年 12 月在《香港日報》刊登船舶廣告，費用 18 元，署名喜多洋行。

聖壽無疆

第二一號

中田亮杰殿

御大典奉祝會員之章

御大典香港奉祝會
委員長　楠本武俊

此章ハ香銀貳弗引換ノ事

此章ハ奉祝當日必ズ持參ノ事

此章ハ記名當人ノ外代用ヲ許サズ

此章ハ再發行ヲナサザルニ付キ紛失セザル様保存セラルベシ

奉祝會日時ハ香港日報紙上ニ記載スベシ

昭和三年
天皇陛下御即位式
香港奉祝會

御大典奉祝會員之章（即位大典慶祝會請柬）。請柬正面印有「聖壽無疆」四字，由籌委會「御大典香港奉祝會」委員長楠本武俊發出，收件人是中田亮杰。背面附了出席慶祝會的注意事項、慶祝會日期及時間（以《香港日報》公佈為準）。

「御大典」指昭和天皇即位大典（包括即位儀式和大嘗祭），於昭和三年（1928 年 11 月 10 日）在京都御所的紫宸殿舉行。即位大典前須按舊制，先為大正天皇服喪一年，然後在服喪之後，用指定水田種出新米，為「大嘗祭」所用。

第五章

灣仔的淪陷歲月

日佔時期的灣仔

忠靈塔

日本明治新政府成立後，退伍軍人協會率先在各地豎碑，紀念自幕末到戊辰戰爭結束的軍人。1930 年後期戰爭氣氛高漲，紛紛在全國城鎮村莊設置忠魂碑、表忠碑等紀念碑或供奉骨灰的忠靈塔，象徵紀念在戰爭中戰鬥和犧牲的人們，及對國家和君主的忠誠，有顯彰、慰靈、追悼的功能，與紀念碑不同，忠靈塔通常有骨灰罈或納骨甕。1939 年成立的大日本忠魂顯彰會，建議軍隊在日本以外地區的戰地建立忠靈塔。二戰後，各地軍方司令部基於忠靈塔有美化戰爭及軍國主義象徵，主張拆除。

1941 年 12 月日本佔領香港後，已計劃興建忠靈塔，紀念在香港攻略戰陣亡士兵。1942 年選址在過去一度被各方稱為金馬倫山，今稱寶雲山，山上進行奠基並開始動工，但日本在 1945 年 8 月投降，香港重光，忠靈塔只完成地基和塔身大概造型。1947 年 2 月 26 日，復任港督楊慕琦下令將忠靈塔炸毀拆除，只保留鞏固的地基。1951 年建成了三層高的金馬倫大廈，門牌為馬己仙峽道 34 號，2024 年 8 月大廈全部拆除夷為平地，只剩下基座等待未來發展。

坊間有兩個都市傳聞：

1. 曾報載，1942 年 2 月 9 日忠靈塔奠基日，埋藏了象徵軍魂的日本刀於地基內。

2. 曾報載，1942 年 6 月 1 日，位於九龍醫院之安慰英靈紀念碑揭幕，日佔時期九龍醫院被日軍徵用為陸軍醫院。香港重光後，慰靈碑被閒置，及短暫被香港天文台徵用作信號塔，颱風吹襲時立桿以懸掛風球信號，之後荒廢。

1946 年，無論在海港或走在灣仔的行人，只要抬頭就可以看見山上的忠靈塔。

由鋼筋、混凝土建成的忠靈塔塔身和花崗岩砌成的地基。

英國皇家海軍掃雷艦 HMS Hare（J389）與遠眺的忠靈塔，軍艦停靠金鐘之海軍基地碼頭，圖片左邊的貨倉還遺留戰爭時的迷彩外牆。

戰後日俘遣返本國

1945 年 9 月灣仔分域道。1945 年 8 月 6 日及 9 日，美軍先後向廣島及長崎投下原子彈。日本天皇於 8 月 15 日宣佈無條件投降，8 月 30 日英軍重返香港，成立臨時軍政府，結束日本在香港三年零八個月的統治。

相片拍於 1945 年 9 月分域道（今分域街），受降日軍陸續被安排撤離香港，拘留的戰俘手持武器，列隊前往碼頭解除武裝，並等待乘船遣返本國。
相片右邊建築是位於告士打道的 Sailors Home and Mission to Seamen（1933-1983）（海員之家及海員傳道會）。大樓經歷戰火洗禮，雖髹上迷彩掩護顏色，卻難掩遺留彈痕累累的牆壁，旁邊的唐樓人去樓空，屋頂和露台破損嚴重。
左下角停靠着一輛水警用的木頭車。左上角可以見到寶雲輸水道 21 孔拱券段。

BRITISH OFFICIAL PHOTO. ABN. 32/LA

BRITISH ENTER HONG KONG, RELIEVE 4 YEARS OF SUFFERING.

After nearly four years in Jap hands, Hong Kong, (it fell on Christmas Day 1941), British Crown Colony since 1842, was relieved by a task force of the British Pacific Fleet under the command of Rear Admiral C.H.J. Harcourt. Snipers inside the dockyard had to be silenced, Jap suicide boats trying to escape were bombed by carrier-based aircraft. With the relieving warships was the hospital ship Oxfordshire, soon filled with hundreds of Allied internees from camps and hospitals. All told 500 British Naval and Merchant ships are now in the Indian and Pacific Oceans for the transport of liberated prisoners.

Picture shows:- Japan's dream of "Greater Asia" fades in Hong Kong. Troops of the Japanese occupying force march to the ships which took them to the mainland where they were disarmed and interned.

(Picture issued: September, 1945)

相片背面貼有說明紙條，標題是「英國重返香港，解除四年苦難」。

當中談及一些英軍接管香港的細節：

1. 接管工作由當時英國太平洋艦隊海軍少將 C. H. J. Harcourt（夏慤）執行；
2. 匿藏在船塢的日軍狙擊手必須殲滅；
3. 試圖逃跑的日本自殺式船隻被艦載機的砲彈擊中；
4. 醫療船 Oxfordshire 號很快便滿載來自集中營和醫院的同盟國拘禁者；
5. 500 艘英國軍艦和商船，在印度洋及太平洋待命運送重獲自由的俘虜。

文末更說，日本的大東亞夢在香港已逐漸消失。

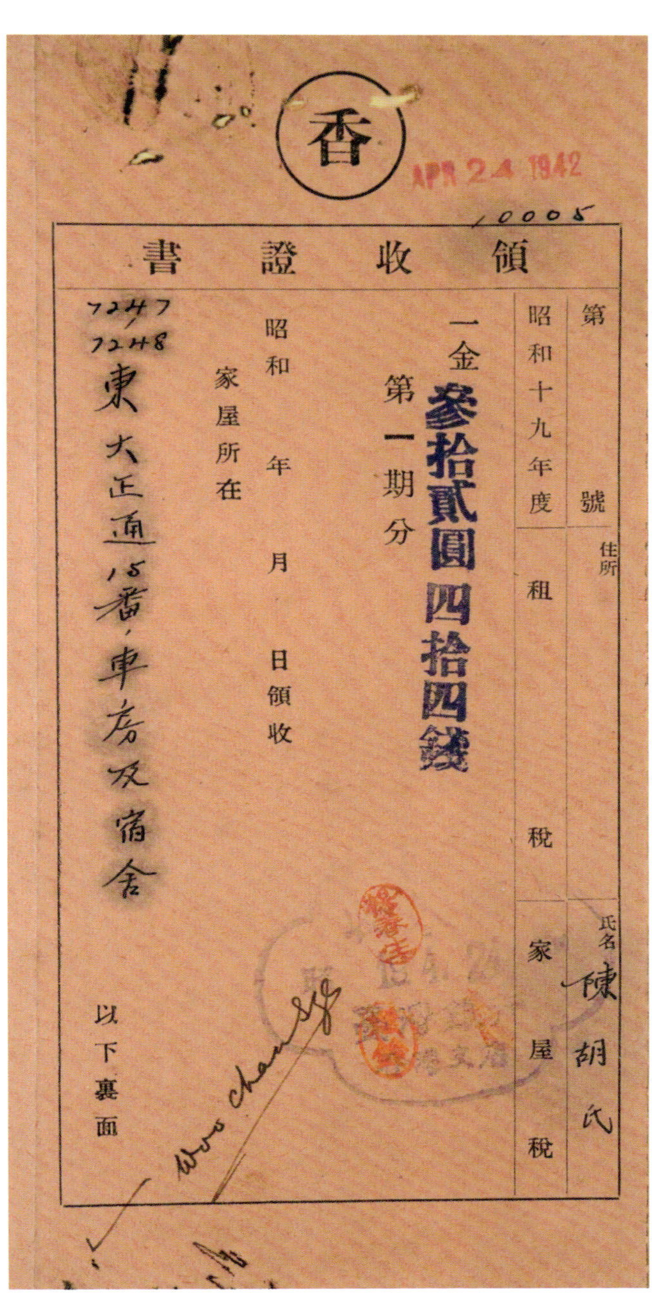
香

APR 24 1942

10005

領收證書

第 號

住所

氏名 陳胡氏

昭和十九年度 租税 家屋税

一金 參拾貳圓四拾四錢

第一期分

昭和 年 月 日領收

家屋所在

7247/7248 東大正通15番，車房及宿舍

以下裏面

Woo Chan Sze

堅尼地道 15 號胡宅

堅尼地道 15 號胡禧堂大宅家屋稅收據。日佔時期，昭和十七年（1942 年）繳稅「領收證書」。業主繳交租稅／家屋租之中的家屋稅（即房屋稅），連車房及宿舍，地址是東大正通（原為堅尼地道）15 番，第一期稅款 32 元 44 仙，氏名（姓名）為陳胡氏。

收款人似乎發覺有誤，故見有英語附註：Woo Chan Sze（胡陳氏）。

堅尼地道 15 號是胡禧堂大宅所在。胡禧堂曾是太古洋行買辦，為近代史上外國洋行對華貿易公司僱用的中國籍代理人，從事採購和管事，稱為「買辦」。當買辦掌握一定的經驗後拓展個人商機，往往成為富商。

胡禧堂 1932 年遭外甥槍殺過世後，妻子陳寶珠是承繼人，故稅單姓名應是胡陳氏。

胡禧堂大宅約建於 1911 年，後來轉讓給合和實業，直至 1990 年代拆卸。

今天，歷經業權轉讓，財團收購，建築物清拆，土地平整，堅尼地道 15 號從胡禧堂府第，成為設有超過一千間房間的五星級合和酒店。

附錄

灣仔軼事

作家筆下的灣仔故事

黃谷柳和《蝦球傳》

黃谷柳（1908－1977）生於越南，成長於雲南，抗日戰爭曾參軍，戰後到香港以文維生，於 1947 年 11 月開始，在香港報章《華商報》副刊連載中篇小說《蝦球傳》第一部《春風秋雨》，翌年繼續連載《白雲珠海》和《山長水遠》，後來分別結集成為單行本，由香港新民主出版社於 1948 年和 1949 年出版。《蝦球傳》本來的計劃中有第四部《日月爭光》，黃谷柳為此前往粵桂游擊區體驗生活，尚未執筆續寫，中華人民共和國成立，黃谷柳轉移參與朝鮮戰爭之赴朝慰問團，從事戰地攝影和記錄，之後於廣州生活，繼續從事文藝創作。

《蝦球傳》第一部《春風秋雨》，故事背景發生在 1940 年代戰後香港，描寫蝦球未出世，父親赴美國金山謀生，母親艱苦求存。蝦球長大後四處流浪打拼，誤入歧途，輾轉成為黑社會老大「鱷魚頭」的手下。蝦球最終醒覺，計劃往廣州參加游擊隊，追求光明。

第二部《白雲珠海》和第三部《山長水遠》的故事場景，移至廣州及珠江三角洲，描述蝦球和他的同伴歷盡各種風險和遭遇，投奔游擊隊的歷程。

1956 年，北京通俗文藝出版社刊印《蝦球傳》，黃谷柳曾對全書修訂增刪。以下節錄關於香港的描寫：「香港這個殖民地社會，到處張着許多有形無形的羅網，蝦球偶然碰上了這許多羅網中的一張，不知不覺就給套住了。」「小艇灣到灣仔碼頭，王狗仔命令蝦球提着那桶牛扒，跟着他上岸。他們到了修頓球場對過的小巷裏，有一家熟食攤出六塊錢，全部收賣了他的一桶牛扒。那兩瓶威士基酒，他交到了春園街轉角的一個小販的家裏。」

《蝦球傳》塑造了一個流浪少年成長為游擊隊員的曲折經過，尤其第一部《春風秋雨》展現當時香港特有的風土人情，包括低下階層與水上人家的生活、黑社會犯罪的描述，故事引人入勝，滿足了讀者對殖民管治時期香港千奇百怪社會現象的好奇心。除了獨特的時代精神，小說語言樸實，運用大量粵語詞彙，有濃郁的南方色彩，屬通俗地方化方言文學。近十年推進粵港澳大灣區發展概念，《蝦球傳》這部最早講述香港及珠江地區一脈相連的小說，自然會再被重視起來。

▸《春風秋雨》(《蝦球傳》第一部)

新民主出版社出版，1948 年 2 月初版，次年 5 月已是六版。作者於 1948 年 8 月寫下「三版題記」。新民主出版社創辦於 1946 年 1 月，是抗戰勝利後香港成立的第一家出版社。

特偉(1915－2010)為本書提供插圖。特偉原名盛松，為中國漫畫家及動畫電影指導，參與作品有著名的中國第一部水墨動畫電影，由上海美術電影製片廠於 1960 年製作的《小蝌蚪找媽媽》。特偉獲中國動漫藝術終身成就獎。

▸ 電影《春風秋雨》

《東方戲院電影期刊》這一期除了主要介紹尊榮(John Wayne)主演的《荒漠三雄》(3 Godfathers)劇情，也介紹將會推出永華公司已開拍的電影《蝦球傳》第一部《春風秋雨》中，飾演漁家女女主角呂恩的背景，又強調電影裏有眾多實拍外景，包括尖沙咀、紅磡、油麻地、碼頭、上海街、太子道、獅子山、筲箕灣及愉園馬場。

永華影業公司是由上海南來香港的李祖永於 1947 年成立，公司短短幾年製作一系列有水準的電影作品，當看中連載中的《蝦球傳》成為城中熱話，馬上開拍其中第一部《春風秋雨》，找來葉小珠飾蝦球，呂恩飾漁家女亞娣，舒適飾鱷魚頭，電影於 1949 年上映。可惜的是，1954 年永華片廠倉庫失火，損失大量影片，僅留下因在外國放映《國魂》和《清宮秘史》的拷貝，《春風秋雨》似乎沒有倖存。

呂恩(1920－2012)，表演藝術家，參與過十餘部電影演出，1953 年調入北京人民藝術劇院長期從事話劇工作，塑造許多藝術形象，著有《回首：我的藝術人生》(中國戲劇出版社)。

▸ 電視劇《蝦球傳》

1982 年廣東電視台把《蝦球傳》改編為八集彩色電視劇播出，鍾浩飾演蝦球，香港演員盧海鵬胞弟盧海潮飾演「鱷魚頭」。劇集一播出便轟動全國，蝦球成為家喻戶曉的人物。成方圓演唱劇中主題曲《游子吟》亦成為她的成名作。

都說那海水又苦又鹹
誰知那流浪的悲痛辛酸
遍體的傷痕滿腔的仇啊
啊游子的腳印啊
啊血淚斑斑

2010 年廣東電視台重新翻拍《蝦球傳》三十二集電視劇，在濟南電視台首播，李晨飾演蝦球，香港演員鄭則仕飾演「鱷魚頭」。

黃谷柳於 1908 年出生，生逢亂世，一生顛沛流離，1977 年逝世，第二年才迎來中國改革開放時期。除中短篇小說，他還創作了童話、電影及話劇劇本。欲了解黃谷柳多一些，可翻閱楊玉峰著《黃谷柳的顛簸人生與創作》，由香港中華書局出版。

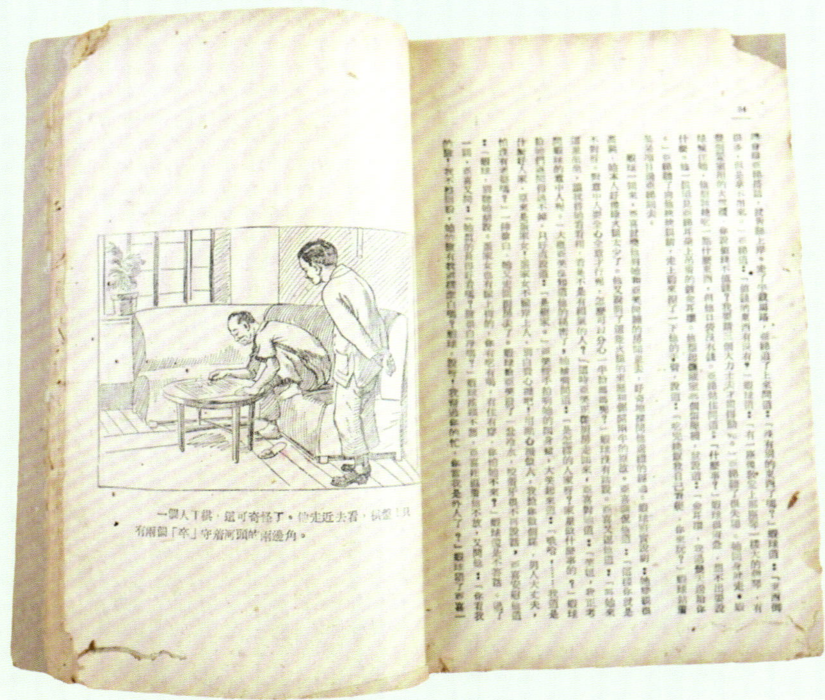
一個人下棋，這可奇怪了。他走近去看，發覺只有兩個「卒」守着河頭的兩邊角。

◤《春風秋雨》。

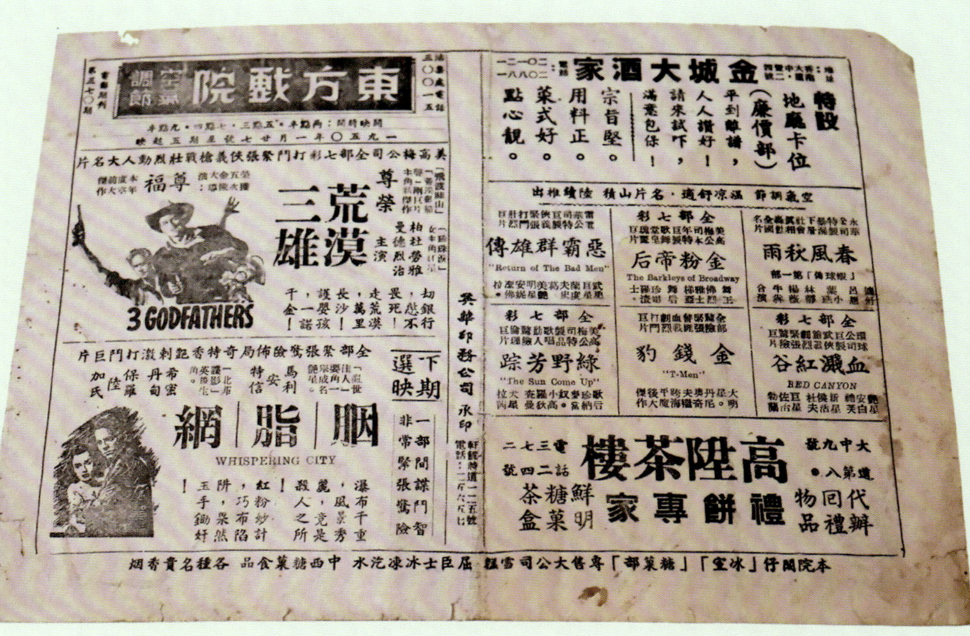
東方戲院 空氣調節

電影期刊 第三七〇期

開映時間：兩點半・五點三・七點四・九點半

一九五〇年一月廿七從星期五起映

美高梅公司全部七彩打鬥緊張俠義槍戰壯烈動人大名片

荒漠三雄

3 GODFATHERS

尊福

下期選映

全部緊張驚險佈局奇特香豔刺激打鬥巨片

胭脂網

WHISPERING CITY

一部間諜鬥智 非常緊張驚險

金城大酒家

特設地廳卡位（廉價部）

平到離譜，人人讚好！請來試吓，滿意包保！

宗旨堅。用料正。菜式好。點心靚。

空氣調節 涼爽舒適・名片山積 陸續推出

春風秋雨

「蝦球傳」第一部

金粉帝后

The Barkleys of Broadway

惡霸群雄傳

"Return of The Bad Men"

血濺紅谷

RED CANYON

金錢豹

"T-Men"

綠野芳踪

"The Sun Come Up"

高陞茶樓

代辦禮品 禮餅專家 鮮明糖菓茶盒

英華印務公司承印

本院閣仔「冰室」「糖菓部」專售大公司雪糕 屈臣士冰凍汽水 中西糖菓食品 各種名貴香烟

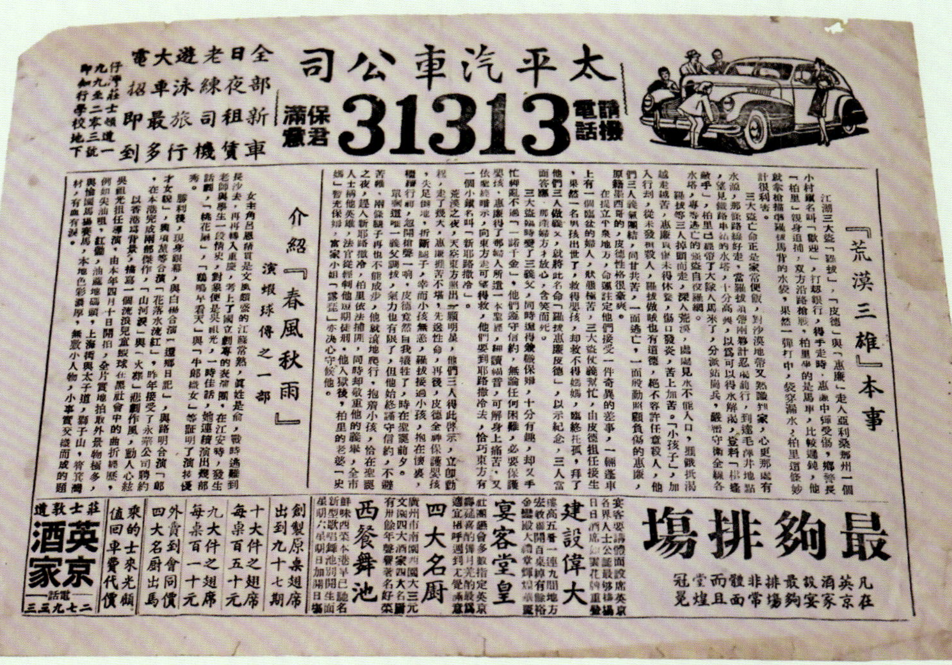
太平汽車公司

請撥電話 31313 保君滿意

全部新車 日夜租賃 老練司機 遊泳旅行 大車最多 電招即到

『荒漠三雄』本事

介紹『春風秋雨』演蝦球之一部

最夠排場

凡在英京酒家設筵 最夠排場 體面而且堂皇

建設偉大

宴客堂皇

四大名廚

西餐舞池

創製原桌翅席 出到九十七期

十大件之翅席 每桌百五十元

九大件之翅席 每桌百一十元

外賣到會同價 四大名廚出馬

來的士光顧 值回車費代價

莊士敦道 英京酒家 電話二七九三三

◤《東方戲院電影期刊》370 期（1950 年 1 月）介紹電影《春風秋雨》。

電車訛騙事件

電車公司督察曾報告一宗售票員訛騙事件。1946 年 1 月 17 日，上午 8 時 50 分，一輛 98 號電車由西環街市向鰂魚涌方向行駛，當電車駛至天樂里，近舊二號差館，一名巡查督察發現售票員複製車票資料。督察發現一名女乘客吳女士，她居住灣仔利東街，在靠近東方戲院的車站上車，並持着 5996 號碼車票。

根據售票員售賣車票記錄，這個號碼的車票應該在西環街市至中環街市之間售出，售票員開售車票紀錄由 5995 號車票開始，督察相信 5996 號這張車票是經重用和再次發售，但該售票員沒有解釋和承認責任，督察建議解僱該職員。

上述事件發生在戰後不久，社會物資短缺，電車票刪除「金拾錢」（日圓），相信是日佔時期剩下的物資。

HONGKONG TRAMWAYS LIMITED.

Reports must be forwarded to the Traffic Superintendent before 9 a.m. each day. They Should always be as possible and include any explanation offered by the offender. The undermentioned particulars must every case.

Car No. Conductor 174 Route—From Western Mkt. To Quarry Bay

Time a.m. Motorman Place where occurred

Joined at Tin Lok Lane Left at Causeway Bay Passengers First Class Third Class

To the Traffic Superintendent,— Sir

NATURE OF REPORT: Squeezing case

I beg to report that the aforesaid conductor was seen copying his Way Bill at Tin Lok Lane (should be at old #2 Police Station) I jumped up & checked the tickets.

I found a female passenger No Yuk Lin of 178 Lee Tung St. 3rd floor Wanchai, joined the car at Oriental Theatre, holding a ticket 5996, which in the conductor's waybill should have issued between Western Market & Central Market.

For the starting number was 5995 this ticket must have been issued & re-taken back by the conductor & sold again.

He had nothing to say.—

Re-admitted at.

Signature Chiu Chuk Tung

TRAFFIC SUPERINTENDENT'S REMARKS.

Admits. Discharged

Security forfeited

GENERAL MANAGER'S REMARKS.

1946 年 1 月 17 日的一份電車公司督察報告。

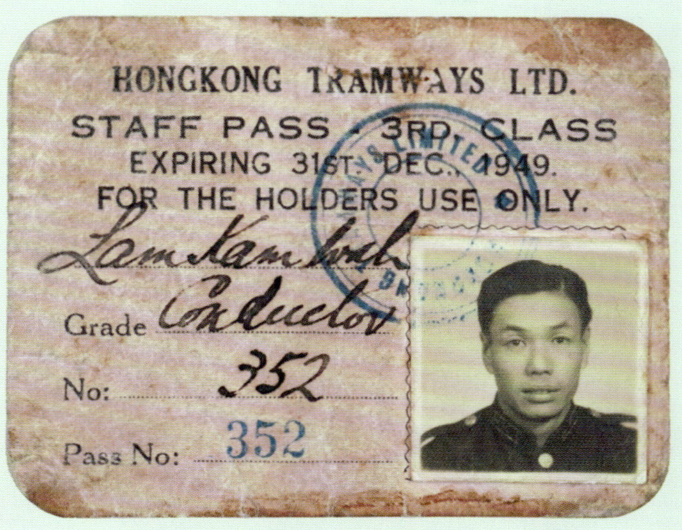
HONGKONG TRAMWAYS LTD.
STAFF PASS - 3RD. CLASS
EXPIRING 31ST. DEC., 1949.
FOR THE HOLDERS USE ONLY.

Grade Conductor

No: 352

Pass No: 352

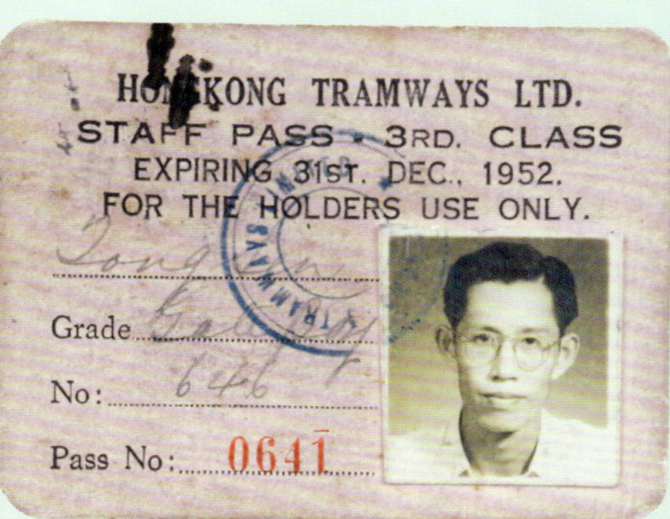
HONGKONG TRAMWAYS LTD.
STAFF PASS - 3RD. CLASS
EXPIRING 31ST. DEC., 1952.
FOR THE HOLDERS USE ONLY.

Grade

No:

Pass No: 0641

◤ 香港電車有限公司職員證。

電車交通事故

快報

EXPRESS

1964 13

金鐘兵房死亡彎角駭人車禍

電車猝然出軌傾覆

釀成一死五十九傷

折臂斷足浴血車廂

交通受阻達三小時

現場一片混亂

慘狀目不忍睹

牽帶力量影響

翻倒橫臥路軌

電杆掃毀車窗

搭客當堂慘死

今晨動手

折骨搬離

傷者多是婦

其中廿人

死亡彎角電車翻倒寫真

港台男子籃球賽

流星勇戰勝鐵路

◤《快報》於 1964 年 4 月 13 日報道，下午黃昏金鐘兵房死亡彎角處發生電車有史以來最不幸車禍。一架滿載搭客的東行電車 136 號猝然出軌，車頂電杆與西行的一輛電車勾碰，導致全車反側滑行數丈，釀成一死五十九傷悲劇。

1964 年仍然未有金鐘道，意外發生處屬皇后大道東，即今天金鐘道太古廣場處。

死亡彎角一直讓人詬病，該處電車轉彎處近乎呈直角形，容易出現意外，意外發生後，政府隨即將該路段拉直，避免同類事件發生。

香港商報

灣仔莊士頓道鬧市發生恐怖車禍

電車連撞兩車九人受重傷

撞到的士成架飛起再撞洗街大水車

潔淨局工人腦漿四迸

電車搭客一仆一碌女學生自梯上滾下受傷

水車企板成塊撞甩
工人慘夾兩車之間

文景樓驚人非禮兇案

婦人慘被斬傷

英文書院學生涉嫌被捕

◤《香港商報》於 1968 年 9 月 14 日報道，灣仔莊士頓道鬧市發生恐怖車禍，電車連撞兩車，九人受重傷。

意外地點是莊士敦道與石水渠街、柯布連道交界路段。事發時，三輛涉事車輛在莊士敦道均由東向西行。洗街水車早前在浣紗街將水箱注滿水，載有潔淨工人，準備到柯布連道公廁旁領取掃把，再往中環洗街。當水車來到柯布連道口慢駛停下，讓東行車輛先過才右轉，尾隨的士同樣慢駛停下。涉事電車在龍門酒樓車站開出後，在莊士道 128 號先撞上的士，的士司機扭呔撞向行人路欄杆剎停，電車撞開的士後，衝力再撞上前面洗街水車車尾企板。

意外導致一死九傷實屬不幸。電車司機及電車上層兩名 15 歲女學生屬輕傷。水車車尾企板六名潔淨工人，左邊一人被撞出車外頭部受傷，企板中間四人夾在兩車中間，都是頭部被撞受傷，右邊一人因頭部撞擊水車水箱鐵枝，送院後不治。

由於電車意外調查需時，報章亦無揣測原因和責任誰屬。從報道所知，洗街水車及的士並無出錯，出事在尾隨電車在當時的情況下，並無慢駛停下，反而撞向前車，未能確認是人為疏忽，還是電車剎車系統不善或機件故障。

導致電車意外的情況大抵以下幾種：

1. 軌道上電車與電車碰撞；
2. 電車出軌，或電車翻側；
3. 電車與其他車輛，電單車，自行車碰撞，或軌道上的阻礙物碰撞；
4. 電車與路上行人碰撞；
5. 電車因碰撞，導致車內乘客碰撞；
6. 電車遭惡意破壞，如縱火。

以上電車碰撞及意外均可能導致相關人士，司機、乘客及行人傷亡。

百多年過去，電車安全，甚至電車的存在價值一直被關注討論。安全方面，例如樓上及梯間已不可站立，電車剎車系統已不斷改善更新。如同於世界許多擁有路面電車的城市，面對路面電車與車輛及行人共用道路，引發關於道路使用者的優先次序討論，對於作為集體運輸的效益和缺點，道路上的交通需求與生命安全，每座城市必然有不同的觀點。而香港電車服務的存在，在於仍然提供基本的，民生的，廉價的短途距離載客功能，還具有集體文化記憶的價值。香港電車也是世界少有的路軌電車，還是雙層的，而且已有 120 年歷史，是尚在活動的公共運輸歷史紀念物。

後記

百年灣仔，埋藏了很多有趣的故事。從眾多舊物裏，選取文獻如書刊、照片、地圖、票券、商標和歷經歲月遺留的物件，蒐集相關的資料和查證，藉此講述昔日灣仔的發展歷程，實在是一件龐大的工程。

《灣仔情猶在》這本書得以出版，感謝中華書局（香港）有限公司的支持，過程中亦有賴兄長給予鼓勵和提供寶貴的意見。舊物收藏雖從興趣出發，卻佔據不少家居空間，幸得家人多年來的包容，與藏品共享空間，共沐陽光雨露，也共同抵擋風雨，讓藏品能夠保存下來，細訴它背後引人入勝的故事，好使歲月留痕。

無論你是在灣仔居住、求學、工作或路過，希望本圖文集能夠給你回溯灣仔昔日風貌的機會，並且洞窺這區人物一起奮鬥、一起成長的日子，這都是社會發展中賜予我們的最豐厚禮物。